民國歷史與文化研究

二 編

第 4 冊

拿來主義
——功利主義與中國近現代政治哲學邏輯發展

徐慶利 著

花木蘭文化出版社

國家圖書館出版品預行編目資料

拿來主義——功利主義與中國近現代政治哲學邏輯發展／
徐慶利 著 -- 初版 -- 新北市：花木蘭文化出版社，2015〔民
104〕
目 4+270 面：19×26 公分
（民國歷史與文化研究 二編；第 4 冊）
ISBN 978-986-404-271-5（精裝）
1. 中國政治思想 2. 效益主義
628.08　　　　　　　　　　　　　　　　104012456

ISBN- 978-986-404-271-5

9 789864 042715

民國歷史與文化研究
二　編　第四冊　　　　　　　ISBN：978-986-404-271-5

拿來主義
——功利主義與中國近現代政治哲學邏輯發展

作　　者　徐慶利
總 編 輯　杜潔祥
副總編輯　楊嘉樂
編　　輯　許郁翎
出　　版　花木蘭文化出版社
社　　長　高小娟
聯絡地址　235 新北市中和區中安街七二號十三樓
　　　　　電話：02-2923-1455／傳眞：02-2923-1452
網　　址　http://www.huamulan.tw 信箱 hml 810518@gmail.com
印　　刷　普羅文化出版廣告事業
初　　版　2015 年 9 月
全書字數　238774 字
定　　價　二編 24 冊（精裝）新台幣 45,000 元

拿來主義

——功利主義與中國近現代政治哲學邏輯發展

徐慶利　著

作者簡介

徐慶利：男，1973 年 9 月出生於河北永清縣。政治學博士、博士後，現爲大連海事大學專業學位教育學院副院長兼 MPA 教育中心主任、副教授、碩士生導師。1994 ～ 2005 年間就讀於吉林大學行政學院，先後獲得學士、碩士、博士學位，其間 2001 年夏～ 2002 年夏，任教於哈爾濱工業大學人文與社會科學學院。2005 年 6 月始，在大連海事大學任教。2007 ～ 2010 年間於天津師範大學從事政治學博士後研究。主要研究方向爲中國政治思想史、中西方政治哲學，出版學術著作 2 部，發表論文 20 餘篇。

提　　要

　　功利主義，作爲近代政治哲學的核心體系之一，它不僅影響了西方社會的發展歷程，而且也深深促進了中國近現代社會的發展。

　　在中國近現代，由於特殊的歷史時局，致使中國傳統功利主義思維方式重新找到了生存的土壤。另外，此時成熟於 19 世紀的英國功利主義政治哲學也隨西化的浪潮進入了中國。這樣，中國近現代政治思想家們在繼承本國傳統功利主義思維方式的同時，又對西方近代功利主義政治哲學進行了大膽地批判吸收，從而使中國近現代功利主義政治哲學具有了中西合璧的思想特色。

　　在中國近現代，功利主義政治哲學對於社會政治生活的影響可以說是相當廣泛，它不僅對中國近代政治哲學的邏輯起點、道器觀、義利觀以及國家治理觀產生了影響，而且也對中國現代社會的文化觀產生了極大地影響，一度出現了全盤西化的文化思潮。

　　然而，就像世界上沒有一件完美無缺的器物一樣，功利主義政治學對於中國近現代社會的影響也存在著理論缺失的現象，如：由於功利主義政治學過分地追求現實的功效，導致中國近現代政治哲學忽略了對人類政治生活普遍必然性的思考；另外，在其影響下，中國近代政治學在進行政治制度設計時，缺乏對公平、正義等價值理念的優先思考。

　　總之，思想的進步必然會帶來社會的開新，而社會的開新又需要思想的進一步提升。希望功利主義政治哲學在做理論調整的同時，更好地服務於中國飛速發展的當代社會政治生活。

謹將此書獻給恩師　寶成關先生

目

次

導　論

第一節　引入性問題思考

　　近代中國可以說是一個多災多難的時代，在這個時代不僅政治上的軟弱可欺，而且經濟上也是千瘡百孔。另外，在這個時代，一向引以爲驕傲的中國傳統政治哲學開始走向衰落，在隆隆的炮聲中，西方近代資產階級政治文明像一個幽靈逐漸侵入了中華大地。面對外域文化的衝擊，近代政治哲學家們或彷徨、或探索，開始了睜眼看世界的征程。

　　回顧這70多年近代政治哲學的發展歷程，我們不難發現這其中並不是雜亂無章，而且有一條潛移默化的主線在左右著中國近代政治哲學的發展，而這條主線就是影響中西方政治社會生活至久、至深的功利主義政治學。

　　之所以選擇這一主線來研究中國近代政治哲學，主要源於三方面的思考：

一、有與無 —— 功利主義在中國傳統政治哲學中的價值定位

　　嚴格地講，就中國傳統政治哲學而言，由於儒家政治哲學一直佔據著正統地位，其它政治哲學不是爲儒家思想所吸收，就是流入了社會的底層，因而有的學者就曾言，中國古代沒有功利主義，「中國哲學沒有『功利主義』。如果一定要給中國的『功利』思想加一個名稱，則只可名曰『大利主義』；如果一定要給出一個價值判斷，則只可以說以『西式功利主義』解讀中國哲學，

乃是貶低了而不是擡高了中國哲學」〔註1〕，有的只是儒家，以及道家、法家、墨家等諸子百家的政治哲學。

誠然，如果從文字學的角度來看，「功利主義」確實不是在中國本土出生並茁壯成長起來的詞彙。因爲從中國古代乃至近代政治哲學家們所遺留下來的著作中看，確實也沒有誰能夠眞正採用這個詞彙來界定自己的政治哲學，因此如果從這個層面來考慮的話，中國確實是沒有像西方那樣存在一種自成體系的功利主義政治哲學。另外，從政治哲學家們的個人定位來看，在中國也確實沒有誰能夠眞正像西方的邊沁、密爾那樣，稱自己是一位功利主義政治哲學家，其思想就是在宣傳功利主義。

但是，如果我們把「功利主義」的主旨內容作爲參照系，來具體分析一下中國傳統政治哲學中到底有沒有功利主義的話，其結果則可能會與某些學者所堅持的看法大相徑庭，因爲在中國，功利主義不僅存在，而且還有著相當長的理論傳承歷史。

粗略地講，從先秦的墨家、法家，到宋代的李覯、王安石、陳亮、葉適，再到明清之際的唐甄、顏元等，中國功利主義政治哲學曾經有過這樣一個從萌芽到高潮的發展過程。

而爲什麼要把從墨家一直到明清的唐甄、顏元這一段思想傳承，劃入功利主義政治哲學範疇呢？這就要求我們要從功利主義的思想主旨來去細加權衡。

我們知道，功利主義，在西語中爲：utilitaranism，其主要思想特色，就是本著工具理性的思維方式，在動機與效果、過程與結果之間的關係上，認爲動機、過程（手段）要爲效果、結果服務，效果和結果是評判一切行爲是非的標準。因此，如果拿這種思想主旨來衡量中國傳統政治哲學的話，可以肯定，在中國傳統政治哲學中確實是存在著這樣的思維範式，因爲：「中國傳統的『功利』概念中的『事功』概念就與西方功利論的效果論或後果論強調行爲效果的意義是一致的。同時，中國的事功概念又有著強調社會實利的意義，這也與西方的功利論強調最大幸福有實質上的重合。並且，中國傳統的『利』的概念，具有實利與私利的內涵，這也與西方功利論中強調個人幸福

〔註1〕張耀南・論中國哲學沒有「功利主義」—— 兼論「大利主義」不是「功利主義」〔J〕，北京行政學院學報，2008（2）。

的意義具有實質的一致性。」〔註2〕另外，從實際功效來看，中國古代歷史的
發展也確實證明了功利主義政治哲學不僅存在，而且還曾經起到過積極地歷
史作用。

因爲中國傳統政治哲學中，存在著功利主義，並且其對中國古代的歷史
發展確實也起到了不可推卸的進步作用，所以對於中國政治哲學的研究來
講，功利主義確實是一個我們不能迴避的重要內容。對它的研究，不僅使我
們更能清楚地把握整個中國古代歷史，而且還爲我們提供了一個嶄新的視
角，以此來把握和釐清中國傳統政治哲學發展的基本脈絡，從而對中國傳統
政治哲學的全貌形成一個更加清晰的認識。

二、求強、求富——功利主義對中國近代政治哲學的影響

歷史發展到近代之後，這種在傳統政治哲學中就已經存在了的功利主義
思維方式，不僅沒有因爲時間的推移而逐漸消逝，而且隨著近代中國歷史的
發展，它還逐漸佔據了突出的位置，並且對中國近代政治哲學的發展，起到
了重大的影響作用。對於功利主義對中國近代政治哲學的影響作用，如果要
探究其何時肇始的話，大概可以推至到乾隆末年。

我們知道，自康熙，到雍正，再到早期的乾隆，這一段歷史在清史上被
稱之爲「康乾盛世」。這一時期不僅經濟繁榮，而且社會也相當穩定，可以說
「在有清 260 餘年中，固屬絕無僅有之時代，即在我國歷史上，亦可以媲美
漢唐，光延史冊。」〔註3〕然而這段盛世並沒有隨著清代統治的發展，而得以
不斷延續。到 1795 年，湘黔苗民和川陝白蓮教起義的爆發，徹底終結了這段
屬於盛世的歷史。自此之後，在中國的領土上，不僅內患不斷，而且隨著西
方工業革命的不斷深入，大量擁有「堅船利炮」的西洋人，也開始了入侵中
國的歷程。就這樣，原本太平盛世的中國，逐漸跌入了「數千年未有」之歷
史大變局之中。

另外，伴隨著社會局勢的衰落，中國的學術思潮也同樣發生了巨大的轉
變。面對著衰世的來臨，一些有識之世率先覺醒，紛紛把以前研究的重點——

〔註 2〕龔群・當代西方道義論與功利主義研究〔M〕，北京：中國人民大學出版社，
　　　　2002：268。
〔註 3〕蕭一山・清代通史（卷中）〔M〕，北京：中華書局，1986：258。

古籍考證和玄學思辯，轉變爲「相與指天畫地，規天下大計」。〔註4〕自此，中國的政治哲學便從原來的純學術，走向了「經世致用」，同時也就是從這時候起，功利主義思維方式便與中國近代政治哲學結下了不解之緣。從此，中國學術思想的主流便不再是注重考證、從儒家經典文義中去思索問題，而是直接在現實中，從事功的角度來尋求解決現實政治問題的途徑。

這種「經世致用」的學風，隨著「今文經學」〔註5〕的崛起，不僅成爲了社會政治哲學的主流，而且促使了道咸經世派的興起。在道咸經世派中，「當以陶文毅（澍）爲第一。其源約分三派：講求史事，考訂掌故，得之者在上則有賀耦耕（長齡），在下則有魏默深（源）諸子，而曾文正（國藩）集其成；綜覈名實，堅卓不回，得之者林文忠（則徐）、蔣礪堂（攸銛）相國，而琦善竊其緒以自矜；以天下爲己任，包羅萬象，則胡（林翼）、曾（國藩）、左（宗棠）直湊單微。而陶實黃河之崑崙，大江之岷也。」〔註6〕這些經世派，雖然作爲封建大員，他們仍是局限在舊有的封建思想中，去尋求解決當時社會問題的答案，但是從他們思索問題的方式上，則已經不再把傳統儒家的道義論作爲解決問題的主要手段，而是從現實的角度，強調用實際的事功來謀求國家的獨立、富強。

在這種經世致用的功利主義思維方式的影響下，林則徐，特別是魏源，作爲地主階級的改革派，在鴉片戰爭後，果斷地提出了「師夷長技以制夷」的功利主張。在這種思想的影響下，以恭親王奕訢爲代表的洋務派，便以中國傳統的道器、體用觀爲基礎，提出了「中體西用」的折衷主張，妄圖借西方的器物文明，來實現獨立、富強的功利目的。雖然後來這種功利目的，洋務派們並沒有實現，但是這種功利主義的思維方式，卻並沒有隨著洋務運動的失敗而被終結，相反，以後的早期維新派、維新派、以及以孫中山爲領導的革命派，同樣也是在這種思維方式的影響下，來探求近代中國的強國之路的，只不過這時他們的行動重點，已經由洋務派的器物文明轉移到了西方的

〔註4〕梁啓超·清代學術概論〔M〕，上海：上海古籍出版社，1998：76。

〔註5〕今文經學，是相對於古文經學的一個學派，它興起於西漢末年的哀、平之際。雖然和古文經學一樣，今文經學也注重傳習儒家經典，但是不同的是，今文經學側重於探索經學的「微言大義」，在援引儒家經典來討論時政時，「多非常異義可怪之論」。（何休：《公羊經傳解詁序》）。而古文經學則側重於名物訓詁，分析經典文義，因此學風比較樸實。

〔註6〕張佩倫·澗河日記〔M〕，己卯下，澗於草堂石印本。

政治文明，試圖通過對西方政治文明的簡單移植，來實現洋務派們沒有實現的功利目的。

因此來講，從整個中國近代政治哲學的發展歷程來看，功利主義一直是作爲　種主導意識，在影響著中國近代功利主義政治哲學的發展。因此可以說，抓住了功利主義這條主線，無疑就是找到了整個中國近代政治哲學的靈魂。

三、西學東漸 —— 功利主義在近代成長的文化資源

西學東漸，對於任何一位研習中國近代政治哲學的人來說，都是一個熟悉得再不能熟悉的一個詞彙了。然而，不論你認爲它是一個多麼老生常談的話題，你都不能否認：對它的把握，對於正確理解和梳理整個中國近代政治哲學具有著至關重要的作用。整個中國近代政治哲學史，簡單地講，就是西學如何傳入、中國如何借鑒吸收的歷史。因此來講，西學東漸無疑是功利主義在中國近代成長的另外一個重要的文化資源。

西學的東漸，嚴格地講，並不是鴉片戰爭之後才開始的，早在明末，這種文化的交流就已經存在了，而當時的肇始者就是意大利傳教士利瑪竇。

利瑪竇自 1583 年 9 月 10 日抵達廣東肇慶之後，便開始了在中國傳教的生涯。在這以後的 27 年中，他先後在韶州、南昌、南京以及北京等城市傳教，並且還得到了明神宗的賞識。經過多年的努力，截止到 1610 年其病逝時，「作爲耶穌會的中國傳教會長，其教徒已由 1583 年時的 1 人發展到 2500 人，而作爲『西儒』、『泰西鴻儒』，他身後刊刻的漢文著述多達 19 種，其中除神學內容外，還涉及天文、曆法、地理、語言、美術、音樂等十分廣泛的西方科學知識。」〔註7〕

在利瑪竇之後，他的後繼者，如葡萄牙人孟三德、陽瑪諾、傅汎濟；西班牙人龐迪我；意大利人王豐肅、熊三拔、艾儒略、畢方濟、羅雅谷；法蘭西人金尼閣；日耳曼人鄧玉函、湯若望等，都曾大量譯介過西書，爲西學東漸在中國的發軔做出了巨大的貢獻。

如果說利瑪竇等人所處的時期，是西學東漸的發軔期的話，那麼在鴉片戰爭之後，則可以說是西學東漸的高峰期。

〔註 7〕寶成關·西方文化與中國社會 —— 西學東漸史論〔M〕，長春：吉林教育出版社，1994：22。

在鴉片戰爭後，一直到五四新文化運動之前，由於西學東漸的發展，不僅使當時的國人經歷了一個由對西方器物文明的豔羨、學習到對西方政治文明建設的模倣過程，而且還使得西方近代功利主義政治哲學家，特別是英國政治哲學家邊沁、密爾的功利思想，得以在中國廣泛傳播。西方近代功利主義政治哲學的引進與傳播，一方面使西方先進的理論成果得以面向於東方，特別是面向於這個瀕臨崩潰的文化古國——大清帝國；而另一方面，它無疑爲中國近代功利主義的繼續發展提供了一個新的方向。

在西方近代功利主義政治哲學的影響下，中國近代政治哲學家們不僅認識到「求樂免苦」是人性之中的一個不可剔除的重要部分，而且更認識到自由、民主對於一個近代國家治理的重要性。就是在這種外驅力的影響下，從對現有政治的改良，到近代資產階級共和國的建立，政治哲學家們對於自由、民主的追求，經歷了一個從「啓蒙」到相對「成熟」的過渡。在這種過渡中，功利主義思維方式一方面表現在政治哲學家們對於自由、民主價值的體認上，認爲自由、民主不是政治生活的目的，而是實現國家富強、獨立的手段；另一方面則體現在對國家政治制度的建構上，工具主義思維方式導致近代政治哲學家們在對於共和制的設計上，只是停留在簡單的制度層面上，而沒有注意到把自由、民主的觀念深入到全體國民的內心深處，成爲人們內在的價值追求。

由於中國近代政治哲學家對於西方文明的這種功利性體認，從而導致了近代仁人在對西學的功利性索取時，發生了視角的偏差。比如說君主立憲制，從眞正意義上來講，西方的君主立憲制與中國近代維新派所宣講的君主立憲制有著本質的差別，因爲在西方，國家權力的眞正所屬，乃是議會，而中國則只吸收了西方君主立憲制當中的一些簡單的皮毛，如：保留君主、設立議院，其結果不僅沒有削弱君權，反而使君權得到了更加強大的保護。

正是鑑於西學的眞正內容與中國近代政治哲學家眼中的「西學」存在著一定的距離，所以對西學東漸的準確把握，對於中國近代政治哲學的研究來講，就具有著十分重要的價值意義。這是因爲只有通過對西學東漸的準確把握，我們才能從中清晰地瞭解到西方近代文明，究竟哪些爲中國近代政治哲學家所肯定、所吸收，而又有哪些卻遭到了反對或是漠視，從而以此出發，探索出一條中國近代政治哲學家認識西學的發展軌迹，形成對中國近代化的一個總體的把握。

第二節　關於本論題研究的現狀與批判

　　對於近代政治哲學的研究，可以說，在當今學術界已經是汗牛充棟了，但是在這些眾多的學術著作中，以功利主義視角來對整個中國近代政治哲學進行審視的，則不是很多，大部分著作只是在剖析某位政治哲學家的具體思想時，才從功利主義這一視角出發，對該政治哲學家的某類思想進行具體的闡述。具體來講，這些被用功利主義視角來對其思想進行體察的政治哲學家，主要集中在康有爲、梁啓超和嚴復這三者身上。

　　如對康有爲而言，上海師範大學政法學院何金彝教授就曾在其和馬洪林教授合著的《大儒列傳：康有爲》〔註8〕中，針對康有爲的倫理文化觀，以功利主義視角進行了體認。她認爲康有爲的人性理論，雖然是從中國傳統文化思想庫中演繹而來，但是它與西方資產階級文藝復興時期的自然人性論特別是與意大利人文主義作家薄伽丘的自然人性論頗爲相似。另外，何教授把康有爲的思想和西方功利主義大師邊沁的思想進行了對比，認爲二者在快樂原則、仁慈原則和功利原則上存在著一致性，因此她認爲「康有爲的功利主義倫理文化觀是中西文化的合璧」。〔註9〕

　　對於梁啓超政治哲學的功利性體認，主要出現在由張豈之、陳國慶合著的《近代倫理思想的變遷》〔註10〕中。該書對梁啓超的道德修養論以功利主義立場進行了研究。該書認爲從理論本源上，雖然梁啓超在理論上主要探法於西方近代學者，特別是邊沁、約翰・密爾的功利主義思想，但是他在局部卻做了改造，他把中國傳統倫理思想的某些內容和西方近代功利主義思想結合起來，並以此來論證個人利益與他人利益、社會公利之間的關係。在道德修養方面，該書認爲：「作爲一個從長期受傳統文化薰陶轉而接受西方資本主義文化的知識分子，梁啓超的倫理思想中夾雜著不少儒家傳統的道德觀念，

〔註8〕該書以 10 個部分對康有爲的一生做了總體性概括，使康有爲在戊戌變法前及變法後的思想全貌，完整地呈現在了讀者眼前。

〔註9〕何金彝、馬洪林・大儒列傳：康有爲〔M〕，長春：吉林文史出版社，1997：121。

〔註10〕該書大致通過 11 個部分對中國近代倫理思想的變遷做了總體性把握，這 11 個部分主要是：傳統倫理思想遇到新的挑戰；鑒別與選擇的初步設想；近代新倫理思想的孕育；近代新倫理思想的萌發；「求樂免苦」與平等博愛；國民道德與功利主義；「開明自營」與進化理論；仁－通－平等；二十世紀新倫理的醞釀；中西方倫理道德的繼承與借鑒；建立革命道德之嘗試；倫理思想的退與進；提倡新道德、反對舊道德。

他的道德修養和道德教育的思想方法，反映出他所處的那個時代的局限性在他倫理思想上的深刻烙印。」〔註11〕

　　對於嚴復的政治哲學，中國著名哲學家馮契先生在其所著的《中國近代哲學的革命歷程》〔註12〕中，就嚴復的「人的自由和倫理學」，以功利主義的視角對之進行了深入的剖析。他認為嚴復的人道進化觀是與其自由觀念聯繫在一起的，正是因為他以自由作為人道進化的動力和目標，嚴復才提出了「自由為體」的理論命題。從嚴復的自由理念出發，馮契先生剖析了嚴復的倫理思想，他認為「嚴復的倫理觀念，基本上是英國功利主義的思想。他強調道德行為的自由原則和道德與功利不可分割，有其合理之處。但是，以個人利益為『操守』的基礎，以救私為愛國主義的出發點，在理論和實踐上都有很大的局限性。」〔註13〕

　　另外，在吉林大學陳慶坤教授主編的《中國哲學史通》〔註14〕中，陳教授對嚴復的「開明自營」的倫理原則、「背苦趨樂」的快樂主義傾向、以及天賦自由的原則進行了功利性體認。針對嚴復的「開明自營」的倫理原則，陳教授認為：「開明自營」原則「把道義與功利，利己與利他統一起來了。這種統一的意義在於，和中國古代的封建道德相反，把個人利益作為道德的基礎，但又不使西方資本主義的自私自利，唯利是圖惡性膨脹以危害整個社會的利益。所以『開明自營』就是『大利』。這是社會安定完善的先決條件。嚴復的『開明自營』的倫理原則有利於中國資本主義發展的。」〔註15〕對於「背苦趨樂」的快樂主義傾向，陳教授認為：「嚴復的『背苦趨樂』的道德觀，實際上也是一種功利主義，功利主義是對快樂主義的繼承。資產階級的功利主義，往往是享樂主義的一種形式，其中包含有極端的利己主義。而嚴復的功利主義，是中國新興資產階級的道德觀，主張『兩利』，這樣就避免了極端利己主義。其『背苦趨樂』原則，表現了快樂主義的傾向，而不歸結為單純的快樂

〔註11〕張豈之、陳國慶・近代倫理思想的變遷〔M〕，北京：中華書局 2000：196。

〔註12〕該書以緒論、中國近代哲學的前驅、哲學革命的進化論階段、新舊思潮之激戰和哲學革命開始進入唯物辯證法階段、馬克思主義哲學的中國化與專業哲學家的貢獻為主要內容，從哲學的角度闡釋了中國近代政治哲學的演變過程。

〔註13〕馮契・中國近代哲學的革命進程〔M〕，上海：華東師範大學出版社，1997：181。

〔註14〕該書在「近代篇」主要闡釋了康有為、譚嗣同、嚴復、章太炎、孫中山的哲學思想。

〔註15〕陳慶坤 主編・中國哲學史通〔M〕，長春：吉林大學出版社 1999：587。

主義。」〔註16〕最後，對於嚴復的天賦自由原則，陳教授認為：「嚴復為中國人民爭自由，一反對封建專制，二反對外國侵略，在當時的中國意義重大」，〔註17〕並認為：「嚴復的『各得自由，而以他人之自由之域』和『開明自營』『兩利為利』是相一致的。」〔註18〕

除了上述著作之外，就目前公開發表的論文來看，從功利主義角度來闡釋中國近代政治哲學的論文，也是為數不多。在這些論文中，大致存在著兩種類型：

一類也是就某位政治哲學家的功利主義思想進行集中闡釋的，如：江西師範大學客座教授呂濱就曾撰有《梁啓超的功利主義倫理觀》一文，發表在《江西師範大學學報（哲學社會科學版）》2000 年第 3 期上。該文從功利主義道德論出發，對梁啓超的倫理思想進行了深入的剖析。除呂濱教授外，葉雋在《留學生》2004 年第 3 期上，發表了《功利主義留學看李鴻章》一文。該文以功利主義視角，對洋務運動中李鴻章選派留學生的舉措，進行了功利性體認。再有，曹敏在《昌吉學院學報》2009 年第 2 期發表的《梁啓超政治倫理思想的基本特色：功利主義》一文中，也對梁啓超的思想進行了總體概括，認為「梁啓超的政治倫理具有功利主義基本特色，強調公益與效能」。

而另一類，則是從「總體」上對中國近代功利主義的發展進行全面闡釋的，但是需要說明的是，雖然作者的寫作初衷是試圖對整個中國近代功利主義的發展作整體性說明，但是從文章的整體佈局來看，仍和上述著作及論文一樣，只集中在了戊戌變法這一時期，因此來講，這樣的「總體」，則是十分牽強的。如：張榮華在《復旦大學（社會科學版）》1987 年第 6 期發表的《功利主義在中國的歷史命運》一文中，雖然力求要對功利主義在整個中國思想史中的發展進行整體性闡釋，但是在選材上，並不是很全面，特別是近代部分，該文只集中介紹了戊戌變法時期的康有為、梁啓超、嚴復等人功利思想以及章太炎的反功利主張，而對於近代中國的其他時期，則沒有涉及。與其類似，西北政治學院教授張周志在其於《寶雞文理學院學報（社會科學版）》2000 年第 4 期發表的《論中國近代以來功利主義的致思》一文中，也只介紹了康有為、梁啓超、嚴復等政治哲學家的功利思想及章太炎的反功利主張；

〔註16〕陳慶坤主編·中國哲學史通〔M〕，長春：吉林大學出版社 1999：588。
〔註17〕陳慶坤主編·中國哲學史通〔M〕，長春：吉林大學出版社 1999：588。
〔註18〕陳慶坤主編·中國哲學史通〔M〕，長春：吉林大學出版社 1999：590。

又如歐德良在《五邑大學學報》（社會科學版）2010 年第 4 期發表的《從梁啓超看晚晴功利主義學說》，也存在類似的狀況。

　　以上這些著作和論文，雖然可以說是高屋建瓴地對中國近代部分政治哲學家的部分政治哲學做了深入而具體的剖析，但是如果對某位政治哲學家政治哲學發展的內在邏輯，或者再擴大一點，對於整個中國近代政治哲學發展的整體內在邏輯而言，這樣的分析顯然不是十分透徹。因為就某位政治哲學家而言，其全部政治哲學之所以能夠充分地展開，其中的關鍵就是因為在他的思想中有一條內在的邏輯主線，正是因為這條邏輯主線的存在，才使得政治哲學家的思想不是處於一個零散而無序的狀態，而是一個有機的結合體。這就是說，在一個政治哲學家的學說體系中，不能存在兩種並重的思想體系，因而從這種意義上來講，如果說某位政治哲學家的某種思想方面具有功利主義特徵，而其它方面與此不相干的話，則是十分偏頗的。

　　另外，從大的方面來講，任何時代的某種政治哲學都有其自己的萌芽、發展及成熟的過程，因而對於功利主義而言，它對中國近代政治哲學的影響，不僅僅是局限在戊戌變法時期，戊戌變法之前以及戊戌變法之後，功利主義的這種影響同樣也是存在的。這是因為就人類思想發展的本身來講，如果它是在一種漸進狀態下向前發展的話，就不可能驟然地出現某些斷層。既然功利主義對中國近代政治哲學的影響，不是僅局限在某個具體的時間段之內，因此如果要對功利主義與中國近代政治哲學關係進行考察的話，就必須要把它放在整個中國近代政治哲學的發展過程中，去進行全面的、綜合的體認。

第一章　功利主義的內涵及其在中西方的發展

　　功利主義（utilitarianism），源於拉丁文 utilias（「利益」、「益處」），故也被學界譯爲「功用主義」或「樂利主義」〔註1〕。在人類的思想史上，功利主義，首先是作爲一種倫理學說而被提出來的，後來經政治哲學家的引入，而成爲了一門指導個人和政府行爲的政治哲學（或稱：政治倫理思想）。其主要思想特色，就是本著工具理性的思維方式，在行動中，強調效果、結果，並且把效果和結果作爲評判行爲是非的唯一尺度。

　　功利主義政治哲學，作爲一種成熟的理論學說，雖然出現在近代 19 世紀的英國，但是從發生學上來講，它並不是爲西方，乃至西方近代所獨有。它的思想蹤迹，在西方，可以追尋到古希臘德謨克里特、伊壁鳩魯的「幸福論」；而在中國，墨子的「兼相愛、交相利」則是它的理論源頭。

第一節　功利主義的基本概念及其基本範疇

　　眾所週知，由於人類思維的本質所決定，人們在認識和理解社會政治生

〔註 1〕唐鉞先生就在其的譯著《功用主義》（約翰・穆勒著，商務印書館 1957 年 8 月版）中，將 utilitarianism 譯爲「功用主義」，並且他提出了自己的見解，認爲：「utiliarianism 英文原字的意思是由功用 utility 來的；並且穆勒氏文中有些地方用『有用的』useful 做相當於功用的形容詞。所以不如照字原譯作功用主義」。梁啓超先生則把它譯爲「樂利主義」，並撰有《樂利主義泰斗邊沁之學說》（《飲冰室合集・文集十三》）。一文。因爲目前學術界通用的譯法爲「功利主義」，所以本文爲統一起見，姑且採用「功利主義」這一譯法。

活的過程中，必須首先要賦予認識對象以一定的概念，然後再通過這些概念來形成對整個世界的理解和把握。可以說，對這些概念的理解和把握，正是一切思想學說得以建構的前提和基礎。因此來講，在瞭解及把握一門政治哲學的首先，就要從把握該門政治學的基本概念及基本範疇開始。只有做到這點，我們才能夠有機會去釐清其理論發展的內在邏輯。

這種研究方式，不僅體現在對功利主義政治哲學的研究上，對待其他學說也同樣是如此。

一、基本概念：功利、功利主義

1、功　利

功利，作爲功利主義政治哲學的核心概念，從英文──「Utility」的原義理解，它是「有用；實用；效用」之意。〔註2〕而如果把它放到現實社會政治生活領域來考量，「功利」就是現實某種事物對於人本身的滿足程度，如果滿足程度大，它的功利性就強，反之，則弱。

在倫理學意義上，「功利」表現爲一種「趨樂避害」的行爲效果，並以此效果來評判人們現實行爲的善與惡，如古希臘的伊壁鳩魯就從效果論的角度上，解釋了什麼才是倫理學意義上的善，他認爲：「只有當我們痛苦而無快樂時，我們才需要快樂；當我們不痛苦時，我們就不需要快樂了。因爲這個緣故，我們說快樂是幸福生活的開始和目的。因爲我們認爲幸福生活是我們天生的最高的善，我們的一切取捨都從快樂出發；我們的最終目的乃是得到快樂，而以感觸爲標準來判斷一切的善。」〔註3〕

在政治學意義上，「功利」則表現爲維持一個國家正常運轉的政治及法律原則所遵循的內在價值取向，用19世紀英國功利主義大師邊沁的話來講，這個內在的價值取向就是：「最大多數人的最大利益。」

2、功利主義

功利主義，是「功利」的意義在理論上的系統化，它「可以被視作是一

〔註 2〕牛津現代高級英漢雙解詞典〔S〕，北京：商務印書館牛津大學出版社，1988：1271。

〔註 3〕周輔成編·西方倫理學名著選輯（上卷）〔C〕，北京：商務印書館，1964：103。

種根據對人們的幸福的影響來直接或間接地評價行爲、政策、決定和選擇的正當性的倫理、政治傳統的名稱」。〔註4〕另外，從理論的價值來講，功利主義是「自由主義的另外一個理論基礎」，其基本理論傾向「即是認爲一切立法、政府政策和道德原則的最終判定標準是其實行之後可能達到的功利水平。……（它）以人的感覺所表現出來的快樂作爲判定的基本出發點，而精神的安寧則是在此之上的更高的衡量指標。」〔註5〕可見，對於功利主義來講，它所強調是一種不計動機的效果論。因爲功利主義所堅持的是一種效果論，所以在理論體繫上，它便和堅持動機論的道義論產生了不解的理論衝突。

另外，對於功利主義來講，它還堅持一種「趨樂避苦」的目的論，因而在其理論原則上強調「最大幸福主義」。

功利主義政治哲學家們認爲，人類行爲的潛在指導者便是快樂，追求快樂就是我們「趨樂避害」的本性之外在表現。因而從這種目的論出發，功利主義原理認爲：凡是有助於產生快樂的行爲或事物，就是善的；反之，則是惡的。按照邊沁的說法就是：所謂功利原理（或稱：功利原則），「是指這樣的原理：它按照看來勢必增大或減少利益有關者之幸福的傾向，亦即促進或妨礙此種幸福的傾向，來贊成或非難任何一項行動。」〔註6〕因而鑒於此，功利主義政治哲學家們便提出了最大幸福原則。而何謂最大幸福原則呢？用約翰・密爾的話來講就是：「功用主義所認爲行爲上是非標準的幸福並不是行爲者一己的幸福，乃是一切與這行爲有關的人的幸福（這是攻擊功用主義的人很少能公平地承認的）。例如，功用主義需要行爲者對於自己的與別人的幸福嚴格地看作平等，像一個與本事無關而仁慈的旁觀者一樣。從拿撒勒的耶穌的黃金律內，我們見到功用倫理學的全部精神。待人像你期望人待你一樣，愛你的鄰人像愛你自己，做到這兩件，那就是功用主義的道德做到理想的完備了。」〔註7〕

〔註4〕應奇・從自由主義到後自由主義〔M〕，上海：生活・讀書・新知三聯書店，2003：26。

〔註5〕顧肅・自由主義基本理念〔M〕，北京：中央編譯出版社，2003：29。

〔註6〕〔英〕邊沁・道德與立法原理導論〔M〕，時殷弘譯・北京：商務印書館，2000：58。

〔註7〕〔英〕約翰・密爾・功用主義〔M〕，唐鉞譯・北京：商務印書館，1957：18。

二、基本範疇：快樂與痛苦、善與惡、個人利益與社會利益

1、快樂與痛苦

快樂和痛苦 —— 這對相互對立的理論範疇，其表現的形式是多種多樣的。另外，從兩者出現的層面來講，二者可以說是此消彼長，在同一個時間內很難做到兼得。因而，對於二者的取捨，也只有在對比之後，才能做出決定。

對於這樣的一對抽象範疇，為何成為了功利主義的基本範疇呢？回答這一問題，我們必須從功利主義的本身談起。我們知道，功利主義的產生就是來源於人們對於快樂的體認。前面已經提過，在功利主義者這裏，他們認為：「自然把人類置於兩位主人公 —— 快樂和痛苦 —— 的主宰之下。只有它們才指示我們應當幹什麼，決定我們將要幹什麼。是非標準，因果關係，俱由其定奪。」〔註8〕可見，在功利主義者這裏，快樂並不是作為人類的感官行為而簡單被看待的，而是被看成為了一種「至善」。

因為快樂是一種「至善」，所以追求快樂並不再是某個人的單獨行為，而是成為了整個人類都在採取的集體行為。因此從此意義上來講，區分快樂與痛苦，就不再是簡單的個人行為，而是成為了整個人類的社會行為：「快樂是帶來利益的活動的表現，痛苦是帶來傷害的活動的表現，這些活動的利害或是相對於個人或種的整個組織器官而言，或是相對於其中的某一個部分而言。」〔註9〕

因為「快樂是帶來利益的活動的表現」，因此，我們可以通過對於利益的計算來獲得對於快樂大、小程度的衡量，同理，我們也可以獲得對於痛苦的衡量。而在這之後，通過權衡，我們也就知曉了某種行為對於我們來講的利害關係程度，從而形成對該種行為善惡的判斷。而如果認為利大於害，並認為為追求這種「利」，可以不計任何的手段的話，這種思維方式便屬於功利主義的思維方式。因此來講，快樂與痛苦，是功利主義政治哲學的一對必不可少的理論範疇。

〔註 8〕 〔英〕邊沁·道德與立法原理導論〔M〕，時殷弘譯·北京：商務印書館，2000：57。

〔註 9〕 〔美〕弗蘭克·梯利·倫理學導論〔M〕，何意譯·南寧：廣西師範大學出版社，2002：158。

2、善與惡

善，作爲倫理學上的一個核心概念，它常常表現爲某種被要求，或被命令的東西；而「惡」——這一善的對立面，則常常顯現爲某種被禁止的東西。〔註10〕從倫理學的意義上來講，「善」也就是我們常講的：「道德原則」。

而倫理學上具有重要意義的「善」，爲什麼成爲了功利主義政治哲學的基本範疇了呢？在倫理學上，「善」之所以有意義，就是在於它向人們提供了一個可供遵循的道德原則，並且只有在這個道德原則的指引下，人們才能合理地支配自己的行爲。而對於功利主義政治哲學來講，它之所以把「善」作爲其理論的基本範疇，其著眼點也正是在於此。但是需要指出的是，在功利主義政治哲學這裏，它所強調的「善」，不是一種目的論意義上的善，而是一種效果論意義上的善。

在功利主義政治哲學家這裏，他們認爲：「但凡是任何人嗜欲或欲求的任何對象，自他一方面言，便名爲善；而任何他所仇恨及憎避的對象，則名爲惡」；〔註11〕「所謂善與惡，只是快樂或痛苦自身」。〔註12〕因爲快樂是爲任何人所欲求的對象，快樂就是「善」，所以爲追求快樂所採取的一切行爲，都是符合道德原則的。這樣，功利主義政治哲學就爲自己的思想與行爲找到了合理的保護傘。

3、個人利益與社會利益

個人與社會的關係，可以說，是任何一門社會科學都不能迴避的一對基本關係。與此相對應，「利益」也存有兩種方向的歸屬：其一是個人利益，其二便是社會利益。因此來講，如何處理好個人與社會、個人利益與社會利益的關係，對於每一門社會科學來講，都是必須要觸及的。

而對於功利主義政治哲學而言，這兩對關係也同樣是其亟需解決的重要課題。但是，由於中西方的具體政治、文化環境的不同，導致中西方功利主義，在解決這兩對關係時，採取了不同的解決路徑。在中國，功利主義政治哲學走的是一條如何從重視整體、忽視個體轉變到既重視整體又強調個體的

〔註10〕〔德〕石里克・倫理學問題〔M〕，長河譯・北京：商務印書館，1997：18。
〔註11〕周輔成編・西方倫理學名著選輯（上卷）〔C〕，北京：商務印書館，1964：656。
〔註12〕〔英〕洛克・人類理解論（上冊）〔M〕，葉啓芳、瞿菊農譯・北京：商務印書館，1959：243。

道路；而在西方，則走的是一條如何從利己走向利他，從而彌合個人與整體之間界限的道路。

第二節　中西方功利主義的理論傳承

一、功利主義在西方

　　功利主義在西方的發展，可以說是源遠流長，它的源頭直接可以追溯到古希臘德謨克里特、伊壁鳩魯的「幸福論」，後經中世紀短期衰落之後，在文藝復興之中及其後功利主義政治哲學又獲得了重新的發展，並於 19 世紀發展成為了一個理論完備、體系健全的思想流派。

　　現在，如果要從源頭說起的話，「原子」理論的提出者——德謨克里特無疑是西方功利主義政治哲學的肇始者，因為他率先提出了具有功利主義色彩的「幸福論」。

　　從原子論出發，德謨克里特認為人也是像原子那樣，處於不斷地運動變化之中，這種運動的表現就是人類的活動。正是出於人的這種自然性，德謨克里特認為人生的目的乃在於追求幸福，「對人，最好的是能夠在一種盡可能愉快的狀態中過生活，並且盡可能少受痛苦」，〔註13〕認為「快樂和不適構成了那『應該做或不應該做的事』的標準」。〔註14〕但是，德謨克里特並不主張單純地追求肉體上的快樂，他認為「凡期望靈魂的善的人，是追求某種神聖的東西，而尋求肉體快樂的人則只有一種容易幻滅的好處。」〔註15〕這表明，功利主義從萌芽的時候起，就不像某些人所理解的那樣，是一種狹隘的享樂主義。

　　後來，伊壁鳩魯發展了德謨克里特的觀點，認為人生的目的在於追求快樂，快樂是最高的善：「快樂是幸福生活的開始和目的。因為我們認為幸福生活是我們天生的最高的善，我們的一切取捨都從快樂出發，我們的最終目的

〔註13〕周輔成編・西方倫理學名著選輯（上卷）〔C〕，北京：商務印書館，1964：81。

〔註14〕周輔成編・西方倫理學名著選輯（上卷）〔C〕，北京：商務印書館，1964：73。

〔註15〕周輔成編・西方倫理學名著選輯（上卷）〔C〕，北京：商務印書館，1964：74。

乃是得到快樂。」〔註16〕「如果抽掉了嗜好的快樂，抽掉了愛情的快樂以及聽覺與視覺的快樂，我就不知道我還怎麼能夠想像善」。〔註17〕

然而，歷史並不是總是朝著人類理想的狀態而前進，古希臘的這種肯定人欲、追求幸福的功利主義政治哲學，並沒有在歐洲中世紀得到迅速地傳播與發展，相反，宗教神學的禁欲主義，則左右了歐洲近千年來的政治哲學史，並致使古希臘人文精神遭到了徹底的抑制。

這種狀況，直到14世紀至16世紀的文藝復興運動時期，才得以改觀。

文藝復興中，馬基雅維利率先從人的天性入手，分析了人的功利主義本性。他認為，人的天性就是惡的，忘恩負義、易變、奸詐懦弱、趨吉避凶、貪得無厭，都是人性的具體表現。鑒於這樣的人性，他認為一個君主，如果是為了統治，他就可以「不必遵守加諸於公民的道德律」，而且在形勢必要時，還可以不顧道德評價去「非善良地獲取權力」，〔註18〕並且可以「與真理相反，與博愛相反，與人道相反，與宗教相反」，〔註19〕這是因為「某些事看來是道德的，但其結果卻置國君於敗亡，另外一些事看來是罪惡的，其結果卻使他獲得了較大的安全與幸福」。〔註20〕

現在看來，雖然馬基雅維利的「非道德」的功利主張很是極端，但是他的這種對人文主義精神的開啟，卻影響了以後的整個歐洲思想界。繼馬基雅維利以後，功利主義政治哲學得到了長足的發展，在邊沁、密爾之前，英國的培根、霍布斯、洛克、哈奇遜、休謨、亞當·斯密，法國的愛爾維修、霍爾巴赫，以及意大利的貝卡裏亞都為功利主義政治哲學體系得以最終地構建，付出了不懈的努力。

在文藝復興之後，作為「英國唯物主義和整個現代實驗科學的真正始祖」〔註21〕的培根，在知識就是美德的基礎上，提出了「全體福利說」，為以後功利主義原則──「最大多數人的最大幸福」的提出，做了理論上的啟蒙。

〔註16〕周輔成編·西方倫理學名著選輯（上卷）〔C〕，北京：商務印書館，1964：103。

〔註17〕〔英〕羅素·西方哲學史（上卷）〔M〕，馬元德譯·北京：商務印書館，1976：309。

〔註18〕〔英〕吉爾伯特·馬基雅維利主要著作及其它〔M〕，北卡羅來納州1965：58。

〔註19〕〔英〕吉爾伯特·馬基雅維利主要著作及其它〔M〕，北卡羅來納州1965：66。

〔註20〕〔意〕馬基雅維利·君主論〔M〕，潘漢典譯·北京：商務印書館，1985：56。

〔註21〕恩格斯·馬克思恩格斯選集（第2卷）〔M〕，北京：人民出版社，1995：163。

　　和培根不同，霍布斯則完全強調事物自身的善。他認為人類產生之初，處於一種人人自愛、自相殘殺的自然狀態。由於人利己的本性，霍布斯認為人類不會本能地過一種道德的生活，「私人的嗜欲即是善與惡的標準」。對於這種利己主義的功利觀，當時英國著名的神學家昆布蘭就曾批評他說：「各個人所可能獲致的最大幸福就包括在這個共同幸福中，並且也是最有效地被共同幸福所促進」。〔註22〕

　　霍布斯之後，洛克在對善、惡重新體認的基礎上，提出了「普遍幸福」論。他認為：「善就是能夠引起（或增加）或減少痛苦的東西；⋯⋯在反面說來，所謂惡就是能夠產生（或增加）痛苦或能減少快樂的東西」，〔註23〕鑒於此，洛克認為：「追求真正的幸福是一種必然性，這種必然性正是一切自由的基礎，普遍的幸福就是所謂最大的善，亦就是我們的一切欲望所趨向的。如果我們受了必然性的支配，來恒常地追求這種幸福，則這種必然性愈大，那我們便愈自由。」〔註24〕但是，遺憾的是，洛克雖然提出了追求最大幸福的理論，但是他並沒有把這種理論上陞為後來的功利主義原則。

　　洛克沒有完成的，在後來的哈奇遜這裏卻得到了繼續。哈奇遜明確提出了功利原則，即：「最大多數人的最大幸福」。他認為「凡產生最大多數之最大幸福的行為，便是最好的行為，反之，便是最壞的行為」。〔註25〕並且主張採用偏於公善與仁德的計算方法，來計算行為的道德性。

　　雖然哈奇遜提出了為後世功利主義者所借鑒的功利原則，但是，休謨作為哈奇遜之後的功利主義者，卻對之並沒有採納，因為他認為有助於普遍幸福、有利於公共利益並非是使行為善的唯一標準，他認為：「我們關於道德的邪正判斷顯然是一些知覺；而一切知覺既然不是印象、便是觀念，所以排除其中之一、就是保留另外一種的有力的論證。因此，道德寧可說是被人感覺到的，而不是被人判斷出來的。」〔註26〕

〔註22〕周輔成編・西方倫理學名著選輯（上卷）〔C〕，北京：商務印書館，1964：698。

〔註23〕〔英〕洛克・人類理解論（上冊）〔M〕，葉啓芳、瞿菊農譯・北京：商務印書館，1959：199。

〔註24〕〔英〕洛克・人類理解論（上冊）〔M〕，葉啓芳、瞿菊農譯・北京：商務印書館，1959：236。

〔註25〕周輔成編・西方倫理學名著選輯（上卷）〔C〕，北京：商務印書館，1964：807。

〔註26〕〔英〕休謨・人性論（下冊）〔M〕，關文運譯・北京：商務印書館，1980：510。

　　休謨之後，亞當・斯密發展了休謨的情感理論。他認爲人類道德的來源就是人的這種本能的原始情感，這種情感所產生或帶來的結果就是道德評價的依據，「這種感情意欲產生或往往產生的結果的有益或有害的性質，決定了它所引起的行爲的功過得失，並決定它是値得報答，還是應該受到懲罰。」〔註27〕同時，斯密還從另一個角度指出：「另有一種起因於人類行爲舉止的品質，他既不是指這種行爲舉止是否合宜，也不是指莊重有禮還是粗野鄙俗，而是指它們是一種確定無疑的贊同或反對的對象。這就是優點和缺點，即應該得到報答或懲罰的品質。」〔註28〕可見，斯密所謂的「優點」，就是情感的合宜性與功利性之和，對此，德國的哲學教授查德・費爾肯鮑曾做了這樣的概括「merit = propriety + utility」，即：優點=合宜+功利。顯而易見，斯密所堅持的也是重利益、後果的功利論。

　　除了上述這些英國本土的政治哲學家之外，法國的愛爾維修、霍爾巴赫以及意大利的貝卡裏亞，都對利主義政治哲學的發展，做出了一定的貢獻。

　　法國的政治哲學家愛爾維修、霍爾巴赫的功利主義政治哲學，從實質上講，是一種「合理利己主義」。他們認爲「人從本質上都是自己愛自己、願意保存自己、設法使自己的生存幸福的，利益或對於幸福的欲求就是人的行動的唯一動力。」〔註29〕但是他們也認爲追求個人利益的行爲，要具有道德的合理性，即：不給他人帶來痛苦、促進公共利益。並且他們把能否促進公共利益，以及在多大程度上促進了公共利益，作爲判斷一個人或一個群體的行爲是否具有道德價值，以及具有多大道德價值的唯一標準。

　　而意大利法學家的貝卡裏亞，則從立法原則和立法方法等方面，深深地影響了功利主義政治哲學的發展。貝卡裏亞認爲，在立法中，「他們只考慮一個目的，即最大多數人的最大幸福」，〔註30〕認爲「如果人生的善與惡可以用一個數學方式來表達的話，那麼良好的立法就是引導人們獲得最大幸福和最小痛苦的藝術。」〔註31〕

〔註27〕〔英〕亞當・斯密・道德情操論〔M〕，蔣自強等譯・商務印書館，1997：17。
〔註28〕〔英〕亞當・斯密・道德情操論〔M〕，蔣自強等譯・商務印書館，1997：81。
〔註29〕周輔成編・西方倫理學名著選輯（下卷）〔C〕，北京：商務印書館，1964：75。
〔註30〕〔英〕邊沁・政府片論・編者導言〔M〕，沈叔平等譯・北京：商務印書館，1995：29。
〔註31〕〔英〕邊沁・政府片論・編者導言〔M〕，沈叔平等譯・北京：商務印書館，1995：29。

　　18 世紀末葉，英國爆發產業革命。產業革命的爆發，使大量新興工業資產階級登上歷史舞臺，並隨著經濟實力的不斷加強，不斷地提出更高的政治要求，他們同土地貴族、金融資產階級圍繞著各種社會政治問題展開了激烈的爭鬥，正如恩格斯所言：「1830 年的資產階級，同前一世紀的資產階級是大不相同的。仍然留在貴族手中並且被貴族用來抵制新工業資產階級的野心的政治權力，已經同新的經濟利益不能相容了。於是必須同貴族進行一次新的鬥爭，這一鬥爭的結局只能是新的經濟力量的勝利。」〔註 32〕這一鬥爭，終於導致了 1832 年的議會改革，這次改革，「使資產階級在議會裏獲得了公認的強大地位」。〔註 33〕與此同時，英國的無產階級也迅速壯大，並作為一支獨立的力量登上了歷史舞臺。

　　就是在這樣的形勢下，邊沁的功利政治哲學應運而生，並迅速成為了 19 世紀在英國影響極大的思想學說。這種學說不僅為新興工業資產階級的既得利益做了理論上的辯護，而且也為他們爭得更多的政治、經濟利益提供了理論指南。

　　1776 年，邊沁出版《政府片論》，接著《道德與立法原理導論》又於 1789 年正式刊發，這兩部著作的出版，不僅標誌著邊沁自己功利政治哲學的成熟，而且也標誌著西方功利主義政治哲學在經過了漫長的歷史發展之後，終於修成正果。

　　對於邊沁而言，他的功利思想首先表現在他的「苦樂觀」上，他認為「自然把人類置於兩位主公——快樂與痛苦——的主宰之下。只有它們才指示我們應當幹什麼，決定我們將要幹什麼。是非標準，因果關係，俱由其定奪。」〔註 34〕這樣他不僅肯定了追求快樂的合理性，而且也把快樂、痛苦作為了判斷行為正確與否的唯一標準。

　　但是和前人有所不同的是，邊沁認為苦樂的感覺只有量的區別，而沒有質的不同。並且為比較量的多少，邊沁還設計了一種計量的方法。認為通過這種計算，人們就會通過發現每一個行為所導致的苦樂值的大小，從而來追求最大化的快樂。基於這樣的認識，他明確提出了「最大多數人的最大幸福」

〔註32〕恩格斯・馬克思恩格斯選集（第 3 卷）〔M〕，北京：人民出版社，1995：397。
〔註33〕恩格斯・馬克思恩格斯全集（第 22 卷）〔M〕，北京：人民出版社，2011：355。
〔註34〕〔英〕邊沁・道德與立法原理導論〔M〕，時殷弘譯・北京：商務印書館，2000：57。

這一功利原則，認爲「最大多數人的最大幸福是正確與錯誤的衡量標準。」
〔註35〕

　　然而，邊沁的理論也並非完美，所以在其理論提出之後，邊沁便招致了來自各方面的反對。而也正是這些反對意見，促成了另一位著名的功利主義政治哲學家的理論形成。這個政治哲學家，就是邊沁的後學約翰‧斯圖亞特‧密爾。密爾在繼承邊沁理論的同時，又對邊沁的功利思想進行了局部的改造。

　　這些改造，首先表現在苦樂觀上。密爾修正了邊沁的理論，認爲快樂不僅有量的差別，而且也有質的差別，「我們估計一切其他東西的價值的時候，都把品質與分量同加考慮；偏偏以爲快樂只按分量估價，這就未免荒謬了」。〔註36〕密爾認爲根據快樂的不同的質，可以將快樂劃分爲肉體（物質）的快樂和精神的快樂，並認爲後者要高尚於前者，對此他形象地比喻道：「做一個不滿足的人比做一個滿足的豬好；做一個不滿足的蘇格拉底比做一個傻子好」。〔註37〕

　　至於如何判斷快樂的質，密爾則認爲要借助大多數人的意見，「假如那些人之中意見也有不同，那麼，我們就不得不承認他們大多數人的判斷是最後的答案」。〔註38〕而爲什麼質量高的快樂會勝於數量大而質量低的快樂，密爾認爲這是依據人的高度感受力，認爲具有高度感受能力的人，自然而然地會去選擇那些能充分發展他們較高感受力的快樂。

　　另外，在利己與利他的關係上，密爾也不同意邊沁的觀點。他認爲「行爲上是非標準的幸福並不是行爲者一己的幸福，乃是一切與這行爲有關的人的幸福」，認爲眞正的功利主義道德要求其實踐者必須「待人像你期望人待你一樣，愛你的鄰人像愛你自己。」〔註39〕除此之外，密爾還倡導一種犧牲的精神，認爲「只是在世界的組織很不完善的狀況之下，絕對犧牲自己的幸福才會是任何人促進別人幸福的最好方法；但是，在這個世界還在那個不完善狀況的期間，我完全承認甘心做這種犧牲是人類的最高的美德。」〔註40〕

〔註35〕　〔英〕邊沁‧政府片論‧編者導言〔M〕，沈叔平等譯‧北京：商務印書館，1995：92。
〔註36〕　〔英〕約翰‧密爾‧功用主義〔M〕，唐鉞譯‧北京：商務印書館，1957：8。
〔註37〕　〔英〕約翰‧密爾‧功用主義〔M〕，唐鉞譯‧北京：商務印書館，1957：10。
〔註38〕　〔英〕約翰‧密爾‧功用主義〔M〕，唐鉞譯‧北京：商務印書館，1957：11。
〔註39〕　〔英〕約翰‧密爾‧功用主義〔M〕，唐鉞譯‧北京：商務印書館，1957：18。
〔註40〕　〔英〕約翰‧密爾‧功用主義〔M〕，唐鉞譯‧北京：商務印書館，1957：17。

　　但是密爾對邊沁思想的改造，並沒有使功利主義的反對者們就此偃旗息鼓，相反卻招致了新一輪的更大攻擊，而在這些攻擊者當中影響最大的則當數喬治・愛德華・摩爾了。

　　1903 年，摩爾發表其著名的《倫理學原理》。在該書中，摩爾不僅否定了邊沁、密爾的「自然主義」，而且還提出了「理想功利主義」的觀點，認為從人們事實上欲望某物的角度推導不出某物可欲的結論。另外，功利主義理論強調的只有快樂或幸福才是人生的目的也是錯誤的，在他看來，在快樂之外還應涵蓋對美的欣賞、對真理的追求等精神上的目標。除此，他還認為善是不可以定義的、非自然的、不可分析的感念，這無疑動搖了邊沁、密爾所創立的功利主義政治哲學的理論根基。這樣，在摩爾的影響下，一個新的倫理學派 —— 元倫理學學派迅速興起，它的興起，標誌著以邊沁、密爾為代表的古典功利主義政治哲學就此結束。

二、功利主義在傳統中國

　　功利主義政治哲學在中國的最先提出，是由先秦墨家在「百家爭鳴」中完成的，但是，隨著秦朝迅速滅亡、以及漢代「罷黜百家，獨尊儒術」的施行，功利主義政治哲學逐漸為重義輕利的儒家思想湮沒。但是有一點可以欣慰的是，地位的被取代，並不意味著功利主義政治哲學就此而消失，相反，越是到民族危亡、百廢待興的時候，其思想的魅力便愈是明顯，比如宋代，它就作為了一種強勁的政治哲學與儒家的正統思想 —— 理學展開一場勢均力敵的理論抗爭，並最終達到了在傳統中國的理論頂峰。

　　談及在傳統中國功利主義政治哲學的理論傳承，則必從墨家談起，可以說，從嚴格意義上講，墨家是功利主義政治哲學在傳統中國的始作俑者。

　　墨家認為：「義，利也。」〔註41〕這就是說：「義」並不再是高於「利」的理論存在，而是「義」等同於「利」，離開「利」，「義」也就失去了意義。因為「義」與「利」是這樣的關係，所以墨家認為：現實社會生活中，所謂「忠」就是對君主有利的事要極力勸說他去做，即：「忠，以為利而強低（『低』應為『君』）也」〔註42〕；所謂「孝」，就是要做有利於父母的事，即：「孝，

〔註41〕《墨子・經上》。
〔註42〕《墨子・經上》。

利親也。」〔註43〕正是鑒於此，墨家認為「義」之所以能夠被人所遵守，關鍵是它「利」的效用，如：「和氏之璧、隋侯之珠、三棘六異，此諸侯之所謂良寶也。……所為貴良寶者，可以利民也，而義可以利人，故曰，義，天下之良寶也。」〔註44〕這樣，墨家就彌合了義、利之間的界限，為以後功利主義政治哲學的發展提供了理論可能。

和墨家相比，法家則完全衝破了傳統道義論所設置的思想藩籬，公開提出了其非道德的功利論。

以法家集大成者韓非為例，他不僅肯定人們求利的合理性，而且認為一切社會倫理關係——父子、夫妻和君臣關係，都是以「利」為基礎的，「父母之於子也，產男則相賀，產女則殺之。此俱出父母之懷袵，然男子受賀，女子殺之者，慮其後便，計之長利也」；〔註45〕「后妃、夫人、太子之黨成而欲君之死也，君不死則勢不重，情非憎君也，利在君之死也」；〔註46〕「人主者，利害之輮轂也，射者眾，故人主共矣。」〔註47〕另外，在對待「國家」利益上，韓非認為君主行為的是非，應以是否實現乃至增進國家利益（君主利益）來衡量，認為只要對國家有利，君主就可以採取一切手段，包括使用非道德的手段，如：「眾端參觀」、「必罰明威」、「信賞盡能」、「一聽責下」、「疑詔詭使」、「挾知而問」、「倒言反事」。〔註48〕

可見在韓非這裏，他追求的是一種極端的功利效果，然而這種極端的功利主張，不僅未能給隨後的秦朝帶來長治久安，而且還致使了自己在與儒學的正面交鋒中的落敗。

在秦朝滅亡以後，功利主義政治哲學曾經一度消沉，然而我們知道，任何一粒沒有先天缺陷的種子，只要其根植的土壤仍在尚存，它就有重新發芽的機會。

公元 960 年，趙匡胤在陳橋驛黃袍加身，建立了宋王朝。統一以後，宋王朝曾經出現了一段短期的繁榮，但是繁榮並不能掩蓋自身的疾患。對於北宋王朝來講，不僅自身冗官、冗兵、冗費日益加劇，而且，北方的少數民族

〔註43〕　《墨子・經上》。
〔註44〕　《墨子・耕柱》。
〔註45〕　《韓非子集解・六反》。
〔註46〕　《韓非子集解・備內》。
〔註47〕　《韓非子集解・外儲說右上》。
〔註48〕　《韓非子集解・內儲說上・七術》。

力量也日益加強，除紛紛建立政權之外，更有甚者，金政權還在 1127 年滅掉了北宋。除政治上的危機以外，在文化上，以崇尚義理、貶斥人欲爲宗旨的宋代理學的流行，更加加重了宋王朝的危機。正是在這種內外交困的形勢下，功利主義政治哲學作爲當時一種興利除弊的良方，在北宋以及南宋的思想界，再度悄然興起。

在北宋，李覯、王安石就曾針對當時積貧積弱的社會現實，一反儒家傳統的義利觀，認爲「人非利不生」，「孟子謂『何必曰利』，激也。爲有仁義而不利者乎？」〔註49〕公開宣稱「政事所以理財，理財乃所謂義也」。〔註50〕

相比於北宋，南宋陳亮、葉適功利主義政治哲學的提出與展開，則主要是在與朱熹的論戰中完成的。這場論戰不僅動搖了程朱理學的絕對統治，而且也標誌著中國傳統功利主義政治哲學最終走向了成熟。

首先，在物欲問題上，陳亮、葉適一反程朱理學所謂的「存天理，滅人欲」，分別提出了自己的物欲觀。

陳亮認爲，人的各種欲求和人性一樣是先驗存在的，他認爲：「耳之於聲也，目之於色也，鼻之於臭也，口之於味也，四肢之於安佚也，性也，有命焉。出於性，則人之所同欲也；委於命，則必有制之者而不可違也。富貴尊榮，則耳目口鼻之與肌體皆得其欲；危亡困辱則反是」。〔註51〕葉適也同樣認爲：「『人生而靜，天之性也，感於物而動，性之欲也。』但不生耳，生即動，何有於靜？以性爲靜，以物爲欲，尊性而賤欲，相去幾何？」〔註52〕這樣，他們就在人性的層面上肯定了「欲」的合理性。

其次，在義、利的關係上，他們反對「重義輕利」的舊習，主張「重利輕義」，「義」以「利」爲彰顯。

陳亮認爲「道之在天下，平施於日用之間」，「而其所謂平施於日用之間者，與生俱生，固不可得而離也。」〔註53〕這就是說，程朱所倡導的天理（道），是在一個個「日用之間」，即外在事功上體現的，因而天理與事功具有著外在的統一性。因爲天理與事功具有這種外在的統一性，所以陳亮認爲應合王霸爲一體，而不能把王霸二分，「功到成處便是有德，事到濟處便是

〔註49〕　《李覯集‧雜文‧原文》。
〔註50〕　《臨川先生文集‧答曾公立書》。
〔註51〕　《陳亮集‧問答下》。
〔註52〕　《習學紀言序目‧禮記‧樂記》。
〔註53〕　《陳亮集‧經書發題‧詩經》。

有理」，〔註54〕這樣他就從手段與結果合一的基礎上，否定了朱熹的王霸二分論，為其功利性的價值取向提供了理論上的支持。

葉適則在繼承前賢薛季宣的思想上，極力反對傳統儒家的「重義輕利」觀，認為「『仁人正誼不謀利，明道不計功』此語初看極好，細看全疏闊。古人以利與人而不自居其功，故道義光明，後世儒者行仲舒之論，既無功利，則道義者乃無用之虛語爾。」〔註55〕為此，他主張義利合一，認為只有這樣才能「圖大事，立定論」。

陳亮、葉適之後，李贄、唐甄、顏元、李塨等政治哲學家對宋代的功利主張做了進一步地發揮，其中李贄在批評董仲舒「正其誼不謀其利，明其道不謀其功」〔註56〕的基礎上，提出了「私利論」；唐甄提出了「志任天下」的道德觀，認為君子要擔當天下之重任，要「安天下之民」、要「富國富民」〔註57〕；而顏元、李塨則強調社會的功利效用，主張要謀天下之利，計天下之功。

三、功利主義在中國近現代的發展與嬗變

1840 年，鴉片戰爭爆發，西方列強不僅用槍炮打開了中國自封已久的國門，而且也揭開了中國近代歷史的序幕。雖然戰爭給近代中國帶來的是表述不盡的苦痛，但是戰爭並沒有摧垮國人的意志，怎樣求強？怎樣求富？怎樣求獨立？成為了當時有識之士的共同思考。正是在這樣的情勢下，中國傳統功利主義政治哲學在經歷了古代社會的洗禮之後，又躊躇滿志地踏上了新的征程。

但是對於中國近現代功利主義政治哲學而言，其發展並不是完全靠的是自身的力量，它在對本國傳統功利主義政治哲學進行繼承的同時，又大膽地借鑒了西方近代功利主義的先進成果。因此對於中國近現代功利主義政治哲學而言，它是兼具古近、地跨中西的思想共同體。

1、對本國傳統功利主義政治哲學的繼承

任何一種學說的發展，都有一個代際相傳的過程，對於中國近代功利主義而言，也是這樣。它在具體內容上，雖然與古代的功利主義存在著較大的

〔註54〕《宋元學案‧龍川學案》。
〔註55〕《習學記言序目‧漢書三‧列傳》。
〔註56〕《漢書‧董仲舒傳》。
〔註57〕《潛書‧利才》。

差異，但是作爲一種學術思想的傳承，依然存有著先代思想的蹤跡，這些蹤跡主要表現在其理論的邏輯起點、思維方式、理論的外在保障以及研究方式上。

首先，理論思維的邏輯起點——人性論。

功利主義作爲人文主義思想的一支，它的理論切入點自然和眾多其他的人文主義思想一樣，也是以「人」作爲其邏輯起點的。而對「人」如何認識，政治哲學家則是從對人性的考察入手的。

在中國傳統功利主義者那裏，人性大致可以歸結爲兩類：

一類就是以墨子、韓非爲代表的性惡論。這種人性理論突破了當時爲傳統儒家所代表的性善論，它輕視仁義，非道德，認爲全部社會道德均是人類爲實現某種實踐目的所採用的手段。另外，它還在一定程度上注意到了人的個體價值，主張自愛、自利，承認人的理性，按照黑格爾的說法，就是主張：「通過自己而達到眞理」，使「意識復歸於自己」〔註58〕。

另一類則是爲宋代功利主義者所倡導的自然人性論。這種理論則是強調人的本性本無善惡，現實人性的彼此差別來源於人的後天的不同習得，因而作爲道德意義上的「善」與「惡」並不是人性的先驗，「天地之性，以人爲貴；聖以此聖，禮安得僞！仁以此仁，義安得外！」〔註59〕

這樣，在宋代功利主義者這裏，人性便不再是某種先驗道德的存在，而是將人性建構在人的現實存在的基礎之上，強調人的自然屬性和個人的獨立性。這種唯物主義自然人性論，在近代，就曾爲數位政治哲學家所繼承。

譬如以康有爲而言，他就針對宋明理學的「存天理，滅人欲」，認爲「性即理也，程子之說，朱子採之，非是」，「朱子性即理也，未當」。〔註60〕他認爲「實則性全是氣質，所謂義理，自氣質出，不得強分也。」〔註61〕他以氣質作爲人的本性，強調了人的自然屬性，從而論證了人的感性需要的合理性，「人稟陰陽之氣而生也，能食味則聲被色，質爲之也。於其質宜者則愛之，其質不宜者則惡之。兒之於乳已然也，見火則樂，暗則不樂，兒之目已然也。」

〔註58〕〔德〕黑格爾·哲學史講演錄（第二卷）〔M〕，賀麟譯·北京：商務印書館，1978：42。

〔註59〕《陳亮集·祭鄭景元提幹文》。

〔註60〕《萬木草堂口說·宋元學派》。

〔註61〕《長興學記》。

〔註 62〕根據這種人性界定，康有爲認爲人類最基本的人生原則就是求樂免苦，「故普天之下，有生之徒，皆以求樂免苦而已，無他道矣。其有迂其途，假其道，曲折以赴，行苦而不厭者，亦以求樂而已。雖人之性有不同乎，而可斷斷言之曰：人道無求苦去樂者也。」〔註 63〕這樣以人性爲突破口，康有爲自己功利主義政治哲學的初步建構提供了必要的前提假定。

對於這種自然人性，後來的嚴復也對之進行了深刻地剖析，他不僅認爲求樂避苦爲人生行爲準則，而且還以此劃定了善惡的標準：「樂即爲善，苦即爲惡」，「人道以苦樂爲究竟乎？以善惡爲究竟乎？應之曰：以苦樂爲究竟，而善惡則以苦樂之廣狹爲分，樂者爲善，苦者爲惡，苦樂者所視以定善惡者也。使苦樂同體，則善惡之界混矣，又烏所謂究竟者乎？」〔註64〕

其次，理論的思維方式──工具理性。

所謂工具理性，就是在對人的行爲進行價值判斷時，所依據的是該種行爲所引起的現實結果，而不是該種行爲的動機與實現手段的正當性與否。這種思維方式，在古代功利主義政治哲學家的觀念中，主要表現爲「重利輕義」，而在近代則主要表現在政治哲學家對於西方近代文明的吸收上。

在中國傳統功利主義政治哲學家眼中，「利」不僅是人身邊切實的存在，而且也是人類行爲的目的。如法家的韓非就是把「利」貫徹到了人類生活的各個領域：「醫善吮人之傷，含人之血，非骨肉之親也，利所加也。故輿人成輿，則欲人之富貴；匠人成棺，則欲人之夭死也。非輿人仁而匠人賊也，人不貴則輿不售，人不死則棺不賣，情非憎人也，利在人之死也。」〔註 65〕又如宋代的功利主義者認爲「人非利不生」，〔註66〕「夫道豈有他物哉！喜怒哀樂愛惡得其正而已。行道豈有他事哉！審喜怒哀樂愛惡之端而已。」〔註67〕

可見，在中國古代功利主義政治哲學中，「利」在作爲人生目的不斷加強的同時，也被賦予了道德上的合法性，這樣「利」也就不再是作爲「義」的對立面而出現，而是超越「義」，上陞到「義」的本體論高度。

到了近代，這種自古延續下來的工具理性思維方式，突出表現就是體現

〔註62〕湯志鈞主編‧康有爲政論集〔C〕，北京：中華書局，1981：9。
〔註63〕康有爲‧大同書〔M〕，北京：華夏出版社，2002：10～11。
〔註64〕嚴復‧天演論〔M〕，北京：華夏出版社，2002：90。
〔註65〕《韓非子集解‧備內》。
〔註66〕《李覯集‧雜文‧原文》。
〔註67〕《陳亮集‧勉強行道大有功》。

在如何對待西方的近代文明上。

我們知道，西方文明在中國近代的傳入與發展，並不是一蹴而就的，它經歷了一個由科技（軍事）文明，到政治文明，再到文化文明的過程。而在這一過程中，工具理性的思維方式一直伴隨著政治哲學家們求索的歷程。

鴉片戰爭的炮火，引發了當時政治哲學家們對於西方科技文明的共同思索。「學以致用」便成為政治哲學家們思索後的共同選擇。而「學」究竟學什麼？從魏源的「師夷長技以制夷」到以張之洞為代表的洋務派，都是把它簡單地定格在西人的「長技」之上，認為只要學到「長技」，中國即可富強。這種簡單求「利」的思維方式，雖然也曾起到一些局部的進步作用，但是在整體上，不僅未能使中國擺脫落後挨打的局面，而且還直接延緩了中國近代化的步伐。

洋務運動失敗後，作為後來者的維新派與革命派，卻並沒有完全從前人所設計的「中體西用」的慣用模式下解脫出來，只是在層面上有所加深：由過去對科技的移植轉移到了對政治制度的嫁接。

以康有為為例，他認為：「東西各國之強，皆以立憲開國會之故，國會者，君與國民共議一國之政法也。」〔註68〕因而對於中國，也要「行憲法」，「開國會」，君主「以庶政與國民共之，行三權鼎立之制，則中國之治強，可計日待也。」〔註69〕這樣，「君民同體，情誼交孚，中國一家，休戚與共」，「合四萬萬人之心以為心，天下莫強焉！」〔註70〕而革命派領袖孫中山，則直接從西方近代資產階級政治哲學家 —— 孟德斯鳩、盧梭身上汲取營養，建構了自己的國家方案：「由平民革命以建立國民政府，凡為國民皆平等以有參政權。大總統由國民共舉。議會以國民公舉之議員構成之，製定中華民國憲法，人人共守。敢有帝制自為者，天下共擊之。」〔註71〕

這種對西方資本主義政治制度的嫁接，雖然表達了中國早期資產階級對於近代政治文明的渴望，但是在具體的思維方式上，仍然是古代工具理性思維方式的延續，他們把西方的政治文明工具化，簡單地從「用」上下工夫，而沒有注重對「體」的深層挖掘。

〔註68〕湯志鈞主編・康有為政論集〔C〕，北京：中華書局，1981：338。
〔註69〕湯志鈞主編・康有為政論集〔C〕，北京：中華書局，1981：339。
〔註70〕湯志鈞主編・康有為政論集〔C〕，北京：中華書局，1981：135。
〔註71〕《孫中山選集・同盟會宣言》。

再次，理論原則的外在保障——法治。

任何一種理論學說，除了希求自身體系不斷完善以外，都希望得到一種外在的保障，使它的發展獲得一個穩定的環境，功利主義政治哲學也是如此。但是，由於自身的理論特點，在外在保障上，功利主義政治哲學不可能到現實的倫理道德中去尋求，而只能把目光投注到道德之外的法治。

如先秦法家就認為「法者，所以為國也，而輕之，則功不成、名不立」，〔註72〕「國無常強，無常弱。奉法者強則國強；奉法者弱則國弱。」〔註73〕不僅是先秦，宋代的功利主義政治哲學家也十分強調法的重要性，認為「居官者必以政事書判自顯」，知法守法，以求事功。

到了近代，政治哲學家們對於法治的建構主要體現在兩個方面：

其一，主張革故鼎新，實行變法。

例如，魏源就曾提出「變古愈盡，便民愈甚」。〔註74〕他反對人們崇尚「三代之法」，認為「三代以上，天皆不同今日之天，地皆不同今日之地，人皆不同今日之人，物皆不同今日之物」，〔註75〕因此「善治民者不泥法」。後來，康有為認為真正的變法就是要「立行憲法，大開國會，以庶政與國民共之，行三權鼎立之制」，並斷言，只要如此「則中國之治強，可計日待也。」〔註76〕

其二，以功利原則作為立法基礎。

如康有為就認為：「夫公理本無善惡是非，皆聽聖者之所立。……故知善惡難定，是非隨時。惟是非善惡皆由人生，公理亦由人定。」〔註77〕鑑於此，他認為是非在法律上是相對的，而不是絕對的。而何為「是」，何為「非」，康有為認為「凡有害於人者則為非，無害於人者則為是」〔註78〕。

最後，理論的研究方式——實證。

同一種理論形態由於研究方式、考慮問題角度的不同，往往會導致不同的發展結果。在中國，由於特定的歷史現實，致使政治哲學家們在思考問題

〔註72〕 《韓非子‧飾邪》。
〔註73〕 《韓非子‧有度》。
〔註74〕 《魏源集‧默觚下‧治篇五》。
〔註75〕 《魏源集‧默觚下‧治篇五》。
〔註76〕 湯志鈞主編‧康有為政論集〔C〕，北京：中華書局，1981：339。
〔註77〕 康有為‧大同書〔M〕，北京：華夏出版社，2002：331。
〔註78〕 康有為‧大同書〔M〕，北京：華夏出版社，2002：331。

時，往往多是從實際出發，以實證研究爲主，缺乏對問題的形而上的思考。而且也正是由於這種哲學理論根基的缺乏，致使中國的功利主義政治哲學雖然傳統久遠，但卻一直沒有發展成爲一種像西方那樣體系完備、思想獨立的理論流派。

對於中國功利主義政治哲學所採用的這種實證式研究方式，其肇始者也是墨家。墨家「兼相愛，交相利」的功利原則，其理論資源，就是來自於對社會現實——人人「自愛」的總結。

墨子之後，這種實證式的研究方式，便爲各代政治哲學家所沿襲。他們一方面從現實社會中汲取新的理論素養，而另一方面則返回到歷史中去尋找逝去的靈光。不僅古代如此，到了近代，這種實證式的研究方法，則依然盛行。

以魏源爲例，他對其救國之策——「師夷長技以制夷」的論證，就是來自於古今中外的歷史事實。

針對「西技」，他援古徵今，認爲「古之聖人刳舟剡楫，以濟不通，弦弧剡矢，以威天下，亦豈非形器之末，而《暌》、《渙》取諸《易》象，射御登諸『六藝』，豈火輪火器不等於射御乎？指南製自周公，挈壺創自《周禮》，有用之物，即奇技淫巧。」〔註79〕除此，爲了印證「西技」的價值，他還援引了當年彼得大帝到西方求技的史實，「而西史言俄羅斯之比達王，聰明奇傑，因國中技藝不如西洋，微行遊於他國船廠火器局，學習工藝，反國傳授，所造器械，反甲西洋。由是其興勃然，遂爲歐羅巴洲最雄大國。」〔註80〕因此，魏源認爲：「故知國以人興，功無幸成，惟厲精淬志者，能足國而足兵。」〔註81〕這樣，「師夷」不僅成爲可能，而且也成爲了必須。

和魏源類似，康有爲的變法主張，也同樣來自於其對古今中外的考察，他認爲：「東西各國之強，皆以立憲法開國會之故，國會者，君與國民共議一國之政法也。蓋自三權鼎立之說出，以國會立法，以法官司法，以政府行政，而人主總之，立定憲法，同受治焉」，認爲西方之所以強盛，關鍵就是「行此政體」。〔註82〕而如何變法呢？他希望光緒帝「以俄國大彼得之心爲心法，以

〔註79〕《海國圖志‧籌海篇三》。
〔註80〕《海國圖志‧籌海篇三》。
〔註81〕《海國圖志‧籌海篇三》。
〔註82〕湯志鈞主編．康有爲政論集〔C〕，北京：中華書局，1981：338。

日本明治之政為政法」，〔註83〕走明治維新的道路。為繼續說服光緒帝，康有為還託古改制，以先秦的孔子作為其變法的旗幟，並撰寫《新學偽經考》和《孔子改制考》作為理論的宣傳工具。

2、對西方近代功利主義政治哲學的借鑒

除了對本國傳統功利主義思想進行吸收外，近代功利主義在其發展的過程中，也對西方的功利主義政治哲學，特別是西方近代功利主義政治哲學進行了大膽地借鑒。

首先，承認個體價值──一種新型「人論」觀的形成。

在西方，「人」不僅是一個整體類概念，而且還更多地表現為個體的單位概念，並且功利主義理念的產生就是建立在對個體的單位價值的承認上。

例如，古希臘的政治哲學家德謨克里特，他就把其所主張的功利主義幸福論建構在對個體單位價值的承認上，他認為「快樂和不適，決定了有利與有害之間的界限」，〔註84〕而有利與有害的界限，他認為完全在於個體的感受，而不是在於對整體的知覺。後來的伊壁鳩魯，也把幸福直接建構在人的個體上，「肉體的健康和靈魂的平靜乃是幸福生活的目的」。〔註85〕

到了近代，這種對人的認識依然如故，如邊沁就講：「不理解什麼是個人利益，談論共同體的利益便毫無意義」。〔註86〕他之後，密爾也講：「大多數的好行為不是要利益世界，不過要利益個人」。〔註87〕

和西方相比，中國的人論觀則呈現的是另一種態勢。在中國，「人」的概念首先是被「民」所代替的，如「夫民，神之主也，是以聖王先成民而後致力於神……今民各有心，而鬼神乏主。」〔註88〕等到「人」真正成其為「人」，則是在春秋末戰國初了。當時孟子明確提出「仁者愛人，有禮者敬人。愛人者，人恒愛之；敬人者，人恒敬之。」〔註89〕這樣，「人」作為「社會人」首次出現。但是，這個所謂的「社會人」，並不是一個個體概念，而只是一個整

〔註83〕湯志鈞主編·康有為政論集〔C〕，北京：中華書局，1981：208。
〔註84〕周輔成編·西方倫理學名著選輯（上卷）〔C〕，北京：商務印書館，1964：18。
〔註85〕周輔成編·西方倫理學名著選輯（上卷）〔C〕，北京：商務印書館，1964：103。
〔註86〕〔英〕邊沁·道德與立法原理導論〔M〕，時殷弘譯·北京：商務印書館，2000：58。
〔註87〕〔英〕約翰·密爾·功用主義〔M〕，唐鉞譯·北京：商務印書館，1957：19。
〔註88〕《左傳·桓公六年》。
〔註89〕《孟子·仁者愛人》。

體化的類概念,「麒麟之於走獸,鳳凰之於飛鳥,太山之於丘垤,河海之於行潦,類也。聖人之於民,亦類也。」〔註90〕

因為「人」只是作為一個整體的類概念而存在,所以在中國功利主義政治哲學家的「人論」中,人的個體價值始終就為整體價值所掩蓋,個體相對於整體而言,只是一個個意義很小甚至無意義的存在。

然而到了近代,特別是在西方文明的影響下,中國傳統的人論觀漸漸地發生了質變,政治哲學家們開始認識到個體的價值相對於整體價值而言,一樣很重要。

如梁啓超受邊沁的功利主義學說影響,勇敢地指出:「為我也,利己也,私也,中國古代以為惡德者也。是果惡德乎?日:惡,是何言!天下之道德法律,未有不自利己而立者也。……故人而無利己之思想者,則必放棄其權利,弛擲其責任,而終至於無以自立。」〔註91〕他又結合達爾文的進化論,認為「芸芸萬類,平等競存於天演界中,其能利己者必優而勝,其不能利己者必劣而敗,此實有生之公例矣。……故生人之大患,莫甚於不自助而望人之助我,不自利而欲人之利我。」〔註92〕

和梁啓超不同,嚴復的主張則是以密爾的《論自由》為根基,他認為在講求公益時決不能以犧牲個體利益為代價,「國家之安全非他,積眾庶小己之安全以為之耳」,如果「主治當國之人,謂以謀一國之安全,乃可以犧牲一無罪個人之身家性命以求之」,就很有可能造成「假民賊以利資,而元元無所措其手足」。〔註93〕

這種以彰顯個體價值為突出特點的人論觀,在近代不僅重新開啓了人類認識自身的大門,而且也影響了近代政治價值觀的形成與發展,為自由、民主、權利等一些新的價值觀念在近代中國的傳播,找到了合理的價值前提。

其次,去苦求樂、追求個體幸福——一種新的價值觀的確立。

在西方功利主義政治哲學家那裏,去苦求樂、追求個體幸福,可以說是自古以來不變的傳統。

早在古希臘,德謨克里特就把幸福界定為「靈魂的安寧,……靈魂平靜

〔註90〕 《孟子微・公孫丑上》。
〔註91〕 《飲冰室合集・文集之五・十種道德相反相成義》。
〔註92〕 《飲冰室合集・文集之五・十種道德相反相成義》。
〔註93〕 《嚴復集・〈法意〉按語一五八》。

地、安泰地生活著，不為任何恐懼、迷信或其他情感所擾」，〔註94〕追求一種理性的幸福：「幸福不在於佔有畜群，也不在於佔有黃金，它的居處是在我們的靈魂之中」。〔註95〕後來的伊壁鳩魯秉承了德謨克里特的幸福觀，他把幸福定義為：「身體上無痛苦和靈魂上無紛擾」。〔註96〕

　　到了近代，這種追求幸福的理念雖然一直沒有放棄，但這時的政治哲學家們已經把幸福的指向界定為社會公眾的「大多數」，〔註97〕強調最大的幸福乃是「最大多數人的最大幸福」。

　　如洛克就認為：「人可以選擇一種較遠的善，以為自己所追求的目的」。〔註98〕後來的邊沁也認為功利原則「講的是所有利益攸關的人們的最大幸福，這種幸福是人類行為的正確適當的目標。」〔註99〕對於邊沁的理論，後學——約翰·密爾做了進一步地肯定。他認為全體人的幸福才為真正的幸福：「承認功用為道德基礎的信條，換言之，最大幸福主義，主張行為的是與它增進幸福的傾向為比例；行為的非與它產生不幸福的傾向為比例」。〔註100〕

　　可見，在西方，「幸福」經歷了一個由「個體所有」到「最大多數擁有」的轉變過程。在這個過程中，雖然幸福的內容及標準，不同的時代有不同的要求，但是這種追求幸福的理念卻並沒有隨著時間的推移而有所改變。而正是這始終沒有改變的初衷，作為一種味道完美的營養快餐，加速了中國近代幸福（快樂）觀的建立。

　　以康有為而論，他針對宋儒的「存天理，滅人欲」，提出：「人生而有欲，天之性哉」，〔註101〕「普天之下，有生之徒，皆以求樂免苦而已，無他道

〔註94〕周輔成編·西方倫理學名著選輯（上卷）〔C〕，北京：商務印書館，1964：72。

〔註95〕周輔成編·西方倫理學名著選輯（上卷）〔C〕，北京：商務印書館，1964：79。

〔註96〕周輔成編·西方倫理學名著選輯（上卷）〔C〕，北京：商務印書館，1964：104。

〔註97〕雖然從本質上講，這時的功利主義政治哲學家在骨子裏仍堅持是一種利己的傾向，但是在表面上卻具有了利他的傾向。

〔註98〕〔英〕洛克·人類理解論（上冊）〔M〕，葉啓芳、瞿菊農譯·北京：商務印書館，1959：240。

〔註99〕周輔成主編·從文藝復興到十九世紀資產階級哲學家政治哲學家有關人道主義人性論選輯〔C〕，北京：商務印書館，1966：582 注①。

〔註100〕周輔成主編·從文藝復興到十九世紀資產階級哲學家政治哲學家有關人道主義人性論選輯〔C〕，北京：商務印書館，1966：582 注①。

〔註101〕康有為·大同書〔M〕，北京：華夏出版社，2002：55。

矣。……雖人之性有不同乎，而可斷斷言之曰：人道無苦去樂者也」。〔註102〕
基於此，康有爲認爲一切道德「皆以爲人謀免苦樂之具而已矣，無他道也」。
〔註103〕並且，他還以此爲依據，區分了善與惡的標準：「令人有樂而無苦，
善之善者也；能令人樂多苦少，善而未盡善者也；令人苦多樂少，不善者也」，
〔註104〕「是非善惡皆由人生，公理亦由人定。我儀圖之，凡有害於人者爲
非，無害於人者則爲是」，〔註105〕因而他認爲：「一切政教，無非力求樂利
生人之事；故化之進與退，治之文與野，所以別異皆在苦樂而已。其令民樂
利者，化必進，治必文；其令民苦怨者，化必退，治必野，此天下之公言，
言已驗之公理也」。〔註106〕

和其師一樣，梁啓超也認爲追求快樂是人生的目的。他指出：「謂人道以
苦爲目的，世界以害爲究竟，雖愚悖者猶知其不可也。人既生而有求樂求利
之性質，則雖極力克之窒之，終不可得避。而賢智者，既吐棄不屑道，則愚
不肖者益自棄焉，自放焉，而流弊益以無窮，則何如因而利導之，發明樂利
之眞相，使人毋狃小樂而陷大苦，毋見小利而致大害，則其於世運之進化，
豈淺鮮也，於是乎樂利主義 Utilitarianism 遂爲近世歐美開一新天地。」〔註107〕
從新興的資產階級出發，梁啓超公然提出：「天下之道德法律，未有不自利己
而立者也。……故人而無利己之思想者，則必自放棄其權利，弛擲其責任，
而終至於無以自立。」〔註108〕這樣，他不僅造就了自己功利思想的基本框架，
而且也爲近代「權利」理論的提出，做出了最先的啓蒙。

最後，權利、自由——一種新的價值論的形成。

權利，作爲一個政治法律術語，他通常表示的是個人宣稱對其對象所擁
有的按照自己的意願來處置的地位或能力。〔註109〕在眾多權利當中，自然權
利飽受推崇，但是在功利主義政治哲學這裏，卻並不怎麼受到厚愛，其原因
就是自然權利本身的不可證明性。在功利主義者這裏，倍受他們關注的是個

〔註102〕康有爲·大同書〔M〕，北京：華夏出版社，2002：10～11。
〔註103〕康有爲·大同書〔M〕，北京：華夏出版社，2002：343。
〔註104〕康有爲·大同書〔M〕，北京：華夏出版社，2002：11。
〔註105〕康有爲·大同書〔M〕，北京：華夏出版社，2002：331。
〔註106〕康有爲·大同書〔M〕，北京：華夏出版社，2002：193。
〔註107〕《飲冰室合集·文集之十三·樂利主義泰斗邊沁之學說》。
〔註108〕《飲冰室合集·文集之五·十種道德相反相成義》。
〔註109〕顧肅·自由主義基本理念〔M〕，北京：中央編譯出版社，2003：97。

人在社會中所擁有的政治參與與表達自由的權利。

如邊沁，他對權利的主要表述，就重點集中在如何增進人們的「最大幸福」上，他認爲政府的目的就在於滿足人們的個人利益，政治上的統治權（立法權）應屬於人民，議會擁有立法全權。故而他反對專制，主張實行代議制，認爲在這種政體下，權力的分配和運用才會合理，才能夠使政治的最高目標——「最大多數人的最大幸福」得以實現。

在權利問題上，梁啓超繼承了邊沁的思想主張，認爲「議院者，民賊所最不利也」，〔註110〕並且認爲議院在中國自古就有，只是爲後來的專制所取消了。戊戌政變之後，梁啓超又援引了西方政治哲學當中的「國民」概念，認爲中國幾千年來，沒有國民，只有奴隸。他認爲要改變這一狀況，就必須樹立權利義務觀念，他認爲國民有無權利，關係到國家的安危：「國家譬猶樹也，權利思想譬猶根也。其根既拔，雖復枝崔嵬，華葉翁鬱，而必歸於枯亡。」〔註111〕對於權利如何樹立，梁啓超認爲必須使人人養成「皆不肯損一毫」的精神，這樣「一部分之權利，合之即爲全體之權利，一私人之權利思想，積之即爲一國家之權利思想。」〔註112〕

自由，從淺層意義上講，它就是行爲者的不受限制與約束。但是，在實際的政治生活中，自由的意義往往並不這麼簡單，理論家們大多關注的是：「政治和其他權威限制個人行動自由的理由或限度，也就是制度層面上哪些限制個人自由的政策才是合法的、正當的。」〔註113〕

在西方近代功利主義者當中，對自由表述的最爲詳盡的則當屬英國的功利主義政治哲學家約翰・密爾了。對於何爲自由，密爾認爲它是指「社會所能合法施用於個人的權力和限度」。〔註114〕他認爲只要個人不造成對他人的危害，就應該允許他自由地發展自己的功利事業，「唯一實稱其名的自由，乃是按照我們自己的道路去追求我們自己的好處的自由」。〔註115〕遵循這一原則，他認爲自由應當包括：政治自由、思想自由、個性自由、結社自由、自由經營及自由貿易。

〔註110〕《梁啓超選集・古議院考》。

〔註111〕《新民說・權利思想》。

〔註112〕《新民說・權利思想》。

〔註113〕顧蕭・自由主義基本理念〔M〕，北京：中央編譯出版社，2003：55。

〔註114〕〔英〕約翰・密爾・論自由〔M〕，程崇華譯・北京：商務印書館，1959：1。

〔註115〕〔英〕約翰・密爾・論自由〔M〕，程崇華譯・北京：商務印書館，1959：13。

在中國近代，嚴復可以說是系統接受與批判密爾自由理論的第一人。他成功地翻譯了密爾的原著《論自由》，並把它定名為《群己權界論》。嚴復也像密爾一樣強調個人自由，但是出於探求富強之政的目的，他更多地是強調合群的主張，他認為「害之所由興者，以一方之事，國卜聽其民之自由，奪其權而代其事也。不知處今物競之世，終視其民之能事為差等……已而乃積其民小己之自由，以為其國全體之自由，此其國權之尊，所以無上也」。〔註116〕像密爾一樣，嚴復也對自由的具體內容做了進一步地探求，他認為自由應包括：（1）言論自由，「捐忌諱，去煩苛，決壅蔽，人人得其意，申其言」；〔註117〕（2）人人平等，「上下之勢不相懸隔，君不甚尊，民不甚賤」；〔註118〕（3）人身不受侵犯；（4）財產不受侵犯；（5）尚賢、隆民、以公治天下。他結合中國當時的實際情況，認為中國是最沒有自由的國家，因而，要想趕上西方的富強，就必須像西方那樣，實現個人自由，「夫所謂富強云者，質而言之，不外利民云爾。然政欲利民，必自民各能自利始。民各能自利，又必自皆得自由始」。〔註119〕這樣，嚴復就從自由的角度，提出了自己的功利性政論主張。

第三節　中西方功利主義之比較分析

通過以上的分析，雖然使我們對於中西方功利主義政治哲學的發展脈絡有了一個清晰的認識，但是我們並不能簡單地認為中西方功利主義是一對完全等同的理論範疇，要知道，即使是再相像的同胞兄弟或姐妹，也有其相互區別的個體特徵。因此對於中西方功利主義政治哲學而言，我們在認識它們的共通性的同時，也要認識到，在他們之間也存在著一定的別異性。

用功利的觀點解釋社會生活，可以說是中西方功利主義政治哲學的共同特徵，因而雙方在理論的邏輯起點、內容以及外在的彰顯上，都存在著一定程度的共通性。但是，由於各自所處的地域、以及由此所產生的社會、歷史及文化環境的不同，又導致了雙方在保有共通性同時，又具有著彼此的別異性。而也正是這些別異性地存在，才使得中西方功利主義政治哲學具有了彼此的理論獨立性。

〔註116〕《群己權界論‧譯凡例》。
〔註117〕《嚴復集‧原強》。
〔註118〕《嚴復集‧原強》。
〔註119〕《嚴復集‧原強》。

一、中西方功利主義政治學的共通

　　功利主義政治哲學，雖然在中西方有著不同的發展歷程，但是從理論本身來講，雙方存在著許多相通之處，如在思想的邏輯起點、功利原則、以及法律建構上，都體現著不同程度的一致性。正是這些相通之處的存在，保證了雙方在基本理論歸屬上的同一。

1、人性論 —— 中西方功利主義政治哲學的邏輯起點

　　眾所週知，「人性論」歷來都是爲中外眾多理論流派所爭相討論的熱點話題之一。對它的把握，不僅體現著某一理論流派對人本身的體認程度，而且從互惠的角度上講，正是由於對人性的研究，才使得眾多的理論流派獲得了其理論得以順利展開的邏輯起點。對於中西方功利主義政治哲學而言，其情形也是如此。

　　首先就中國而言，先秦的功利主義政治哲學，其建立的基礎就是緣於政治哲學家們對於人性的體認。如墨子就以人性惡〔註120〕爲立論基點，主張要「兼相愛，交相利」，以此來消除由人性惡所導致的社會動蕩。法家的韓非則把人性定義爲「好利惡害」、「趨利避害」，認爲它是世間一切禍亂的端起：「人有欲則計會亂，計會亂而有欲甚，有欲甚則邪心勝，邪心勝則事經絕，事經絕則禍難生。」〔註121〕因此爲了規範、限制這種人性的恣意發展，他提出並建構了自己的功利主義政治觀、法治觀。

　　到了宋代，雖然宋代的功利主義也是在對人性的體察中展開的，但是這時的人性論，已經不再是認爲人性本惡，而是認爲人性本於自然。如北宋的王安石就曾講：「神生於性，性生於誠，誠生於心，心生於氣，氣生於形。形者，有生之本」，〔註122〕「性不可以善惡言」。〔註123〕南宋的陳亮也認爲人性是「平施於日用之間」〔註124〕的。就是在這樣的人性論基礎上，宋代政治哲

〔註120〕《墨子》。一書中有三個性字，但皆非作心性的意義用：大約出現了二十六個情字，但《墨子》。上的「請」字通於「情」字，而情字的用法則近於「誠」字。《貴義篇》。有「去六闢」之言，他說「去喜、去怒、去樂、去悲、去愛、去惡，而用仁義；手足口鼻耳，從事於義，必爲聖人」。由此可見他認爲情是惡的；先秦情與性常不分，情惡亦性惡，所以仁義也是外在的東西。（徐復觀，中國人性論史・先秦篇〔M〕，上海：上海三聯書店，2001：284。）

〔註121〕《韓非子・解老》。

〔註122〕《王文公文集・禮樂論》。

〔註123〕《王文公文集・原性》。

〔註124〕《陳亮集・經書發題・詩經》。

學家創建了與程朱理學截然相反的功利主義政治哲學。

到了近代，政治哲學家們在肯定人性自然的同時，又強調人性平等，如康有為除認識到「性只有質，無善惡」〔註125〕之外，又認為既然人性無善惡和貴賤之分，那麼人與人也應是平等的，「天生之人，並皆平等，故孔子謂『四海之內皆兄弟也』」。〔註126〕

這種自然人性觀的形成與提出，突破了先代政治哲學家專以道德來規範人性的做法，從自然的角度論證了人類追求自身正當利益、以及幸福的合理性，從而為功利主義政治哲學的提出與展開，提供了必要的理論鋪墊。

和中國的情形一樣，西方功利主義政治哲學的建立，同樣也是以對人性的體察為其理論的邏輯起點的。

早在古希臘時期，功利主義政治哲學家們就已經認識到了人具有向善的本性：「人是一個小世界」，「應該做好人或傚仿好人」，〔註127〕「摹仿壞人而甚至不願摹仿好人，是很惡劣的」。〔註128〕因為人性的向善，所以幸福、快樂即是人生追求的終極目的。

和古希臘相反，在文藝復興中，馬基雅維利則提出了另外一種人性論——性惡論。他認為：「所有人都是惡的，只要他們一有機會，就總要依這種惡之本性行事」〔註129〕在他看來，人就是一個個被自己的情慾所駕御的動物，時刻都在追求著一己之快樂、幸福、榮譽和物質利益。而正是在這種趨利的本性下，道德失去了原有的價值判斷的意義，一切都應講求功利。在他之後，霍布斯又對此也作了補充，他認為「人對人像狼一樣」，私欲和本性是善與惡的評判標準。

霍布斯之後，政治哲學家們放棄了對人性善、惡的討論，而是更多地注意到人性趨利避害的自然屬性，並且以人性的這種趨利避害性，建構了古典功利主義政治哲學的理論框架。

對於人性，邊沁認為它是共同的、是趨樂避苦的：「自然把人類置於兩位

〔註125〕《長興學記》。
〔註126〕《日本變政考》，卷五。
〔註127〕周輔成編‧西方倫理學名著選輯（上卷）〔C〕，北京：商務印書館，1964：74。
〔註128〕周輔成編‧西方倫理學名著選輯（上卷）〔C〕，北京：商務印書館，1964：76。
〔註129〕〔美〕威爾‧杜蘭特‧世界文明史〔M〕，北京：北京東方出版社，1998：396。

主公——快樂和痛苦——的主宰之下。只有它們才能指示我們應當幹什麼，決定我們將要幹什麼。是非標準，因果關係，俱由其定奪」。〔註130〕既然人性趨樂避苦，那麼凡是能增進快樂、減少痛苦的行為和原則，便全是善的、具有道德價值的行為和原則，因此他認為：「功利原理是指這樣的原理：它按照看來勢必增大或減少利益有關者之幸福的傾向，亦即促進或妨礙此種幸福的傾向，來贊成或非難任何一項行動。」〔註131〕

　　後來的密爾在繼承邊沁人性論的同時，認為人性除具有的自然性之外，還包括一種社會性，並認為正是這種社會性，使社會結成了一體：「一切對社會的聯繫的加強，並社會的一切健康的發展，使人人覺得在實際上顧到他人福利於自己更加有益；這種加強與發展也使人人越把自己的感情與別人的福利化為一體，或是至少自己感情越來越對別人利益加以實際上的重視。」〔註132〕這樣，通過這種社會情感，密爾實現了功利主義從個人向社會的轉移，從而最終確立了古典功利主義政治哲學。

　　可見，雖然對人性體察的結果在中西方不盡相同，但是它作為中西方功利主義政治哲學的邏輯起點的事實，則是不爭的，這正如休謨所講的那樣：「一切科學，對於人性總是或多或少地有些聯繫。任何科學，不論似乎與人性離得多遠，它們總是會通過這樣或那樣的途徑回到人性。」〔註133〕

2、利、幸福、快樂——中西方功利主義政治哲學的共同價值原則

　　對於中西方功利主義政治哲學來講，雖然雙方根植於不同的土壤，但是卻具有著相類似的核心內容，而這個核心內容就是我們深為熟悉的利、幸福和快樂。

　　但是從對內容所涉及概念的側重點來講，中西方則並不是完全地等同。在中國功利主義政治哲學中，雖然在近代出現過對「幸福」、「快樂」等概念的功利性體認，但從總體上來講，還是對「利」這個概念關注得較多；而在

〔註130〕〔英〕邊沁·道德與立法原理導論〔M〕，時殷弘譯·北京：商務印書館，2000：57。

〔註131〕〔英〕邊沁·道德與立法原理導論〔M〕，時殷弘譯·北京：商務印書館，2000：58。

〔註132〕〔英〕約翰·密爾·功用主義〔M〕，唐鉞譯·北京：商務印書館，1957：34。

〔註133〕周輔成編·西方著名倫理學家評傳〔C〕，上海：上海人民出版社，1987：364。

西方，政治哲學家們對「幸福」、「快樂」卻有著自始至終的追求。然而這些差別的存在，並不等於說，雙方在具體內容上存在著根本的分歧，因為嚴格來講，這三個概念並不是彼此獨立的。實踐證明：「利」乃是「幸福」、「快樂」的前提，而「幸福」、「快樂」則是「利」的結果。所以從這點來看，中西方功利主義政治哲學在所關注的內容上是異曲同工的。

首先就「利」而言，它在中國的最早出現，是在甲骨文中。「利」在當時的意義是使用農具從事農業生產以及採集自然果實或收割成熟的莊稼〔註134〕，後來經過逐步演變才衍生為祭祀占卜之「吉利」，再後來又被表述為特定活動所達到的預期目的與獲得的實際效果，從而引申出了「利益」、「功利」等這些現代意義上的詞彙。

但是有必要指出的是，在中國由於自古以來就缺乏個體觀念，因而政治哲學家們對「利」的考察也大多是以社會的整體利益作為參照系數的。如先秦墨子的「兼相愛，交相利」，以及韓非的「不務德而務法」，其具體指向均是要消除社會動蕩，保障社會的整體利益。

但是到了近代，這種專求國家之利的傾向有所改變，近代政治哲學家已經認識到個體權利以及個體權利的存在同樣是必要的，如梁啟超就認為：「國家譬猶樹也，權利思想譬猶根也。其根既拔，雖復幹枝崔嵬，華葉翁鬱，而必歸於枯亡」。〔註135〕

另外，還需要指出的是，中國近代功利主義在追求「利」的同時，又對西方功利主義所追求的幸福（快樂）理念，進行了適當地借鑒。

如康有為在《大同書》中，就為幸福、快樂的實現，描述了一個全民共幸福、共快樂的大同之世，並認為「今為演出極樂世界於全世界中，後此世界無復煩惱世界矣」〔註136〕。他認為人類社會的一切事宜都應以「求樂免苦」作為最終的評判原則：「令人有樂而無苦，善之善者也，能令人樂多苦少；善而未盡善者也，令人苦多樂少，不善者也」，〔註137〕進而認為一切政教，無非是追求樂利生人之事。

相比中國，「幸福」作為核心概念，則貫穿了整個西方功利主義政治哲學的發展史。然而從概念本身來講，「幸福」並不是一個實體概念，而是一

〔註134〕郭沫若·郭沫若全集·考古編（第1卷）〔M〕，北京：科學出版社，1982：88。
〔註135〕《飲冰室合集·專集之四·新民說·權利思想》。
〔註136〕康有為·大同書〔M〕，北京：華夏出版社，2002：271。
〔註137〕康有為·大同書〔M〕，北京：華夏出版社，2002：11。

種自身需要達到滿足的狀態，因此對它的界定，常常需要借助與其相關的概念──「快樂」、「痛苦」來作爲輔助。如果快樂多於痛苦，感受主體就處於「幸福」狀態；反之，則處於「不幸福」的狀態。

在西方，早在古希臘時期，政治哲學家們就已表現出了對幸福、快樂的強烈訴求。如德謨克里特就認爲「人，最好的是能夠在一種盡可能愉快的狀態中過生活，並且盡可能少受痛苦」。〔註 138〕後來的伊壁鳩魯也明確地指出：「快樂是幸福生活的開始和目的。因爲我們認爲幸福生活是我們天生的最高的善，我們的一切取捨都從快樂出發；我們的最終目的乃是得到快樂。」〔註 139〕

文藝復興運動之後，霍布斯認爲人生就是一個不斷追求幸福的過程：「人生的幸福不在於心滿意足的寧靜。……幸福是欲求的持續不斷地進展，從一件事物擴展到另一件事物，前一件事物的獲得不過是爲後一件的獲得開闢了道路。人生奮鬥的目標，不是只求一次或者一時的滿足，而是要追求將來永不停頓的滿足。」〔註 140〕

到了 19 世紀，邊沁和密爾則對這種幸福論，又進行了進一步的論證。邊沁認爲：「自然把人類置於兩位主公──快樂和痛苦──的主宰之下。只有它們才指示我們應當幹什麼，決定我們將要幹什麼。是非標準，因果聯繫，俱由其定奪。……功利原理承認這一被支配地位，把它當作旨在依靠理性和法律之手建造福樂大廈的制度的基礎。」〔註 141〕邊沁的這種觀點，爲後來的密爾所繼承。密爾認爲「幸福是指快樂與免除痛苦；不幸福是指痛苦和喪失掉快樂」，〔註 142〕人生就是一個不斷追求幸福的歷程，「做一個不滿足的人比做一個滿足的豬好；做一個不滿足的蘇格拉底比做一個傻子好」。〔註 143〕

〔註 138〕北京大學哲學系外國哲學教研室編譯‧古希臘羅馬哲學〔M〕，北京：三聯書店，1957：114。

〔註 139〕周輔成編‧西方倫理學名著選輯（上卷）〔C〕，北京：商務印書館，1964：103。

〔註 140〕〔英〕霍布斯，利維坦（英文版）〔M〕，倫敦，61。

〔註 141〕〔英〕邊沁‧道德與立法原理導論〔M〕，時殷弘譯‧北京：商務印書館，2000：57。

〔註 142〕〔英〕約翰‧密爾‧功用主義〔M〕，唐鉞譯‧北京：商務印書館，1957：7。

〔註 143〕〔英〕約翰‧密爾‧功用主義〔M〕，唐鉞譯‧北京：商務印書館，1957：10。

這種在核心內容選擇上的相通性，不僅代表著在中西方功利主義在理論思維中具有著共同的範式，而且也集中反映出了中西方社會政治生活的普遍願望：在中國，人們希望結束國家的內外紛爭，實現國泰、家和；而在西方，人們則希望通過自己的努力，追求到永久的幸福、快樂。可以說，正是這種普遍的願望，支配並左右了中西方功利主義政治哲學的發展路向。

3、法律——功利原則的外在彰顯

對於中西方功利主義而言，它們在需要法律對其進行更好維護的同時，也在積極地用自身的理論去完成對法律的不斷建構。對於如何實現對法律的建構，在具體方案中，中西方雖然存在著彼此的差異，但是在一些基本理念：如法律類型、立法原則、法治原則上，卻存在著不約而同的一致性。

首先，從法律類型上看，雙方都認為在法統中存在著兩大類型，即：虛擬法和成文法。

對於虛擬法而言，雖然雙方在具體內容上，認識有所不同，但是在虛擬法的地位上，卻都認為它具有一種至上性，是成文法的立法之本。

中國虛擬法的出現，是在墨子的法律觀念中，墨子認為現實的法律來源於「天志」，「我有天志，譬若輪人之有規，匠人之有矩」，〔註144〕「故置此以為法，立此以為儀，將以度量天下之王公大人、卿、大夫之仁與不仁，譬之猶分墨白也。」〔註145〕

而在西方，這種虛擬法的代表，則是「自然法」。霍布斯認為它「是理性所發現的一種箴言，或普遍的規則」，並認為它「是用來禁止人去做傷害他自己生命的事情，或禁止人放棄保全生命的手段；並且命令他去做他所認為最可以保全生命的事情」，〔註146〕因此，他主張自然法應為現實法律建構的基礎。

在他之後，洛克也認為自然法就是理性，它「教導著有意遵從理性的全人類」，〔註147〕認為現實的法律「只有以自然法為根據時才是公正的」，〔註148〕

〔註144〕《墨子·天志上》。
〔註145〕《墨子·天志中》。
〔註146〕周輔成 編·西方倫理學名著選輯（上卷）〔C〕，北京：商務印書館，1964：664。
〔註147〕〔英〕洛克·政府論（下篇）〔M〕，葉啓芳、瞿菊農譯·北京：商務印書館 1964：6。
〔註148〕〔英〕洛克·政府論（下篇）〔M〕，葉啓芳、瞿菊農譯·北京：商務印書館 1964：10。

「自然法是所有的人、立法者以及其他人的永恒的規範。」〔註 149〕

而對於另外一種法的類型——成文法，先秦的韓非認爲它是「編著之圖籍，設之於官府，而布之於百姓者也」〔註 150〕。而在西方，洛克也主張「統治者應該以正式公佈的和被接受的法律，而不是以臨時的命令和未定的決議來進行統治」，「政府所有的一切權力，既然只是爲社會謀幸福，因而不應該是專斷的和憑一時高興的，而是應該根據既定的和公佈的法律來行使。」〔註 151〕

其次，從立法原則上看，雙方均是力求以各自的功利主張作爲立法原則，使法律體現著一種功利性。

在中國，先秦的墨子就以「兼相愛，交相利」作爲立法原則，提出了一系列法律主張，如在選官中主張「尚賢」，「不黨父兄，不偏富貴」〔註 152〕。

先秦之後，宋代的陳亮認爲作爲保護社會公正的法律，一定要剔除「私欲」，以「公心」爲原則，並認爲歷代法制的弊端之一就是私欲太重，他認爲立法必須爲公，「勿私賞以格公議，勿私刑以虧國律」〔註 153〕。

在近代，康有爲則從趨樂去苦的功利原則出發，認爲「凡有害於人者則爲非，無害於人者則爲是」〔註 154〕，故而「以平等之意用人立之法者也，最有益於人道矣」〔註 155〕。

和中國相似，早在古希臘時期，西方政治哲學家就已經意識到了法律的工具性作用。如德謨克里特就認爲「法律意在使人們生活得更好」，「人們若不互相傾軋，則法律將不禁止任何人隨心所欲地生活」。〔註 156〕

文藝復興以後，西方政治哲學家們更是把對個人權利的保護作爲了立法的原則：「立法權，不論屬於一個人或較多的人，不論經常或定期存在，是每

〔註 149〕〔英〕洛克·政府論（下篇）〔M〕，葉啓芳、瞿菊農譯·北京：商務印書館　1964：84。

〔註 150〕《韓非子·難三》。

〔註 151〕〔英〕洛克·政府論（下篇）〔M〕，葉啓芳、瞿菊農譯·北京：商務印書館　1964：86。

〔註 152〕《墨子·尚賢》。

〔註 153〕《陳亮集·上光宗皇帝鑒成箴》。

〔註 154〕康有爲·大同書〔M〕，北京：華夏出版社，2002：331。f

〔註 155〕《實理公法全書·君臣門》。

〔註 156〕周輔成編·西方倫理學名著選輯（上卷）〔C〕，北京：商務印書館，1964：　86。

一個國家中的最高權力，但是，……它對於人民的生命和財產不是、並且也不可能是絕對地專斷的。」〔註157〕

到了19世紀，邊沁則把這種觀念發展到了極至。他認爲一部法律只要它能夠「爲最大多數人謀最大幸福」，它就是好的、有益的，否則就是不利的、無益的，法律就是爲人類實現快樂、避免苦痛提供重要的手段和方法。

最後，在具體法治原則中，雙方也存在著相似之處。

其一，德輔刑主，一斷於法。

在中國，早在先秦，法家就主張「上法而不上賢」〔註158〕，反對當時儒家所倡導的賢人政治（即道德統治），認爲「立法非所以備曾、史也，所以使庸主能止盜跖也」〔註159〕，無須先賢君而後法。

在西方，邊沁也認爲「私人倫理教導的是每一個人如何可以依憑自發的動機，使自己傾向於按照最有利於自身幸福的方式行事，而立法藝術（它可被認爲是法律科學的一個分支）教導的是組成一個共同體的人群如何可以依憑立法者提供的動機，被驅使來按照總體上說最有利於整個共同體幸福的方式行事。」〔註160〕因此在治理國家中，法治才是根本。

其二，法律面前人人平等。

這種觀念，雖然在先秦時代的商鞅就曾主張：「壹刑者，刑無等級」。〔註161〕後來的韓非也認爲「法之所加，知者弗能辭，勇者弗敢爭，刑過不避大臣，賞善不遺匹夫。」〔註162〕但是，嚴格地講，他們所宣講地平等，並不是眞正的平等，因爲在眾人之上，還有一個不爲法律所管轄的皇權的存在。

但是，到了近代，這種法律面前人人平等的觀念則具有了其眞實性。如《中華民國臨時約法》中就明確規定：「中華民國人民一律平等，無種族、階級、宗教之區別」，人人都享有人身、居住、財產、營業、言論、集會、通信、信教等自由，以及情願、陳訴、任官考試、選舉與被選舉等項權利。

〔註157〕〔英〕洛克‧政府論（下篇）〔M〕，葉啓芳、瞿菊農譯‧北京：商務印書館 1964：83。
〔註158〕《韓非子‧忠孝》。
〔註159〕《韓非子‧守道》。
〔註160〕〔英〕邊沁‧道德與立法原理導論〔M〕，時殷弘譯‧北京：商務印書館，2000：360。
〔註161〕《商君書‧說民》。
〔註162〕《韓非子‧有度》。

　　而在西方，政治哲學家們也是如此認為，如洛克就講：「法律一經製定，任何人也不能憑他自己的權威逃避法律的制裁；也不能以地位優越為藉口，放任自己或任何下屬胡作非為，而要求免受法律的制裁。公民社會中的任何人都是不能免受它的法律的制裁的。」〔註163〕

二、中西方功利主義政治哲學的別異

　　雖然中西方功利主義政治哲學，存在著上述的相通之處，但是由於地域的不同、以及由此所形成的文化背景及思考問題方式的不同，又決定了中西方功利主義政治哲學在相通的同時，又存在著一定的別異。

1、利己與利他 —— 中西功利主義價值取向的差異

　　中西方功利主義政治哲學，雖然在理論上屬於同一個理論範疇，但是雙方在內在價值的取向上，卻存在著利己與利他的區別。

　　從思想整體上看，由於中國自古以來就強調整體重於個體，因而在中國「利他」的觀念要重於利己。而在西方，由於從古希臘開始，政治哲學家就一直認為整體利益來自於個體利益之和，強調一種個體意識的存在，因此在兩種價值取向的偏向上自然選擇了利己。

　　但是，從局部來講，這種利他與利己觀念並不具有一貫性。也就是說，中國功利主義政治哲學在講求利他的同時，個別政治哲學家也曾強調一種利己精神的存在；同樣，在西方的功利主義政治哲學中，也並未完全排斥利他思想的存有。然而需要指出的是：雖然同是利己與利他，在雙方的理論中卻蘊涵著不同的內在邏輯。

　　首先，作為整體觀念的利他與利己。

　　這裏，為了更好地闡述這個問題，我們有必要對前面已經提到過的中西方「人論觀」做一下必要地回顧。

　　前面已經講過，在中國傳統的觀念中，「人」的概念首先是由「民」的概念演化而來，而「人」真正成其為「人」，則是春秋末戰國初的事情了。但是，這時的「人」，並不是作為個體單位概念而存在的，而是以整體化的「類」存在的。另外，之所以會這樣，還有一個重要原因，這就是在生產力比較低下

〔註163〕〔英〕洛克·政府論（下篇）〔M〕，葉啓芳、瞿菊農譯·北京：商務印書館
　　　　1964：59。

的情況下，集體的力量要比個人的力量更適合於生存。正是出於這兩種因素的長期影響，導致中國功利主義政治學在考慮「利」的受益者時，便自然而然地首先想到的是整體利益或集體利益。

如墨家就認為：「仁之事者，必務求興大卜之利，除天下之害，將以為法乎天下。利人乎，即為；不利人乎，即止。」〔註164〕北宋的李覯也認為：「君人者不以身為身，以天下之身為身也；不以心為心，以天下之心為心也。」〔註165〕南宋的陳亮則直接把「除天下之患，安天下之民」，作為「吾之責也」。〔註166〕

進入近代，這種利他思想，則更多地體現在為民眾除疾苦、追求幸福的功業上。如康有為就講「為人謀者，去苦求樂而已，無他道矣。」〔註167〕他分析了人類的種種苦難，認為只有破除「諸苦之根源」——九界〔註168〕，進入「大同」之世，人類的幸福生活才能實現。

對於西方利己觀念的產生，同樣也是源於他們對「人」的體認。前面已經提過，在西方，「人」首先是作為一個獨立的個體單位而存在的，因此當政治哲學家們對「利」進行功利性思考時，首先想到的便是如何「利己」，實現個體利益的最大化。

這種對「利」的思考方式，早在古希臘時期就已經存在，如德謨克里特就認為「凡是安寧地生活的人，就不應該擔負很多的事，不論是私事還是公事」。〔註169〕這種為了一己之「安寧地生活」，而不努力承擔「公事」的傾向，無疑具有著很強的利己性。

古希臘之後，文藝復興中的馬基雅維利以及其後霍布斯的思想，也都顯示了一種更為強烈地利己傾向。馬基雅維利認為君主在維護自己權力時，不僅「應當同時效法狐狸與獅子」，〔註170〕而且在必要時可以動用一切手段，包括殘忍和狡詐。而霍布斯則基於對「自然狀態」的分析，認為人們之間的關係就像豺狼一樣，充滿著利己性。

〔註164〕《墨子‧非樂上》。
〔註165〕《陳亮集‧上富舍人書》。
〔註166〕《陳亮集‧酌古論‧呂蒙》。
〔註167〕康有為‧大同書〔M〕，北京：華夏出版社，2002：9。
〔註168〕即：國界、級界、種界、形界、家界、產界、亂界、類界、苦界。
〔註169〕周輔成編‧西方倫理學名著選輯（上卷）〔C〕，北京：商務印書館，1964：73。
〔註170〕〔意〕馬基雅維利‧君主論〔M〕，潘漢典譯‧北京：商務印書館，1985：83。

　　到了 19 世紀，雖然邊沁把「最大多數人的最大幸福」作爲了功利原則，但是他認爲人們之所以這樣做，無非是出於利己動機的驅使，他認爲：「理性的人之所以善待他人乃是因爲他認識到受惠者的回報對他有利。社會生活中的人類要彼此相助實現自己的需要，且開通的人覺悟到只有合作精神才能保全自我利益」，〔註 171〕「個人利益是唯一現實的利益」。〔註 172〕對此，恩格斯曾評價說：「邊沁……和當時全國的傾向相一致，把私人利益當做公共利益的基礎；……最初他說公共利益和私人利益是不可分的，後來他只是片面地談論赤裸裸的私人利益」。〔註 173〕

　　其次，相同觀念下的不同邏輯

　　雖然在總的價值取向上，中西方功利主義政治哲學存在著「利他」與「利己」的區別，但是在具體的個案上，雙方卻存在著「一致之處」。但是我們並不能由此就認爲這些「一致之處」，具有著完全等同的理論邏輯。

　　首先，就利己觀念而言。先秦法家也曾認爲自利是人的天性、相愛並非人的本心。晚清的梁啓超也認爲「天下之道德法律，未有不自利己而立者也……故人而無利己之思想者，則必自放棄其權利，弛擲其責任，而終至於無以自立」。〔註 174〕

　　但是，從理論本質上看，這種利己觀念的受益者仍是作爲整體意義的「人」。拿梁啓超而言，他的利己觀念的提出，其主旨乃是在喚醒當時國民的權利意識，爲維新變法、實現國家的自強、新政，提供必要的政治基礎。

　　其次，就利他觀念而言。西方的功利主義政治哲學家密爾也曾強調過，認爲「行爲上是非標準的幸福並不是行爲者一己之幸福，乃是一切與這行爲有關的人的幸福」，眞正的功利主義道德要求其踐履者必須「待人像你期望人待你一樣，愛你的鄰人像愛你自己」。〔註 175〕

　　然而西方的這種利他觀念，和中國的利他觀念相比，則存在著不小的距離。因爲在中國，利他觀念的提出，意味著對個體權利的否定，強調的是一種大公無私、捨己奉獻的精神。而在西方，則不然，正如密爾自己所講：「任

〔註 171〕〔澳〕斯馬特、〔英〕威廉斯·功利主義：贊成與反對〔M〕，北京：中國社會科學出版社，1992：18。

〔註 172〕恩格斯·馬克思恩格斯選集（第 2 卷）〔M〕，北京：人民出版社，1995：170。

〔註 173〕恩格斯·馬克思恩格斯選集（第 2 卷）〔M〕，北京：人民出版社，1995：675。

〔註 174〕《飲冰室合集·文集之五·十種德性相反相成義》。

〔註 175〕〔英〕約翰·密爾·功用主義〔M〕，唐鉞譯·北京：商務印書館，1957：18。

何人的行為，只有涉及他人的那部分才須對社會負責。在只涉及本人的那部分，他的獨立性在權利上則是絕對的。對於本人自己，對於他自己的身和心，個人乃是最高主權者。」〔註176〕

2、專制與自由 —— 中西方功利主義政治哲學外在趨向的差異

專制與自由，作為一對彼此對立的政治理念，為功利主義政治哲學所吸收。但是，由於不同地域所擁有的文化底蘊不同，導致在對二者的價值選擇上，存在著中西方的差異。在中國，由於歷來整體利益重於個人利益，因而為保證整體利益的有效實現，專制自然代替了自由；而在西方，由於個體一直優先於整體而存在，因而為追求個體利益的實現，人們首先想到的就是如何獲得充分的自由權利，從而實現個人利益的最大化。

在中國，專制理念的運用是從先秦墨家開始的。墨家認為社會之所以動盪不堪，其原因就在於人們之間存有「異義」：「一人則一義，二人則二義，十人則十義，其人茲眾，其所謂義者亦茲眾。是以人是其義，以非人之義，故交相非也。」〔註177〕為此，墨家主張尚同，主張由家君和天子一同天下之義，建立一種自上而下逐級隸屬的專制統治形式，以此來消除天下的動盪。

墨子之後，法家的韓非則提出了法、術、勢兼用的專制理論，認為君主具有至高無上的特權：牢牢抓住「勢」，並把「術」「藏之於胸中，以偶眾端而潛御群臣」。〔註178〕

進入近代社會以後，政治哲學家們為挽救被西方列強衝擊得支離破碎的晚清封建專制，開出了一劑又一劑的「良方」。

如魏源提出了「師夷長技以制夷」的功利主張。認為只要軍事上趕上西方列強，中國便會自此無憂。在他之後，洋務派政治哲學家發展了魏源的主張，提出了「中體西用」治國策略，妄圖「以中國之倫常名教為原本，輔以諸國富強之術」〔註179〕，來實現更加強大的專制政體。

洋務運動失敗後，維新派康有為認為中國如若再發「生機」，只有另謀圖強之計，進行變法。但是，他認為從中國的現實狀況來看，中國只能「採法俄日」，「行憲法」、「開國會」，君主「以庶政與國民共之，行三權鼎立之制」，

〔註176〕〔英〕約翰‧密爾‧論自由〔M〕，程崇華譯‧北京：商務印書館，1959：10。
〔註177〕《墨子‧尚同上》。
〔註178〕《韓非子‧難三》。
〔註179〕《校邠廬抗議‧上海設立同文館議》。

〔註180〕建立「君民合治」的政治格局。

康有爲的這番主張，似乎不是在加強專制皇權，而是要削弱君權，建立民主。然而只要從實質上來稍微探究一下，我們便可知其事實並非如此。其實，康有爲所力主的君主立憲，並不是眞正意義上的君主立憲制。在眞正的君主立憲制中，「君主擁有某些最高國家權力，但這些權力由憲法加以規定和限制，並在不同程度上受到其他國家機關的制約」。〔註181〕而在康有爲所倡導的立憲政體中，君權不僅沒有受到限制，而且還得到了更加強大的保護。因此既希望興民權，又不想推翻皇權，這就是康有爲乃至辛亥革命前中國近代進步人士的矛盾選擇。

而在西方，雖然專制政體也同樣存在，但是人們對自由的追求，卻並沒有因爲專制政體的存在而遭到泯滅，相反，人們早在古希臘時期，就已經樹立了追求自由生活的價值標準，如伊壁鳩魯就認爲「人生的目的在於追求快樂」，每個人都有不顧一切地追求自己利益的自由。

文藝復興之後，霍布斯、洛克對於自由的內涵做了進一步論證。

霍布斯認爲，自由就是在法律所未被禁止的一切行爲中去做理性認爲最有利於自己的事情。除法律禁止之外，個人享有一切行爲自由。而洛克不僅把個人的自由權利作爲其全部政治理論的基礎，而且認爲國家和政府之所以具有合理性，就在於它們對於個人自由權利的保護。另外，他和霍布斯一樣，也認爲自由應是有限的自由，自由應限定在法律「未加規定的事情上」。〔註182〕對於法律，洛克認爲它並沒有形成對個人自由的束縛，相反，恰恰是法律保障了自由的實現：「法律按其眞正的含義而言與其說是限制，還不如說是指導一個自由而有智慧的人去追求他的正當利益……法律的目的不是廢除或限制自由，而是保護和擴大自由」，「哪裏沒有法律，哪裏就沒有自由」。〔註183〕

到了19世紀，政治哲學家們對於自由的認識則更加深刻。

如密爾就認爲自由從本質上說，不是意志自由，而是「公民自由或社會

〔註180〕湯志鈞主編・康有爲政論集〔C〕，北京：中華書局，1981：339。
〔註181〕王惠岩主編・政治學原理〔M〕，北京：高等教育出版社，1999：111。
〔註182〕〔英〕洛克・政府論（下篇）〔M〕，葉啓芳、瞿菊農譯・北京：商務印書館
　　　　1964：16。
〔註183〕〔英〕洛克・政府論（下篇）〔M〕，葉啓芳、瞿菊農譯・北京：商務印書館
　　　　1964：36。

自由」〔註184〕，即：政治自由。在眾多的自由當中，密爾首先強調的是思想的自由，他認為：「意識的內向境地，要求著最廣大的良心自由；要求著思想和感情的自由；要求著不論是實踐的或思考的、是科學的、道德的或神學的等等一切題目上意見和情操的絕對自由。」〔註185〕另外，密爾還強調個性的自由，他認為「唯一實稱其名的自由，乃是按照我們自己的道路去追求我們自己的好處的自由」。〔註186〕但是這種自由也不是無限的，密爾認為當它危害到資產階級整體利益時，它便成為了罪惡，要受到懲罰。

出於對自由的考慮，在政體的選擇上，密爾強調應建立代議制政府，因為在這種政府下，「全體人民共同享有自由，被統治者的福利是政府的唯一目的，每個人是他自己的權利和利益的唯一可靠的保衛者」。〔註187〕

三、來自道義論的詰難

由於中西方功利主義政治哲學，都強調用功利性的眼光來觀察、解釋現實社會的政治生活，追求「善（或利）超過惡（或害）的可能最大餘額（或者惡超過善的最小差額）」〔註188〕，因而在它理論逐漸成熟的同時，也遭到了來自各方面的非議，而在這些非議中，衝擊力最強的當屬其理論的直接對立面 —— 道義論了。

道義論，它主張的是：「除了行為或規則的後果的善惡之外，還有其他可以使一個行為或規則成為正當的或應該遵循的理由 —— 這就是行為本身的某種特徵，而不是它所實現的價值」。〔註189〕而這「行為本身的某種特徵」，就是行為本身或行為依據的原則，即行為動機的善與否。因而，道義論的產生及成熟，必然會導致對功利主義政治哲學的直接衝擊。

在中國，來自道義論的直接衝擊，較為劇烈的，大致有兩次：一次是宋

〔註184〕〔英〕約翰‧密爾‧論自由〔M〕，程崇華譯‧北京：商務印書館，1959：1。

〔註185〕〔英〕約翰‧密爾‧論自由〔M〕，程崇華譯‧北京：商務印書館，1959：12
　　　　～13。

〔註186〕〔英〕約翰‧密爾‧論自由〔M〕，程崇華譯‧北京：商務印書館，1959：13。

〔註187〕〔英〕約翰‧密爾‧代議制政府〔M〕，汪宣譯‧北京：商務印書館，1982：
　　　　43。

〔註188〕〔美〕威廉‧K‧弗蘭克納‧善的求索 —— 道德哲學導論〔M〕，黃偉合等譯‧
　　　　瀋陽：遼寧出版社，1987：73。

〔註189〕〔美〕威廉‧K‧弗蘭克納‧善的求索 —— 道德哲學導論〔M〕，黃偉合等譯‧
　　　　瀋陽：遼寧出版社，1987：31。

代的「王霸義利之辯」；另一次則是近代章太炎的道德救國論。

1、朱熹與中國傳統功利主義政治哲學的「王霸義利」之辯

在宋代，針對陳亮的功利主義政治哲學，朱熹批評指出：「嘗謂天理、人欲二字，不必求之於古今王霸之迹，但反之於吾心義利邪正之間，察之愈密則其見之愈明，持之愈嚴則其發之愈勇」。〔註190〕朱熹認為判斷政治的善、惡應以主觀動機，而不是以外在的功利作為評判標準。

何謂「天理」？何謂「人欲」？

對於「天理」，朱熹認為：「所謂天理，復是何物？仁義禮智豈不是天理？君臣、父子、兄弟、夫婦、朋友豈不是天理？」〔註191〕「天理只是仁義禮智之總名，仁義禮智便是天理之件數。」〔註192〕

對於「人欲」，朱熹認為：「人欲者，此心之疾疢，循之則其心私而且邪」，「飲食者，天理也；要求美味，人欲也。」〔註193〕

朱熹雖然主張合理的人欲不可無，但是他卻認為那些不合理的「私欲」、「嗜欲」帶有著極大的危險，「欲如口鼻耳目四肢之欲，雖人之所不能無，然多不節，未有不失本心者。」〔註194〕鑒於此，朱熹提出了「存天理，滅人欲」的政治哲學理念，認為：「聖人千言萬語，只是教人明天理，滅人欲」〔註195〕，「修德之實，在乎去人欲，存天理。」〔註196〕。

從「存天理，滅人欲」的理念出發，朱熹對陳亮堅持功利主義政治哲學進行了批駁。他指出：「嘗謂『天理』、『人欲』二字不必求之於古今王霸之迹，但反之於吾心義利邪正之間。察之愈密則其見之愈明，持之愈嚴則其發之愈勇。孟子所謂『浩然之氣』者，蓋斂然於規矩準繩不敢走作之中，而其自任以天下之重者，雖賁育莫能奪也。是豈才能血氣之所為哉！老兄視漢高帝唐太宗之所為而察其心，果出於義耶，出於利耶？出於邪耶，正耶？……若以其能建立國家，傳世久遠，便謂其得天理之正，此正是以成敗論是非。」〔註197〕

〔註190〕《陳亮集·寄陳同甫書·六》。
〔註191〕《朱子文集》，卷五十九）。
〔註192〕《朱子語類》，卷十三。
〔註193〕《朱子文集》，卷十二。
〔註194〕《孟子集注》，卷七。
〔註195〕《朱子語類》，卷十二。
〔註196〕《朱子文集》，卷三十七。
〔註197〕《陳亮集·寄陳同甫書·四》。

　　另外，朱熹之所以會對功利主義政治哲學的一再批判，是緣於他的一種擔心：「江西之學只是禪，浙學卻專是功利。禪學，後來學者摸索，一上無可摸索，自會轉去。若功利，則學者習之便可見效，此意甚可憂。」〔註198〕

　　這裏需要澄清的是：朱熹並不是要一概地否定人欲，而是要借助對私欲的否定，來達到建立一種普遍的道德準則，要人們「斂然於規矩準繩不敢走作之中，而其自任以天下之重者，雖賁育莫能奪也」。〔註199〕

2、章太炎的道德救國論

　　對於功利主義政治哲學的價值，近代思想家是深有體認的，如嚴復就曾言：「但民智既開之後，則知非明道，則無以計功，非正誼，則無以謀利，功利何足病？問所以致之之道何如耳。故西人謂此為開明自營，開明自營，於道義必不背也。」〔註200〕另外，嚴復就背苦向樂的功利觀也做了積極的闡釋，他認為「耶穌降生二千年時，世界如何，雖至武斷人不敢率道也。顧其事有可逆知者：世變無論如何？終當背苦而向樂」；〔註201〕「夫背苦而向樂者，人情之大常也，好善而惡惡者，人性所同具也。」〔註202〕

　　然而並不是每一位近代政治哲學家都對功利主義政治哲學情有獨鍾，這其中章太炎就是一個很典型的「異類」。

　　在章太炎的政治哲學中，救國不能靠功利，而應依賴道德。他對革命派的功利行為滿腹異議，指出：「光復舊邦之為大義，被人征服之可鄙夷，此凡有心者所共審。然明識利害選擇趨避之情，孔老以來以此習慣而成儒人之天性久矣。會功利說盛行，其義乃益自固，則成敗之見，常足以撓是非，被辭遁說吾所不暇辯也，所辯者成敗之策耳」。〔註203〕革命之所以屢次失敗，章太炎認為這其中的關鍵就是人們總是考慮成敗、利害、得失，而把革命大義丟之一邊，「道德墮廢者，革命不成之原」。〔註204〕他以康德的「意志自律」，告誡當時革命者：應「損其好利之心，使人人自尊，則始可以勇犯無畏」，認為只要「排除生死，旁若無人，上無政黨猥賤之操，下作懦夫奮矜之氣，以此

〔註198〕《朱子語類》，卷一二三。

〔註199〕《陳亮集·寄陳同甫書·六》。

〔註200〕嚴復，天演論〔M〕，北京：華夏出版社，2002：171。

〔註201〕嚴復，天演論〔M〕，北京：華夏出版社，2002：80。

〔註202〕《政治講義》。自序。

〔註203〕《社會通詮商兌》，《章太炎全集》（四）。

〔註204〕章太炎，章太炎政論集〔M〕，北京：中華書局，1977：319。

揭櫫，庶幾中國前途有望」。〔註205〕

　　清末民初，可以說是中西思想交融的關鍵時期。伴隨著對本國傳統政治文化的無奈，西方政治文化的先進性得到了更加地彰顯。然而，人們在對西方政治文化由豔羨、到部分引用、最後到宣揚全盤西化的過程中，並沒有注意到影響著並規範著人們行為的道德規範的建設。關於這一點，地主階級改革派沒做到、太平天國農民義軍沒做到、維新人士也沒有做到，甚至以孫中山為領袖的革命派也沒有對此充分認識。泱泱大國，被譽為禮儀之邦，擁有五千年華夏文明的中國卻在近代出現了道德規範建構上的迷茫。誠然，對於現在的我們來講，用歷史的眼光重新審視這段已逝的歲月，確實能夠發現當中的種種缺憾，也很不自禁地想對其指指點點，然而對於當時人來講，雖然所走的每一段道路並不十分完美，但是這當中的每走一步卻都意味著一種新的艱辛、新的挑戰的到來。嬰兒學步，其形蹣跚，但是它所代表意義卻是非凡的。

　　章太炎以其敏銳的思維，試圖用自己的近似於宗教式的道德體系喚醒世人對於道德的重視，告誡人們：「今之革命，非為一己而為中國，中國為人人所共有，則戰死亦為人人所當有，而曰甲者當為其易，乙者當為其難，可乎？」〔註206〕他認為：「今與邦人諸友，同處革命之世，偕為革命之人，而自顧道德，猶無以愈於陳勝、吳廣，縱令瘠其口、焦其唇、破碎其齒頰，日以革命號於天下，其卒將何所濟？道德者，不必甚深言之，但使確固堅厲，重然諾，輕死生，則可矣。」〔註207〕

　　在西方，功利主義政治哲學所遭受的最大也是最致命的理論衝擊主要有兩次：一次就是來自於摩爾的《倫理學原理》，它終結了古典功利主義政治哲學的命運；而另一次，則是來自於羅爾斯對現代功利主義政治哲學的批判。

1、《倫理學原理》：古典功利主義政治哲學的方法論終結

　　「就現實意義而言，1903年 G・E・摩爾的《倫理學原理》一書的發表，標誌著20世紀倫理學革命的開端。」〔註208〕這是美國哲學家賓克萊對於摩爾

〔註205〕《答鐵錚》，《章太炎全集》（四）。
〔註206〕章太炎，章太炎政論集〔M〕，北京：中華書局，1977：313。
〔註207〕章太炎，章太炎政論集〔M〕，北京：中華書局，1977：311。
〔註208〕〔美〕賓克萊，二十世紀倫理學〔M〕，孫彤、孫南樺譯，石家莊：河北人民出版社，1988：1。

及《倫理學》評價。從評價中可以看出，由《倫理學原理》所代表的元倫理學對於 20 世紀倫理學的發展具有著十分的重要意義，「自摩爾以後，哲學家們開始擺脫過去那種企圖給人們以道德指導的嘗試，轉而著眼於對道德判斷本身和道德語詞的研究。」〔註209〕

摩爾《倫理學原理》的問世，不僅帶來倫理學研究的革命，而且也直接帶來了古典功利主義政治哲學的終結。在《倫理學原理》中，摩爾對於古典功利主義政治哲學的研究方法進行了全面地否定。

對於摩爾來講，他雖然肯定功利主義政治哲學主張行為的效果是判斷行為之倫理價值的唯一標準，但是他對以邊沁、密爾為代表的古典功利主義的研究方法則持否定的觀點，認為他們犯了「自然主義的謬誤」。

摩爾為什麼說古典功利主義政治哲學的研究方法犯了「自然主義謬誤」？其原因就在於，在摩爾的倫理學體系中「善」是不可定義的。「有一個單純的，不能下定義的，不能分析的思想對象，而倫理學的研究對象必須參照它來定義」，〔註210〕這個「思想對象」是什麼？摩爾認為它就是「善」。

在摩爾看來，「善」本身是一個單純的屬性，是不能再加以分解或分析的，摩爾指出：「『善』是一個單純的概念，正像『黃』是一個單純的概念一樣；正如絕不能向一個事先不知道它的人，闡明什麼是黃一樣，你不能向他闡明什麼是善。」〔註211〕摩爾認為「善的事物」，諸如「快樂」、「愉快」等都是「善」的特質，它只是實現「善」的一種手段。鑒於此，古典功利主義政治哲學把「善」簡單地歸結為「最大多數人的最大幸福」，在研究方法上犯下了「自然主義的謬誤」。

在明確「善」的不可分的基礎上，摩爾區分了什麼是「目的善」和「手段的善」。

對於「目的善」，摩爾認為它是一種內在的善，「說一個事物是內在善的，意指即使這一事物完全孤立地存在，不具任何其它伴隨物或其他後果，它依然是個善事物」。〔註212〕所謂「目的善」，就是「事物的內在的本性」。

對於「手段的善」，摩爾認為它是某種具有「善」性質的事物整體之間具

〔註209〕聶文軍，西方倫理學專題研究〔M〕，長沙：湖南師範大學出版社，2007：238。
〔註210〕〔英〕摩爾，倫理學原理〔M〕，長河譯，北京：商務印書館，1983：27。
〔註211〕〔英〕摩爾，倫理學原理〔M〕，長河譯，北京：商務印書館，1983：13。
〔註212〕〔英〕摩爾，倫理學〔M〕，倫敦：荷爾特出版公司，1912：65。

有一定的必然因果聯繫的行動或事物，只具備工具的價值。

對於二者之間的聯繫，摩爾認爲：「手段的善」只有與「目的善」發生某種因果聯繫時，它才具有實際的意義，因爲行動只是達到理想目的的手段的而已，離開理想目的，行動便沒有掛搭了。

摩爾認爲古典功利主義政治哲學把公共幸福作爲「手段的善」，是可取的，「快樂主義者們所提出的行爲方針，和我提出的是極爲相似的」〔註213〕。但是不可取的是，古典功利主義政治哲學把「手段的善」等同了「目的善」，並互相取代。鑒於此，摩爾認爲密爾的快樂主義是最典型的「自然主義謬誤」，因爲在密爾的功利主義政治哲學中，並沒有區分什麼是「目的善」，什麼是「手段的善」，導致其把快樂、幸福作爲了一種「唯一的目的善」。

除了對古典功利主義政治的研究方法進行批判外，摩爾對於現代功利主義的兩種表現形式——準則功利主義與行動功利主義也發表了自己的見解。但是需要指出的是，對於這兩種功利主義政治哲學，摩爾並沒有特意偏袒哪一方，而是忽而左，忽而右，腳踩兩隻船。

一方面，摩爾講：「不可能確定任何一種行爲在一切情況下，都會比它可能的代替者產生較好的總結果；由此可見：在某些情況下，忽視既定的法則也許是可能最好的行爲方針。」〔註214〕另一方面，他又講：「如果在絕大多數情況下，遵守某法則確定是有益的；那麼，在任何特殊情況下，破壞該法則就會陷於錯誤的蓋然性是很大的」；〔註215〕這種似是而非的態度表明，功利主義政治哲學在「行動」與「準則」的選取上確實出現了麻煩，雖然現代功利主義政治哲學已不再像古典功利主義政治學那樣缺乏理論的系統性，已經認識到「準則」對於功利效果最大獲取的重要性，但是由於傳統功利主義思維方式的影響，致使像摩爾這樣的思想家也最終沒有突破傳統的羈絆。

2、《正義論》對功利主義政治哲學的修正

如果說摩爾對於古典功利主義政治的批判旨在繼續發展功利主義理論研究的話，那麼另一位批判者——羅爾斯的《正義論》則是給功利主義政治哲學帶來滅頂之災。

在《正義論》的開篇，羅爾斯便道出了自己理論的主旨：「我的目標是要

〔註213〕〔英〕摩爾，倫理學原理〔M〕，長河譯，北京：商務印書館，1983：69。
〔註214〕〔英〕摩爾，倫理學原理〔M〕，長河譯，北京：商務印書館，1983：170。
〔註215〕〔英〕摩爾，倫理學原理〔M〕，長河譯，北京：商務印書館，1983：170。

確立一種正義論，以作為一種可行的選擇對象，來替換那些長期支配著我們的哲學傳統（功利主義、直覺主義）的理論。」〔註216〕他認為：「功利主義在某種意義上並不把人看作目的本身……如果各方接受功利標準，他們就缺少對他們的自尊的支持，這種支持是由他人的公開承諾——同意把不平等安排適合於每個人的利益並為所有人保證一種平等的自由——所提供的。在一個公共的功利主義社會裏，人們將發現較難信任自己的價值。」〔註217〕

對於功利主義政治哲學的批判，羅爾斯主要集中在了三個方面：

首先，善與正當的優先性比較。

羅爾斯認為：「倫理學的兩個主要概念是正當和善」，「一種倫理學理論的結構就大致是由它怎樣定義和聯繫這兩個基本概念來決定的」。〔註218〕羅爾斯認為功利主義政治哲學這種對「善」的體認，完全忽視了正當的價值。

對此，羅爾斯舉例說：「如果快樂被說成是唯一的善，那麼，對這種快樂的價值的承認和排列，大概就不根據任何正當或類似正當的標準。」〔註219〕然而，「如果對各種善的分配也被看作是一種善，也許還是較高層次的善，這一理論就指示我們去創造最大的善（包括在他人中分配的善），它就不再是一種古典意義上的目的論觀點了。」〔註220〕鑒於此，羅爾斯否認了功利主義政治哲學所堅持的「善優先論」，主張「正當應優先於善」。

其次，對個人選擇擴大化的批判。

在功利主義政治哲學的視域中，追求自己的最大善是人生的唯一也是終極目的。在功利主義政治哲學看來：「一個社會，當它的制度最大限度地增加滿足的淨餘額時，這個社會就是安排恰當的。這樣，一個人類社會的選擇原則就被解釋為是個人選擇的擴大。」〔註221〕對於這種社會行為判斷，羅爾斯

〔註216〕〔美〕羅爾斯，正義論〔M〕，何懷宏等譯，北京：中國社會科學出版社，1988：1（括號內容為本文作者加）。

〔註217〕〔美〕羅爾斯，正義論〔M〕，何懷宏等譯，北京：中國社會科學出版社，1988：173。

〔註218〕〔美〕羅爾斯，正義論〔M〕，何懷宏等譯，北京：中國社會科學出版社，1988：21。

〔註219〕〔美〕羅爾斯，正義論〔M〕，何懷宏等譯，北京：中國社會科學出版社，1988：22。

〔註220〕〔美〕羅爾斯，正義論〔M〕，何懷宏等譯，北京：中國社會科學出版社，1988：22。

〔註221〕〔美〕羅爾斯，正義論〔M〕，何懷宏等譯，北京：中國社會科學出版社，1988：21。

是持批判態度的，他認為：「假定一個人類社團的調節原則只是個人選擇原則的擴大是沒道理的。」〔註222〕

為什麼會沒道理？羅爾斯認為和人選擇是具有具體的並帶有一定主觀性的選擇，它依據的是個人的價值判斷，而社會的選擇是每個選擇者在進入任何具體交易的過程前，對於調節或支配他們將要生活在其中的基本制度及其原則的選擇。鑒於此可見，社會選擇與個人選擇所秉承的價值標準不同，另外，社會選擇所考慮的環境往往是摒棄個人選擇者對自己的身世、前景、欲望和善的觀念等具體信息的知曉，使其處於一種「原初狀態」或「無知之幕」的背景下，認為只有在這樣的背景之下，所有的選擇才具有正當性、公平性。

3、對功利主義犧牲論的批判

對於功利主義政治哲學，羅爾斯認為它最主要的特徵就是：「它直接地涉及一個人怎樣在不同的時間裏分配他的滿足，但除此之外，就不再關心（除了間接的）滿足的總量怎樣在個人之間進行分配」。〔註223〕他認為應確立分配的正義，使公民的平等自由與權利對於福利總量的增長具有優先性。為此，他強烈反對「為了使很多人分享較大利益而剝奪少數人的自由」〔註224〕的功利主義犧牲原則。而對於如何實現這種分配的正義，羅爾斯提出了其著名的「正義兩原則」：即「平等的自由權原則」和「機會公平平等原則」。

對於這兩原則，羅爾斯闡釋道：

「第一個原則：每個人對與其他人所擁有的最廣泛的基本自由體系相容的類似自由體系都應有一種平等的權利。

第二個原則：社會的和經濟的不平等應這樣安排，使它們①被合理地期望適合每一個人的利益；並且②依繫於地位和職務向所有人開放。」〔註225〕

對於這兩個原則，羅爾斯認為二者存在優先性問題，他認為：「第一個原則優先於第二個原則。這一次序意味著：對第一個原則所要求的平等自由制

〔註222〕〔美〕羅爾斯，正義論〔M〕，何懷宏等譯，北京：中國社會科學出版社，
　　　　 1988：26。

〔註223〕〔美〕羅爾斯，正義論〔M〕，何懷宏等譯，北京：中國社會科學出版社，
　　　　 1988：23。

〔註224〕〔美〕羅爾斯，正義論〔M〕，何懷宏等譯，北京：中國社會科學出版社，
　　　　 1988：23。

〔註225〕〔美〕羅爾斯，正義論〔M〕，何懷宏等譯，北京：中國社會科學出版社，
　　　　 1988：56。

度的違反不可能因較大的社會經濟利益而得到辯護或補償。財富和收入的分配及權力的等級制，必須同時符合平等公民的自由和機會的自由。」〔註226〕

從這兩原則出發，羅爾斯直接否定了功利主義政治哲學所追求「最大幸福」的功利原則，爲二戰後西方的政治哲學以及倫理學的研究，開闢了新的途徑。

可見，中西方功利主義政治哲學從傳統走到近代，雖然中間經歷了數代政治哲學家的修補、增添，但是從思想內容上來講，仍然存在著自身難以克服的不足之處。這些不足之處，不僅一方面暴露了雙方自身的理論缺憾，而且另一方面，則揭示出了人類理性的發展，並不是直線前進，而是經歷了一個曲折漸進的過程。而也正是在這曲折漸進的過程中，人類的認知能力得到了不斷地提高，爲人類美好政治社會生活的實現蓄積了能量。

〔註226〕〔美〕羅爾斯，正義論〔M〕，何懷宏等譯，北京：中國社會科學出版社，1988：57。

第二章　人性問題：功利主義與中國 近代政治哲學的邏輯起點

　　人性問題，可以說是一直為古今中外思想界所熱衷討論的重點話題之一。關於它的討論，不僅反映著各個歷史時期的政治哲學家們對於「人」本身的認識程度，而且也代表著不同歷史時期的理論及思維方式的發展水平。另外，對於人性的研究，也是眾多哲學社會學理論研究的出發點。

　　然而由於人性是一個極具抽象的理論範疇，因此對於人性的理解，由於觀察者的觀察角度的不同，往往會形成彼此互不相同的理論認識。而也正是這些關於人性的形形色色的體認，導致了在人類的哲學社會學中，存在著各種各樣互不相同的理論學說。因此來講，對於人性的研究，往往是透析某種理論學說的最佳切入點。

　　在近代中國，由於特殊的歷史時局，促使了人們對人性問題的進一步再思考。在對人性問題進一步思考的過程中，政治哲學家們除了對中國傳統的人性理論進行合理地繼承外，又成功地借鑒了西方近代人性理論，這樣，在豐富了自己理論的同時，中國近代政治哲學也成功地找到了自身理論得以順利展開的邏輯起點。

　　然而，值得體味地是，中國近代政治哲學對於其理論的邏輯起點 —— 人性論的選擇，是與中國傳統政治哲學具有著明顯的不同。在中國傳統政治哲學中，由於儒家政治哲學是社會文化的主流，因此對於人性的選擇，往往是從道義論的角度出發，強調人性的道德性。而在中國近代，由於「如何自強？如何求富？」是社會的主流意識形態，所以導致在對理論的邏輯起點的選擇上，近代政治哲學則是從功利主義的立場出發，強調人性的自然、人欲的合

理。另外，在對西方人性理論的借鑒與吸收上，中國近代政治哲學的關注點，也只是停留在 19 世紀的功利主義人性論上。因此，從這兩方面來考證，中國近代政治哲學的邏輯起點 —— 人性論，具有著明顯地功利主義傾向。

第一節　人性問題在中國古代的詮釋

　　為了弄清人性問題在近代中國的發展軌迹，我們必須首先對中國古代人性理論做一下整體地回顧，因為只有對傳統人性論有一個清晰準確的把握，才可以知曉中國近代政治哲學家們為中國人性理論的發展究竟做出了哪些貢獻。

　　嚴格地講，在中國古代，政治哲學家們對人類社會政治生活的討論，並不是直接就人性而展開的，而是經歷了一個由神到人、再由人到人性的轉變過程。

　　在中國古代原始宗教中，特別是在商代前期，「帝」作為一個至上神，具有至高無上的權力和超乎一切的力量，因而在當時，只要人們遇到自身無法解決的問題，都要向帝詢問，如「貞，帝令雨弗其足年？」〔註1〕「翌癸卯帝其令風？」〔註2〕另外，一些政事，人們也企求能從「帝」處得到幫助：「甲辰卜，爭貞，我伐馬方，帝受我又（祐）？」〔註3〕可見，在這一時期，「殷人尊神，率民以事神，先鬼而後禮」。〔註4〕

　　但是到了商代中期，由於當時王權的進一步擴大與鞏固，使得宗教神權對於人類社會政治生活的控制日益鬆散，並最終在王權的衝擊中徹底失敗。宗教神權的失敗，不僅意味著王權統治地位的獲得，而且更意味著人們思索社會政治問題的思維方式發生了顯著變化。王權至上的確立，使得人們從此不再過多地以神作為思索人類政治問題的突破口，而是開始從人的自身中去尋求解決人類社會政治問題的答案，如商王盤庚就曾對其臣民這樣說道：「予迓續乃命於天，予豈汝威，用奉畜汝眾」，「邦之不臧，惟予一人有佚罰」。〔註5〕這裏，盤庚雖然還是強調王權來自於天命，但是他這樣說的真實用意，已經不再是強調

〔註 1〕《殷墟書契前編》。
〔註 2〕《殷墟書契乙編》。
〔註 3〕《殷墟書契乙編》。
〔註 4〕《禮記・表記》。
〔註 5〕《尚書・盤庚中》。

看問題要以「天」爲出發點了，而是借用天的威力來強化自身王權的神聖性，把王權作爲人類全部政治生活的核心。

就是在這樣的背景之下，「人」開始逐漸代替「神」，成爲了政治哲學家們思索政治問題出發點。雖然在當時，對於人的認識，並沒有形成一個統一而完整的理論模式，但是從理論發展的層面來看，政治哲學家們對於「人的問題」的討論卻已經具有了一定的理論深度，因爲他們已經認識到了人在社會政治生活中的不可替代的歷史地位，並以此改變了以往以神作爲社會歷史主宰的錯誤觀念。

隨著王權至上的確立，民眾的價值也得到了日益突顯。政治哲學家們已經認識到了民情與天命之間的關係，他們認爲民眾是反映天命的鏡子，「天畏棐忱，民情大可見」〔註6〕，「人，無於水鑒，當於民鑒」〔註7〕；另外，對於民與神的關係，政治哲學家們不僅改變了以往「神爲民主」的傳統觀念，而且堅定地提出了「民，神之主也」〔註8〕，「惠本以後民歸之志，民和而後神降之福」〔註9〕；最後，在治國方面，民眾則被看作爲了治國的中堅，「國之將興，聽於民，將亡，聽之於神」〔註10〕。

由於民眾地位的提高、價值的突顯，便使得「人的問題」從此不再是爲政治哲學家所忽略的對象，而是成爲了一個爲當時以及後世政治哲學家們所熱衷思考的核心話題。因爲「人的問題」成爲了政治哲學領域的核心話題，所以，「人性問題」——這個在「人的問題」中的基本問題，便毫無爭議地成爲了核心之中的基本。這樣，人性問題不僅成爲了政治哲學家進一步思考人的問題的出發點，而且也成了這之後全部政治哲學得以展開的邏輯基點。

在中國，對於人性的討論，準確地講，是從孔子開始的，但是在孔子這裏，人性並不是一個清晰的概念，因爲孔子只說了句：「性相近也，習相遠也」〔註11〕，對於人性具體爲何，孔子並沒有做進一步地解答。

然而，在孔子之後，這個爲孔子沒有解答的問題，則成爲了後世眾多政治哲學家爭相加以研習的對象。如果按時間和類型加以分類的話，中國傳統

〔註 6〕《尚書·康誥》。
〔註 7〕《尚書·酒誥》。
〔註 8〕《左傳·僖公十五年》。
〔註 9〕《國語·魯語下》。
〔註 10〕《左傳·襄公三十二年》。
〔註 11〕《論語·陽貨》。

人性理論的發展，大致經歷了這樣幾個階段和類型：

第一，就先秦來講，政治哲學家們對於人性的討論大致存在著以下三種類型：

其一，人性善論。

持這種觀點的政治哲學家主要是孟子，孟子認為人的本性是善的，善的根源在於人有四心，即：惻隱之心、羞惡之心、恭敬之心和是非之心，他認為：「惻隱之心，仁也；羞惡之心，義也；恭敬之心，禮也；是非之心，智也。仁義禮智，非由外鑠我也，我固有之也。」〔註12〕從這種人性論出發，孟子強調為政要以禮，以仁政治國。

其二，人性惡論。

持這種觀點的政治哲學家主要有荀子、韓非及墨子。

荀子認為：「人之性惡，其善者偽也。今人之性，生而有好利焉，順是，故爭奪生而辭讓亡焉；生而有疾惡焉，順是，故殘賊生而忠信亡焉；生而有耳目之欲，有好聲色焉，順是，故淫亂生禮義文理亡焉。然則從人之性，順人之情，必出於爭奪，合於犯分亂理而歸於暴。故必將有師法之化，禮義之道，然後出於辭讓，合於文理，而歸於治。用此觀之，然則人之性惡明矣，其善者偽也。」〔註13〕因為人性為惡，所以荀子認為治理國家，必須要強化聖人的作用，用聖人的智慧去「化性起偽」，以此來規範人性。

和荀子相比，韓非雖然沒有明確指認人性為惡，而把人性定義在「好利惡害」、「趨利避害」上，但是這種趨私利的本性，在韓非看來，無疑也是惡的。對於這種好利性的本源，韓非認為它源自於人的生理本能：「以腸胃為根本，不食則不能活，是以不免於欲利之心。」〔註14〕對於這種人性，韓非認為如果不加遏止，必然會產生禍端，「人有欲則計會亂，計會亂而有欲甚，有欲甚則邪心勝，邪心勝則事經絕，事經絕則禍難生。」〔註15〕鑒於人的這種「趨利避害」的本性，韓非建構了其「法、術、勢」結合的專制理論。

而在《墨子》中，雖然對「性」談得不多，只有 3 處，但是和「性」具有緊密意義的「情」〔註16〕字卻出現了 26 次，並且在《貴義篇》中，還有「去

〔註12〕 《孟子‧告子上》。

〔註13〕 《荀子‧性惡》。

〔註14〕 《韓非子‧解老》。

〔註15〕 《韓非子‧解老》。

〔註16〕 《墨子》。中「請」通於「情」，並且用法近於「誠」。（見：徐復觀‧中國人

六關」〔註17〕之說，即：「必去喜、去怒、去樂、去悲、去愛、去惡，而用仁義；手足口鼻耳，從事於義，必爲聖人」。〔註18〕因爲在先秦「性」「情」常不分，所以情惡也就是性惡。

其二，性無善無惡論。

持這種理論的人，便是政治哲學家告子。告子認爲：「性無善無不善也」，「性猶杞柳也，義猶桮棬也；以人性爲仁義，猶以杞柳爲桮棬」，「性猶湍水也，決諸東方則東流，決諸西方則西流。人性之無分於善不善也，猶水之無分於東西也。」〔註19〕

第二，就漢唐而論，當時占主導地位的人性論就是「性三品」說。

在漢代，持這種理論的典型代表就是董仲舒。在董仲舒看來，人性之中有善有惡，因而不能一以概之，他認爲：「今世暗於性，言之者不同，胡不試反性之名。性之名非生與？如其生之自然之資謂之性；性者質也。詰性之質於善之名，能中之與？既不能中矣，而尙謂之質善，何哉？」〔註20〕因爲人性不盡善不盡惡，所以董仲舒認爲性有三品，即：聖人之性、中民之性、斗筲之性，並認爲：「聖人之性不可以名性，斗筲之性又不可以名性，名性者，中民之性。」〔註21〕

和董仲舒一致，唐代的韓愈也認爲性有三品，但是就他的理論而言，要遠比董氏豐富，他認爲：「性也者，與生俱生也；情也者，接於物而生也。性之品有三，而其所以爲性者五；情之品有三，而其所以爲情者七。曰：何也？曰：性之品有上中下三：上焉者，善焉而已矣；中焉者，可導而上下也；下焉者，惡焉而已矣。其所以爲性者五：曰仁曰禮曰信曰義曰智。上焉者之於五也，主於一而行於四；中焉者之於五也，一不少有焉則少反焉，其於四也混；下焉者之於五也，反於一而悖於四。性之於情，視其品。情。情之品有上中下三，其所以爲情者七：曰喜曰怒曰哀曰懼曰愛曰惡曰欲。上焉者之於七也，動而處其中。中焉者之於七也，有所甚有所亡，然而求合其中者也；下焉者之於七也，亡與甚，直情而行者也。情之於性，視其品。」〔註22〕

性論史・先秦篇〔M〕，上海：上海三聯書店，2001：284）。
〔註17〕「關」爲「僻」的假借字，指僻情。
〔註18〕《墨子・貴義》。
〔註19〕《孟子・告子》。
〔註20〕《春秋繁露・深察名號》。
〔註21〕《春秋繁露・實性》。
〔註22〕《韓愈全集・原性》。

　　第三，到了宋代，政治哲學家們對於人性的討論存在著兩種模式，即：性二元論和自然人性論。

　　在宋代，性二元論的集大成者便是朱熹，他以理氣論論證了人性所以為善、所以為惡的原因，他認為：「天之生此人，無不與之以仁義禮智之理，亦何嘗有不善？但欲生此物，必須有氣，然後此物有以聚而成質；而氣之為物，有清濁昏明之不同。稟其清明之氣，而無物欲之累，則為聖；稟其清而未純全，則未免微有物欲之累，而能克以去之，則為賢；稟其昏濁之氣，又為物欲之所蔽而不能去，則為愚，為不肖。是皆氣稟物欲之所為，而性之善，未嘗不同也」，〔註23〕「有是理而後有是氣，有是氣則必有是理。但稟氣之清者，為聖為賢，如寶珠在清水中。稟氣之濁者，為愚為不肖，如珠在濁水中。所謂『明明德』者，是就濁水中揩拭此珠也。物亦有是理，又如寶珠落在至污濁處」。〔註24〕朱熹之所以強調人性二元論，其主旨就是強調「理」對於人性的先驗性，要求人的行為要完全服從「理」的要求，去惡從善。怎樣才能去惡從善呢？朱熹認為要「存天理，滅人欲」。

　　除去性二元論外，另外一種對於當時乃至中國近代極具影響的人性理論便是：自然人性論。這種人性理論，不僅從自然的角度探求了人性的本原，而且更有意義的是，它從人的自然本性的層面上肯定了人類追求功利的合理性，從而為功利主義政治哲學在中國的進一步發展奠定了理論基礎。

　　持這種理論的政治哲學家，在北宋就是王安石。他就認為人性是人形體的固有本性，「神生於性，性生於誠，誠生於心，心生於氣，氣生於形。形者，有生之本。」〔註25〕王安石反對孟、荀的性善、性惡論，認為性既無善惡，也沒有董仲舒、韓愈所謂的「性三品」之分：「性不可以善惡言」，〔註26〕「好惡者，性而已矣」。〔註27〕因為人性無善惡，所以王安石認為，人近善則善，近惡則惡，「夫民之於襁褓之中而有善之性，不得賢而與之教，則不足以明天下之善」。〔註28〕這樣，在王安石的人性論中，就凸顯了後天──「習」的重要性。因為後天的習得對於人性的影響是如此之大，所以王安石認為要改變

〔註23〕　《玉山講義》。
〔註24〕　《朱子語類》，卷四。
〔註25〕　《王文公文集‧禮樂論》。
〔註26〕　《王文公文集‧原性》。
〔註27〕　《王文公文集‧洪範傳》。
〔註28〕　《王安石老子注輯本‧不尚賢章》。

北宋當時困弱的社會局面，只有從人的外化入手，從而爲其「變更天下之弊法」〔註29〕的功利主張找到了合理的理論內核。

和王安石不同，南宋的陳亮則認爲：人性中不僅包括人的自然性，而且還包括人的社會性，二者是統一的。爲此，他首先否定了孟子所謂「耳目口鼻與四肢的自然欲求」不屬於人性的觀點，認爲它們既然「出於性」，爲「人之所同欲」，就應視爲人性。〔註30〕其次，他認爲這種自然的人性雖然必要，但也不能放任自流，應加以限制，並認爲社會上的仁義道德之所以產生，就是出於限制人的自然本性的需要，因而仁義道德也是人性的一部分，「天地之性，以人爲貴；聖以此聖，禮安得僞；仁以此仁，義安得外。」〔註31〕可見，仁義道德在陳亮這裏就已經不再是簡單的外在的強制，而是內化爲人性的一部分，因而陳亮認爲，既然人性「平施於日用之間」，那麼仁義道德也必然如此，這樣不僅爲其功利思想提供了哲學前提，而且也爲徹底否定程朱理學天理論鋪平了道路。

和陳亮相似，葉適對於以往的人性理論也同樣持一種否定的態度。例如，他對於荀子的性惡論，就不以爲然，認爲它自相矛盾，「知其爲惡而後進夫善以至於聖人，故能起僞以化性，使之終於爲善而不爲惡，則是聖人者，其性亦未嘗善歟？」〔註32〕對於孟子的性善，他同樣也不予苟同。他認爲衡量人性應以孔子的「性近習遠」爲準，「非止善字所能弘通」。〔註33〕

那麼人性眞正爲何呢？葉適認爲，性無善、惡，性者天賦。但是和其他政治哲學家不同的是，葉適的「天」並非是有意志的神秘的天，而是自然意義上的天。因爲天是自然之天，所以天賦之性也即爲自然之性，「是故古之君子，以物用而不以己用；喜爲物喜，怒爲物怒，哀爲物哀，樂爲物樂。」〔註34〕進而在這種天賦人性的基礎上，他提出了理欲統一的功利論，「古人之德，未嘗不兼物而言，捨物舉德，《春秋》之論也。孔子曰：『飯蔬食，飲水，曲肱而枕之，樂亦在其中矣；不義而富且貴，於我如浮雲』，亦欲德兼物，不能兼則寧捨物而自樂也。」〔註35〕

〔註29〕　《王文公文集・上皇帝萬言書》。
〔註30〕　《陳亮集・問答下》。
〔註31〕　《陳亮集・祭鄭景元提幹文》。
〔註32〕　《習學記言序目・荀子・性惡》。
〔註33〕　《習學記言序目・孟子・告子》。
〔註34〕　《葉適集・大學》。
〔註35〕　《習學記言序目・左傳・襄公一》。

　　從古代政治哲學家們對於人論的討論中，我們可以看出：在政治哲學家們的最初意識裏，人的問題並不是一個純粹的政治問題，而是與倫理學交織在一起的，因而在中國傳統的人論中，不管是人性善、人性惡、人性非善非惡，還是性三品、性二元，都是在倫理學的層面上對「人性」進行探求的結果。

　　因為對於人性的探求是在倫理學意義上發生的，所以由這種倫理學意義的人性所導引出來的政治哲學、政治原則，便無疑不可避免地帶有著倫理學的烙印，所以從這種層面上看，政治學在本原意義上可以被看作是倫理學在另外一種意義上的外化。

　　通過這種外化，倫理學意義上的「人」不僅具有了政治學的意義，而且也使圍繞「人」所產生的倫理原則及倫理道德上陞為政治原則、政治道德，成為人在政治層面上規範自己行為的新標尺。另外，由於「人」在這種價值轉化中所起到的中間作用，所以對「人」本質的不同理解，便會產生出不同的政治哲學及政治原則，而這些彼此不同政治哲學及政治原則中，比較典型的理論形態就是為學術界所熟知的道義論與功利論。

　　對於道義論來講，由於其強調道義的至上性，因此在對人性的體認上，它是以道德的標準去體察和考證的，如人性善、人性惡、人性有善有惡。而對於功利主義政治哲學來講，雖然它並沒有完全放棄用道德的標準來體察人性，但是它認為：人性的主要方面，在於自然；人性包括欲望，都是人性的合理因素。

　　因為欲望具有天然的合理性，因而為實現欲望而採取的行為，功利主義政治哲學認為也同樣具有合理性。另外，因為欲望具有合理性，所以在功利主義政治哲學的理論世界中，現實社會中的道德之所以存在，其根本原因就是道德的存在能夠更好地滿足人的某種欲望。因此，從這種層面來講，道德相對於人欲，並不具有先驗的第一性。這樣，由人性自然出發，功利論便認為道德不再是人們生活的目的，而是人們生活的手段。

　　可見，對人性問題的不同理解，往往是產生不同的政治哲學及形成不同的政治道路的理論先導。

　　最後，還有一點需要必須指出的是：不管是先秦，還是漢唐以及兩宋，政治哲學家們所討論的人性均是邏輯意義上成立的，也就是說，這些人性論，只有在邏輯的層面上，才有不可替代的理論價值，如果被放之科學的領域中

來尋求實證的話，則很難找到符合它們的答案，因為在現實世界中，每一個人都是一個複雜的整體，不可能存在單一人性的可能。

第二節　功利主義與中國近代人性論

人性問題不僅對中國傳統政治哲學的發展，具有著十分重要的理論價值，而且其對中國近代政治哲學的發展，同樣也具有不可低估的理論價值。近代中國的政治哲學家們除繼承了中國傳統人性思想之外，還在此基礎上，成功地借鑒了西方近代人性理論，進而形成了兼具中西理論色彩的人性論。

具體來講，中國近代這種兼具中西理論色彩的人性論，其形成並不是毫無章法可尋的，因為在這其中有一條暗含的主線在導引著中國近代人性論的形成，而這條主線就是貫穿於整個中國近代的功利主義思維方式。

在這種功利主義思維方式的影響下，中國近代政治哲學家對於傳統人性理論的繼承，是在有選擇的情形下進行的。

對於中國傳統的人性理論，中國近代政治哲學家們更多關注的是告子的性無善惡論和宋代人性自然理論。而為什麼會出現這樣有目的的選擇呢？這是因為，在近代的中國，由於時局的所迫，使得政治哲學家們拋棄了追求「內聖」的煩瑣過程，而把主要精力投放了在如何實現「外王」——這一切實的功利目標上。因而由於追求目標的改變，導致了政治哲學家們在對人性的考察上，不再堅持以往從實現「內聖」的道德層面上來體認人性的做法，而是從人性自然、無善無惡的層面上，肯定了人欲及追求人欲的合理性，以求快速而有效地實現「外王」的功利目的。

對於西方的人性理論，中國近代政治哲學家同樣也存在著功利性的選擇。對於中國近代政治哲學家們而言，他們對西方人性理論的關注點，並不是西方的道義論人性論，而是西方近代的功利主義人性論。從西方功利主義人性論中，他們吸收了追求幸福、快樂的人生價值理念，認為現實的一切政教都應以如何實現人的幸福、快樂作為自己的立論標準。

正是從這兩方面來看，中國近代人性論與功利主義政治哲學之間存在著一種十分融洽的默契。

一、對於人性問題的功利主義反思

任何政治哲學體系的展開，都需要借助一些基本的前提假定，中國古代

政治哲學如此，中國近代政治哲學也是如此。但是對同一前提假定在不同時期的思考，則有著不盡相同的理論內容。

對於近代政治哲學而言，雖然其思想展開的邏輯起點仍是人性理論，但是由於政治哲學家們所身處的社會歷史環境及所關注對象的不同，決定了對人性的體認在各個歷史時期有著各自不盡相同的理論內容。

1、性無善惡及個性解放——龔自珍、魏源的人性觀

鴉片戰爭的衝擊，不僅擊碎了滿清王朝一向以大國自居的黃粱美夢，而且也衝垮了國人對於本國傳統文化的自戀情節。在鴉片戰爭後，一些開明之士在不斷反省自身的同時，開始了「睜眼看世界」的進程。

在這「睜眼看世界」的過程中，這些開明之士逐漸認識到在中國傳統政治哲學中，特別注重的以修身養性為主旨的「內聖」之道，並不能解決國家水深火熱、積貧積弱的社會問題，因而他們認為必須在「內聖」之外，尋求到一種直接、有效的理論，來警醒並引導人們用現實的行動來爭取國家的富強與獨立。而如何來建構這樣的理論呢？這些開明之士認為，首要的一步則仍要從對人性的研究入手，只有這樣，才能在根本上找到治國的良策。

而如何對人性進行體察，從而建構新的理論體系呢？中國近代政治哲學的先驅——龔自珍、魏源首先進行了明確的回答，這就是「性無善惡」及「人性解放」論。

對於人性，龔自珍認為：「性不可以名，可以勉強名；不可似，可以形容似也。楊雄不能引而申之，乃勉強名之曰：『善惡混』。雄也竊言，未湮其原；盜言者雄，未離其宗。告子知性，發端未竟。」〔註 36〕這表明，在龔自珍的意向中，人性的善、惡並不是先驗存在的，而是「善惡皆後起」。〔註 37〕因為善惡不是先驗，而是後起，所以對於孟子的性善論及荀子的性惡論，龔自珍都持批判的態度，他認為：「夫無善也，則可以為桀矣；無不善也，則可以為堯矣。知堯之本不異桀，荀卿氏之言起矣；知桀之本不異堯，孟氏之辨興矣。為堯矣，性不加菀；為桀矣，性不加枯。為堯矣，性之桀不亡走；為桀矣，性之堯不亡走；不加菀，不加枯，亦不亡以走。是故堯與桀互為主客，互相伏也，而莫相偏絕。」〔註 38〕另外，龔自珍認為楊雄的「性善惡混」雖然與

〔註 36〕《龔自珍全集・闡告子》。
〔註 37〕《龔自珍全集・闡告子》。
〔註 38〕《龔自珍全集・闡告子》。

告子的理論相似，但是也不屬於「知性」的範圍。這樣，龔自珍就以告子的人性理論，駁斥了在當時主張人性具有道德先驗的程朱理學，認爲：「善非固有，惡非固有，仁義、廉恥、詐賊、很（同：狠）忌非固有。」〔註39〕

　　因爲人性是一個沒有道德先驗的存在，所以任何壓制人性，進而限制人才的做法都是錯誤的：「當彼其世也，而才士與才民出，則百不才督之、縛之，以至於戮之，戮之非刀、非鋸、非水火；文亦戮之，名亦戮之；聲音笑貌亦戮之。戮之權不告於君，不告於大夫，不宣於司市，君大夫亦不任受。其法亦不及要領，徒戮其心，戮其能憂心、能憤心、能思慮心、能作爲心、能有廉恥心、能無渣滓心。又非一日而戮之，乃以漸，或三歲而戮之，十年而戮之，百年而戮之。」〔註40〕

　　另外，龔自珍認爲在最能表現個人志向的科舉制度中，也同樣是如此：「言也者，不得已而有者也。如其胸臆本無所欲言，其才武又未能達於言，強之使言，茫茫然不知將爲何等言；不得已，則又使之姑效他人之言；效他人之種種言，實不知其所以言。於是剿掠脫誤，摹擬顚倒，如醉如寐以言，言畢矣，不知我爲何等言。」〔註41〕

　　不僅選舉制度如此，而且龔自珍還認爲在當時的一切政治制度下，個人處處沒有自由、沒有是非可言：「夫有人必有胸肝，有胸肝則必有耳目，有耳目則必有上下百年之見聞，有見聞必有考訂同異之事，有考訂同異之事，則或胸以爲是、胸以爲非，有是非則必有感慨激奮。感慨激憤而居上位，有其力，則所是者依，所非者去。感慨激憤而居下位，無其力，則探吾之是非而昌昌大言之。如此，法改胡所弊？勢積胡所重？風氣移易胡所懲？事例變遷胡所懼？中書仁內閣，麋七品之俸，於今五年，所見聞，胸弗謂是。」〔註42〕可見，在當時的政治環境下，個人即使對實事有所感慨，但迫於壓制，也只能把感慨寓於心中。

　　在對封建專制進行強烈地抨擊的同時，龔自珍也指出了造成這種狀況的原因，這就是：封建統治對於人眞實「心」的扼殺。

　　對於這種眞實的「心」，龔自珍稱之爲眞實的「我」，他認爲：「天地，人所造，眾人自造，非聖人所造。聖人也者，與眾人對立，與眾人爲無盡。眾

〔註39〕《龔自珍全集・壬癸之際胎觀第七》。
〔註40〕《龔自珍全集・乙丙之際箸議第九》。
〔註41〕《龔自珍全集・述思古子議》。
〔註42〕《龔自珍全集・上大學士書》。

人之宰,非道非極,自名曰我。」〔註43〕這雖然有一些主觀色彩,但是對於當時來講,則可以說是驚人之語,因爲在傳統的意識裏,天地是由神及聖人造就的,神和聖人是人的主宰,而現在不僅天地的造就歸結於人,而且人們所遵守的行爲準則也不再是「道」與「極」,而是人自我。更爲敬佩的是,龔自珍並沒有就此而止步,他認爲不僅天地爲人所造,而且人世間的一切都是人爲的結果:「我光造日月,我力造山川,我變造毛羽肖翹,我理造文字言語,我氣造天地,我天地又造人,我分別造倫紀。」〔註44〕這樣,人不僅是自造,而且整個世界都是爲「我」所自造。

另外,在人造世界的同時,龔自珍還認爲「世法」也是爲人所造。他認爲:「既有世已,於是乎有世法。民我性不齊,是智愚、強弱、美醜之始。民我性能記,立強記之法,是書之始。……民我性能測,立測之法,是數之始。……日月星地既可測,則立之分限,以紀人之居世者,名之曰歲。日春夏秋冬,是曆之始。民我性能分辨,立分辨之法有四,名之曰東西南北,……是方位之始。民我性善病,蓋有蟲焉,則我身病,是病之始。於是別草木之性以殺蟲,醫之始。倮人食毛羽人,不知所始。食毛羽人,亦病之始。民我性能類,故以書書其所生。又書所生之生,是之謂姓,是譜牒世系之始。一人生二子,則有長幼,則宗之始。有宗牒已,恐其亂,故部男女,是禁男女之始。佃有公、侯、伯,有土之君始。民我性不齊,夫以倮人食毛羽人,及男女不相部,名之爲惡矣;其不然者,名爲善矣,是名善惡之始。」〔註45〕這就是說,世間之所以有智愚、強弱、美醜、善惡,就是因爲人本性的不統一:因爲人的本性具有記憶能力,因此人們創造出文字以幫助記憶;因爲人有測量、分辨、善病的能力,便創造出數字、天文曆法、幾何學、方位學、醫藥學來幫助人們測量、分辨、治病;另外,又因爲人有能「類」的能力,於是乎便衍生出了宗法、禮教、政治制度及善惡之分。

因爲「我」,不僅造就了世界,而且也締造了「世法」,所以以此爲出發點,龔自珍進而批判了扼殺人性的儒家天命觀。他認爲:「儒家之言,以天爲宗,以命爲極,以事父事君爲踐履。君有父之嚴,有天之威;有可知,有弗可知,而範圍乎我之生。君之言,唐、虞謂之命,周亦謂之命;……夫天,

---

〔註43〕《龔自珍全集‧壬癸之際胎觀第一》。
〔註44〕《龔自珍全集‧壬癸之際胎觀第一》。
〔註45〕《龔自珍全集‧壬癸之際胎觀第二》。

寒、暑、風、雨、露、雷必信，則天不高矣；寒、暑、風、雨、露、雷必不信，則天又不高矣。」〔註46〕這就是說，如果認為天命完全可以預測的話，天也就失去了它的崇高，但就此就認為天命完全不能預測，則「天又不高矣」，因此來講，對於天「有可知，有弗可知，而範圍乎我之生」。〔註47〕

　　龔自珍認為對人性的壓抑，正是導致人才因埋沒而衰竭的真正原因，鑒於此，他認為要想塑造人才，必須從解放人性入手，他認為：「各因性情之近，而人才成。高者成峰陵，碎者成川流，嫻者成阡陌，幽者成蹊逕，駛者成瀧湍，險者成峒谷，平者成原陸，純者成人民，……皆天地國家之所養也，日用之所煦也，山川之所啾也」。〔註48〕人才的形成，不需要任何束縛，而需要的是扶持造就，他以梅樹做比喻：「江寧之龍蟠，蘇州之鄧尉，杭州之西溪，皆產梅。或曰：『梅以曲為美，直則無恣；以欹為美，正則無景；梅以疏為美，密則無態。固也。……有以文人畫士孤癖之隱，明告鬻梅者，斫其正，養其旁條；刪其密，夭其稚枝；鋤其直，遏其生氣，以求重價，而江浙之梅皆病。文人畫士之禍之烈至此哉！」〔註49〕對於「病梅」他認為應「療之、縱之、順之」，使之本性復原，對於「病梅」如此，對於人性也應該如此，只有這樣給人們解除一切束縛，才能使人的個性恢復到原來狀態。為此，他借喻道：「庖丁之解牛，伯牙之操琴，弈之發羽，僚之弄丸，古之所謂神技也。戒庖丁之刀曰：『多一割亦笞汝，少一割亦笞汝』；韌伯牙之弦曰：『汝今日必志於山，而勿水之思也』；矯弈之弓，捉僚之丸曰：『東顧勿西逐，西顧勿東逐』；則四子者皆病。」〔註50〕

　　對於人的個性怎樣「復之全之」，龔自珍認為應發揮主觀精神力量，而首要的一點就是要有堅強的意志、堅定的信念，「惟未逮之志，不可以假，亦不可以止。何以止之？曰臣昔死矣」〔註51〕；其次還要時刻保持自己的本性，做到「心術不欺，言語不偽」〔註52〕；最後，他還認為個人還要不斷地磨煉自己，「廉鍔非關上帝才，百年淬屬電光開」。〔註53〕

〔註46〕《龔自珍全集・尊命》。
〔註47〕《龔自珍全集・尊命》。
〔註48〕《龔自珍全集・與人箋五》。
〔註49〕《龔自珍全集・病梅館記》。
〔註50〕《龔自珍全集・明良論四》。
〔註51〕《龔自珍全集・定庵八箴・志未逮箴》。
〔註52〕《龔自珍全集・述思古子議》。
〔註53〕《龔自珍全集・己亥雜詩》。

　　除了對封建社會對於人性的壓制進行反思之外，龔自珍還對人性的本來面目進行了深入的挖掘。他以李贄的「私心」論〔註54〕為基礎，論證了人性懷私的一面。

　　龔自珍認為，「人情懷私」是古已有之，「懷私者，古人之情也」。〔註55〕對於「私」，龔自珍認為它具有普遍意義，「天有閏月，以處贏縮之度，氣盈朔虛，夏有涼風，冬有燠日，天有私也；地有畸零華離，為附庸閒田，地有私也；日月不照人床闥之內，日月有私也。聖帝哲后，明詔大號，勉勞於在原，咨嗟於在廟，史臣書之。究其所為之實，亦不過曰：庇我子孫，保我國家而已，何以不愛他人之國家，而愛其國家？何以不庇他人之子孫，而庇其子孫？且夫忠臣憂悲，孝子涕淚，寡妻守雌，……忠臣何以不忠他人之君，而忠其君？孝子何以不慈他人之親，而慈其親？寡妻貞婦何以不公此身於都市，乃私自貞私自葆也？……今日大公無私，則人耶，則禽耶？……先私而後公也。」〔註56〕這樣，他就從天、地、日、月、聖帝、哲后，推延到個人，證明了「人情懷私」的合理性。

　　由於「人性懷私」，所以龔自珍更加強調人性的解放，強調個人追求功利與欲望具有自然的合理性。這樣，龔自珍不僅從人性的角度論證了宋明理學「存天理、滅人欲」的不合理性，而且還為近代社會追求個人權利、個人自由的理論開啟了思想啟蒙的先河。

　　和龔自珍一致，魏源也深感封建末世對於人性的壓抑，為此，他竭力主張要剔除「人才之虛患」和「人心之寐患」對人性的影響。他認為當時清政府之所以在外交上節節失敗，其主要癥結就在於吏治的腐敗和士風的日下：

〔註54〕 在明末，李贄以「私」為心，否定了宋明理學所提倡的「存天理、滅人欲」，他認為「夫私者，人之心也。人必有私，而其後心乃見：若無私，則無心矣。」（《藏書·德業儒臣後論》）。在李贄看來，人類行為的動機無一不是從「私」的動機出發的，即使是聖人也同樣如此：「財之與勢，固英雄所必資，而大聖人之所必用也，何可言無。吾故曰，雖大聖人不能無勢力之心。則知勢力之心，亦吾人秉賦之自然矣。」（《明燈道古錄》，卷上）因為聖人也同樣懷「私」，所以李贄認為：「天下曷嘗有不計功謀利之人哉！若不是真實知其有益於我，可以成為之大功，則烏有正義明道為耶？」（《焚書·賈誼》）另外，他還提出高低貴賤「致一之理」，倡導平等，在倡導平等的同時，他還反對禮教「約束」，宣揚個性的自由發展。龔自珍就是在這樣的思想基礎上，提出了其「人情懷私」、「自尊其心」的人性理論。

〔註55〕 《龔自珍全集·送廣西巡撫梁公序三》。

〔註56〕 《龔自珍全集·論私》。

「凡有血氣者所宜憤悱，凡有耳目心知者所宜講畫也。去偽去飾，去畏難，去養癰，去營窟，則人心之寐患祛。其一。以實事程實功，以實功程實事，艾三年而蓄之，網臨淵而結之，毋馮河，毋畫餅，則人材之虛患祛。其二。寐患去而天曰昌，虛患去而風雷行。」〔註57〕在他的意向中，認為只要剔除這「兩患」，便能改變社會風氣，改變被動挨打的歷史現實。

　　而如何來剔除這「兩患」呢？魏源從傳統王學〔註58〕出發，認為其關鍵就在於人的主觀能動性的發揮程度如何，認為人人應有「功業之心」、「才智自雄之心」。〔註59〕他認為人才智的敏捷與遲鈍並不是一成不變的，因此來講，個人能動性的發揮，對人才智的發揮至關重要，他認為：「敏者與魯者共學，敏不獲而魯反獲之；敏者曰魯，魯者曰敏。豈天人之相易耶？曰：是天人之參也。……技可進乎道，藝可通乎神；中人可易為上智，凡夫可以祈天永命，造化自我立焉。……是故人能與造化相通，則可自造自化。」〔註60〕因為人「能與造化相通」，「可自造自化」，所以在魏源看來，只要人人能最大限度地發揮個人的主觀能動性，人就能「勝天」，並認為：「人定勝天，即可轉貴富壽為貧賤夭，則貧賤夭亦可轉為貴富壽。……祈天永命，造化自我，此造命之君子，豈天所拘者乎？」〔註61〕可見，魏源的人定勝天理論，對於宋明理學的「天理」論是一個直接地衝擊，為人們追求現實的功利提供了理論上的辯護。

　　對於人性的價值，魏源從「事與心」、「法與人」、「今與古」、「物與我」四方面加以了論述，他認為：「事必本於心。璽一也，文見於朱者千萬如一，有璽籀篆而朱鳥迹者乎？有璽籀篆而璽鳥迹者乎？然無星之秤不可以程物，故輕重生權衡，非權衡生輕重。善言心者，必有驗於事矣。法必本於人。轉五寸之轂，引重致千里；莫御之，跬步不前。然恃目巧，師意匠，般、爾不

〔註57〕 《海國圖志敘》。
〔註58〕 王學認為道德行為並不是「冥行妄作」，而是出於個體對道德行為的自覺，認為如果離開了道德實踐，不論「學問」多麼精深廣博，也不是真知：「今人學問，只因知行分作兩件，故有一念發動，雖是不善，然卻未曾行，卻不去禁止。我今說個知行合一，正要人曉得，一念發動處便即是行了，發動處有不善，就將這個不善的念克倒了，須要徹根徹底不使那一念不善潛伏在胸中。」（《王陽明全集・傳習錄下》）。
〔註59〕 《魏源集・默觚下・治篇二》。
〔註60〕 《魏源集・默觚下・治篇二》。
〔註61〕 《魏源集・默觚上・學篇八》。

能閉造而出合。善言人者，必有資於法矣。……物必本夫我。然兩物相摩而精者出焉，兩心相質而疑難形焉，兩疑相難而易簡出焉。《詩》曰：『秩秩大猷，聖人莫之，他人有心，予忖度之。』又曰：『周爰咨度，周爰咨謀。』古人不敢自恃其心也如是，古之善入夫人人之心又善出其人人之心以自恢其心也如是。切焉劘焉，委焉輸焉。善言我者，必有乘於物矣。」〔註62〕這就是說，在魏源的思想中，「我」是「物」的本原，雖然「事本於心」，但是一個人不要主觀地「自恃其心」，而必須要在憑藉外在的客觀事物和依靠別人的幫助下，充分發揮個人的主觀能動性，「善言我者，必有乘於物矣」。

對於龔自珍、魏源的人性理論，雖然從體繫上還沒有完全脫離傳統人性思想對其的影響，但是他們對人性強調的重點，則發生了根本性的改變。他們已經認識到個體人性之中的主觀能動性對於人自身發展的重要作用，因而在他們的人性論中，不再強調天理對於人性的優先性，而是強調人的主觀能動性對於人自身發展及世界改造的重大作用。正是鑒於對人性這樣的認識，龔自珍、魏源認為要想實現國家的獨立、富強，就不能再向以往那樣埋頭於「性命義理」，而應該從人本身的實際出發，追求現實的功效。

2、求樂免苦——康有為、梁啟超、嚴復的自然人性論

和龔自珍、魏源相比，康有為的人性理論不僅在體繫上有了一套完整的理論，而且在思想特色方面則具有明顯地貫通中西的色彩。

從理論的本質來講，康有為的人性論堅持的是宋代王安石、陳亮、葉適等政治哲學家所主張的自然人性論，他認為：「夫性者，受天命之自然，至順者也。不獨人有之，禽獸有之，草木亦有之。附子性熱，大黃性涼是也。若名之曰人，性必不遠，故孔子曰：『性相近也。』夫相近，則平等之謂。故有性無學，人人相等，同是食味別聲被色，無所謂小人，無所謂大人也。有性無學，則人與禽獸相等，同是視聽運動，無人禽之別也。學也者，由人為之勉強，至逆者也。……順而率性者愚，逆而強學者智，……故人所以異於人者，在勉強學問而已。夫勉強為學，務在逆乎常緯，順人之常。有耳目身體，則有聲色起居之欲，非逆不能制也；順人之常，有心思識想，則有私利險近之患，非逆不能擴也。」〔註63〕因為人性「受天命之自然」，所以對於人性的具體內容，他也主張應堅持告子的性無善無惡論，他認為：「凡論性之說，皆

〔註62〕《皇朝經世文編敘》。
〔註63〕《長興學記》。

告子是而孟子非，……天生人爲性」，「孟子『性善』之說，有爲而言；荀子
『性惡』之說，有激而發；告子『生之謂性』，自是確論，與孔子說合，……
程子、張子、朱子分性爲二，有氣質、有義理……蓋附會孟子。實則性全是
氣質，所謂義理，白氣質出，不得強分也。」〔註64〕

　　而爲何人性中存在善、惡的兩面呢？康有爲認爲有兩方面的原因：

　　其一，「禮」約束的結果。

　　對於禮，康有爲認爲它是由孔子所創：「蓋禮者孔子所立者也。如備六禮
以娶婦，當禮矣，善矣。逾東家牆而摟其處子，非禮矣，不善矣！若以爲一
者出自性，一者不出自性，爲問伏羲以儷皮制嫁娶之前，人盡元性歟？謂範
其血氣心知，以至於當然則可，謂漸復乎天命之本然，殆不可通也。」〔註65〕
而對於人性來講，「性無善惡，而生有氣質，既有毗陰毗陽之偏，即有過中失
和之害，甚者縱慾任氣，其害仁甚矣。」〔註66〕正是因爲人性有「縱慾任氣」、
「害仁」的一面，所以「縱慾太過則爭奪無厭，故立禮以持之，許其近盡而
禁其逾越，……立法律者，令眾人各得其分，各得其樂，而不相侵，此禮之
大用也。」〔註67〕

　　其二，人的後天習染。

　　雖然康有爲認爲「性只有質，無善惡」，〔註68〕但是由於後天的習染，導
致了在人性之中有善、惡之分。對於人性的善惡緣於後天的習染，他解釋道：
「人之有生，愛惡仁義是也，無所謂性情也，無所謂性情之別也。……存者
爲性，發者爲情，無所謂善惡也。後人有善惡之說，乃謂陽氣善者爲性，陰
氣有欲爲情，……夫仁之與愛，義之與惡，何異之有？今之所謂仁義者，積
人事爲之，差近於習，而非所謂性也。若夫性則仁義愛惡無別也，善者非天
理也，人事之宜也，故以仁義爲善，而別於愛惡之有惡者，非性也，習也。」
〔註69〕進而他比喻道：「善則冕裳也，織之染之練之丹黃之又複製之，冕裳成
焉，君子是也。弗練弗織、弗文弗色，中人是也。污之糞穢，裂爲繪結，小
人是也」。〔註70〕

〔註64〕《長興學記》。
〔註65〕《康有爲全集・答朱蓉生書》。
〔註66〕《論語注・顏淵第十二》。
〔註67〕《禮運注》。
〔註68〕《長興學記》。
〔註69〕湯志鈞主編・康有爲政論集〔C〕，北京：中華書局，1981：9～10。
〔註70〕湯志鈞主編・康有爲政論集〔C〕，北京：中華書局，1981：10～11。

　　因爲人性的習相遠，故而康有爲十分重視人的後天教育，認爲：「良材美質，遍地皆有，成就與否，則視學與不學」。〔註71〕另外，康有爲認爲由於後天的學習，所有人都具有在由兒童成長爲老年的過程中增進道德的能力：「一歲嬰兒，無推讓之心，見食，號欲食之；見好，啼欲玩之。長大之後，禁情割欲，勉勵爲善矣」，〔註72〕「蓋惟人人有此性，而後得同好仁而惡暴，同好文明而惡野蠻，同好進化而惡退化。……若無好懿德之性，則世界只有退化，人道將爲禽獸相吞食而立盡，豈復有今之文明乎？」〔註73〕

　　正是因爲「習」對於道德的增進具有重大的作用，所以康有爲認爲，人的德行在日臻完善的同時，必定會帶來整個社會的進步與發展，最後在大同之世中享受平等與自由。因而鑒於此，康有爲認爲社會要爲有爲之人，袪除錯誤習慣的羈絆，使其走向正路：「人之常俗，自貴相賤，人之常境，自善相高，造作論說，製成事業，與接爲构，而日惑焚而心洽就。其爲是俗，非一人也，積千萬人，積億兆人，積京陔秭壤溝人，於是黨類立矣。其爲是俗，非一時也，積日月年，積百十年，積千萬年，於是積習深矣。欲矯然易之，非至逆安能哉？故其逆彌甚者，其學愈至，其遠於人愈甚，故所貴勉強行道也。」〔註74〕

　　因爲人性相近，並且又無善惡、貴賤之分，所以康有爲進而認爲人與人之間也應是平等的，「天生之人，並皆平等，故孔子謂『四海之內皆兄弟也』」。〔註75〕但是，有必要指出的是，康有爲所謂的這種「平等」，並非要倡導人人平等，他的「平等」觀念實質是要爲新興資產階級謀求政治上的領導地位、與地主階級建立聯合政權提供輿論準備。

　　由于堅持人性自然，所以隨著西學東漸的繼續深入，康有爲便自然地接受了西方功利主義人性理論，認爲人生中的苦、樂、愛、欲等情感因素也是人性所不可或缺的一部分。

　　爲什麼這樣說呢？康有爲在宋代「載氣說」〔註76〕的基礎上，認爲人人

〔註71〕　《論語注・學而》。
〔註72〕　《孟子微・性命》。
〔註73〕　《孟子微・性命》。
〔註74〕　《長興學記・學記》。
〔註75〕　《日本變政考・卷五》。
〔註76〕　「載氣說」是宋代政治哲學家張載的主要哲學觀點。他認爲：「一物兩體，氣也」；（《張子正蒙・參兩篇》）。「神，天德；化，天道。德，其體，道，其用，一於氣而已」；（《張子正蒙・神化篇》）。「凡可狀，皆有也，凡有皆象也，凡

皆是由陰陽二氣所生成，所以人人都喜愛與感覺和諧者，厭惡不和諧者，因
此來講，像喜、惡、愛、欲等情感都應自然而然地存在於人的本性之中。

　　首先，他認為「人生而有欲，天之性哉」。〔註77〕接著，他從「載氣說」
出發，認為：「人稟陰陽之氣而生也，能食味則聲被色，質爲之也。於其質宜
者則愛之，其質不宜者則惡之。兒之於乳已然也，見火則樂，暗則不樂，兒
之目已然也。故人之生也，惟有愛惡而已。」〔註78〕因爲「人之生也，惟有
愛惡而已」，所以康有爲認爲所有與這二者相聯繫的屬性，如仁、義、情、欲
等，都應自然地包含於愛、惡之質中，並由愛、惡之質體現出來，「欲者愛之
征也，喜者愛之至也，樂者又其極至也，哀者愛之極至而不得，即所謂仁也，
皆陽氣之發也。怒者惡之征也，懼者惡之極至而不得，即所謂義也，皆陰氣
之發也。」〔註79〕

　　因爲人的「情慾」是人性的組成部分，所以對於宋明理學「存天理，滅
人欲」的說教，康有爲便提出了異議。他認爲：「凡爲血氣之倫必有欲，有
欲則莫不縱之，若無欲則惟死耳」，〔註80〕即使是佛與聖人雖然能節制，但
也不能不享樂，「最無欲者佛，縱其保守靈魂之欲，最無欲者聖人，縱其仁
義之欲。」〔註81〕另外，康有爲認爲「理」並非「天理」，而是由人人爲設
定的，相比於「理」，「欲」才是天賦的，「夫有人形而後有智，有智而後有
理。理者，人之所立。……故理者，人理也。……嬰兒無知已有欲焉，無與
人事也。故欲者，天也。程子謂天理是體認出，此不知道之言也，蓋天欲而
人理也」，〔註82〕因此來講，宋代理學家所倡導的「存天理，滅人欲」是毫
無理論依據的，故而康有爲認爲：「宋儒言理最深，然深之至，則入於佛，

象皆氣也。」（《張子正蒙·乾稱篇》）。張載在繼承發展中國樸素唯物論的基
礎上，把「氣」作爲物質性實體，認爲一切事物都包含著矛盾的兩面，正是
由於這兩面神妙不測的能動本性，造成了世界上各種運動與變化，而所有這
些，都是由「氣」的作用造就的，世界的萬物，包括有形象可見的萬物和無
形象可見的虛空，都是由「氣」構成的，也就是說，「氣」是宇宙間一切事物
的主宰。

〔註77〕康有爲·大同書〔M〕，北京：華夏出版社，2002：55。
〔註78〕湯志鈞主編·康有爲政論集〔C〕，北京：中華書局，1981：9。
〔註79〕湯志鈞主編·康有爲政論集〔C〕，北京：中華書局，1981：9。
〔註80〕湯志鈞主編·康有爲政論集〔C〕，北京：中華書局，1981：14。
〔註81〕湯志鈞主編·康有爲政論集〔C〕，北京：中華書局，1981：14。
〔註82〕《康子內外篇·理氣篇》。

絕欲則遠人也」,〔註83〕「後世儒者,不明大道之統,禮樂之原,根佛氏苦行之義,蹈墨學太觳之風,王者因以束縛士人。於是高談理氣,溢為考據,而宮室、飲食、衣服、疾病之故,所以保身體,至中和,養神明,以為鄙事,置不講。儒惟以敝車羸馬,陋室蔬食自高,而異道發引之,說富貴縱奢欲之尤,皆無關至道。自唐以後,城市敝陋,宮室塵湫,道路不治,穢惡易觀,疫疾相踵,民不得安其生命,長其壽年,豈止陋邦番俗之風,亦非養民之議矣。蓋以佛氏養魂而棄身,故絕酒肉,斷肢體,以苦行為道。……宋儒皆由佛出,故其道薄欲樂,苦身體為多,故多樂養生之道廢。」〔註84〕

因為「欲」才是天之所賦,所以追求快樂幸福即是人的本性,「故普天之下,有生之徒,皆以求樂免苦而已,無他道矣。其有迂其途,假其道,曲折以赴,行苦而不厭者,亦以求樂而已。」〔註85〕故而,康有為認為一切事物及行為均應以是否滿足人們的「求樂免苦」為判斷標準:「令人有樂而無苦,善之善者也,能令人樂多苦少,善而未盡善者也;令人苦多樂少,不善者也」,〔註86〕「是非善惡皆由人生,公理亦由人定。我儀圖之,凡有害於人者為非,無害與人者則為是」。〔註87〕

另外,康有為還認為這種「求樂免苦」的本性是與社會發展是同步的,「當生民之初,以饑為苦,則求草木之實、鳥獸之肉以果腹焉,不得肉實則憂,得而食之飽之飫之則樂;以風、雨、霧、露之犯肌體為苦,則披草樹,織麻葛以蔽焉,不得則憂,得而服之則樂;以蟲、蛇、猛獸為苦,則橧巢、土窟以避之,不得則憂,得而居之則樂」。〔註88〕後來,隨著人自身的進一步完善、社會進一步的前進,於是乎人的「求樂免苦」的本性也隨之有了新的發展,「食則為之烹飪、炮炙、調和則益樂;服則為之衣絲、加彩、五色、文章、衣裳、冠履則益樂;居則為之堂室、樓閣、園囿、亭沼、雕牆、畫棟雜以花鳥則益樂,欲則為之美男、妙女、粉白、黛綠、薰香、刮鬢、霓裳、羽衣、清歌、妙舞則益樂。益樂者,與人之神魂體魄尤適尤宜,發揚、開解、歡欣、快暢者也。其不得是樂者則以為苦,神結體傷,鬱鬱不揚者。其樂之

〔註83〕《萬木草堂口說》。
〔註84〕《日本書目誌》。
〔註85〕康有為·大同書〔M〕,北京:華夏出版社,2002:10。
〔註86〕康有為·大同書〔M〕,北京:華夏出版社,2002:11。
〔註87〕康有為·大同書〔M〕,北京:華夏出版社,2002:331。
〔註88〕康有為·大同書〔M〕,北京:華夏出版社,2002:343。

益進無量，其苦之益覺亦無量，二者交覺而日益思爲求樂免苦之計，是爲進化。」〔註89〕

因爲「求樂去苦」是人的本性，所以對於人性而言，一切社會及政治制度都是限制人們欲望的因素，而對於當時的中國來講，康有爲認爲衰敗的封建制度更是人們「求樂去苦」的障礙：「中國之俗，尊君卑臣，重男輕女，崇良抑賤，所謂義也。……習俗既定以爲義理，至於今日，臣下跪服畏威而不敢言，婦人卑抑不學而無所識。臣婦之道，抑之極矣，此恐非義理之至也，亦風氣使然耳。物理抑之甚者必伸，吾謂百年之後必變三者，君不尊，臣不卑，男女輕重同，良賤齊一。」〔註90〕對於此，康有爲批評道：「一切政教，無非力求樂利生人之事。故化之進與退，治之文與野，所以別異皆在苦樂而已。其令民樂利者，化必進，治必文；其令民苦怨者，化必退，治必野。此天下之公言，言已驗之公理也。」〔註91〕

另外，以這種「求樂免苦」的人性論爲基礎的，康有爲分析了現實社會中倫理道德的價值。他認爲一切道德「皆以爲人謀免苦樂之具而已矣，無他道也」，〔註92〕「父子、夫婦、兄弟之相親、相愛、相收、相恤者……人之所樂也」，爲滿足人的這種情慾，聖人「因人之所樂，順人事之自然，乃爲家法以綱紀之，曰『父慈、子孝、兄友、弟敬、夫義、婦順』……其術不過爲人增益其樂而已」，爲「保全人家室財產之樂……而爲之立國土、部落、君臣、政治之法，其術不過爲人免其苦而已。」〔註93〕這樣，在康有爲這裏，道德便不再是人們生活的目的，而是成了實現人欲的手段。

因爲人性自然，「求樂免苦」是人生的目的，所以在康有爲的思想中，爲政之道首要的一點就是要滿足人的天性，「聖人之爲道，亦但因民性之所利而利導之，因孔竅尤精，聖人所以不廢聲色，可謂以人治之也」。〔註94〕

但是，有必要說明的是，康有爲的自然人性論並不是總是堅守如一的，在他中年以後，在禪學的影響下，他的人性理論又站在了孟子的一邊：「人之靈明包含萬有，山河大地全顯於法身。世界微塵，皆生滅於性海，……但常

〔註89〕康有爲・大同書〔M〕，北京：華夏出版社，2002：343。
〔註90〕《康子內外篇・人我篇》。
〔註91〕康有爲・大同書〔M〕，北京：華夏出版社，2002：193。
〔註92〕康有爲・大同書〔M〕，北京：華夏出版社，2002：343。
〔註93〕康有爲・大同書〔M〕，北京：華夏出版社，2002：9～10。
〔註94〕《春秋董氏學》。

人不識自性，不能自信、自證、自得。捨卻自家無盡藏，沿門托缽，效貧兒耳。如信得自性，毫無疑惑，則一念證聖，不假修行自在……禪者，養其靈魂，秘為自得，後儒不知，斥為異氏之說，豈知孟子特發秘密之藏，神明之秒，以告天下學子……今特發明之，以恢復舊地，與天下有性善種者，共證此樂焉。」〔註95〕不僅如此，通過其徒梁啟超對其思想的概述，也可見一斑，梁啟超曾講：「先生之倫理，以仁學為唯一之宗旨。以為世界之所以立，眾生之所以生，國家之所以存，禮義之所以起，無一不本於仁，苟無愛力，則乾坤應時而滅矣。……人而不相知，不相愛，則謂之不仁，與一體之麻木者等。苟仁矣，則仁矣，則由一體可以為團體，由團體可以為大團體，由大團體可以為更大團體。……先生之論政、論學，皆發於不忍人之心。……其哲學之大本，蓋在於是。」〔註96〕

　　然而，雖然康有為的人性理論有向傳統回歸的趨向，但是從理論的整體來講，康有為對人性自然的探求，不僅豐富了我國傳統的人性理論，而且更為重要的是：它體現了近代資產階級反對封建禮教、追求個人獨立、國家富強的功利主義傾向。

　　和其師康有為一致，梁啟超的人性論也是建立在人的「求樂免苦」的本性之上。他根據西方功利主義政治哲學家，特別是根據邊沁與密爾的理論，提出了自己的人性理論。他認為「人既生而有求樂求利之性質，則雖極力克之窒之，終不可得避」，〔註97〕因此，他反對「窒欲主義者」，認為他們的目的就是「使人去樂就苦」。〔註98〕

　　針對當時思想界的現狀，梁啟超指出：「近百年來於社會上最有力之一語，曰：『最大多數人之最大幸福』。其影響於一切學理，殆與『物競天擇優勝劣敗』之語，同一價值。自此語出，而政治學、生計學、倫理學、群學、法律學，無不生一大變革」，通過考察，他認為：「此語之出現於世界，實自邊沁始」。〔註99〕他肯定邊沁的理論，認為：「人生一切行宜，其善惡標準，於何定乎？曰使人增長其幸福者，謂之善；使人減障其幸福者，謂之惡，此

〔註95〕《孟子微・性命》。
〔註96〕《飲冰室合集・文集之六・南海康先生傳》。
〔註97〕《飲冰室合集・文集之十三・樂利主義泰斗邊沁之學說》。
〔註98〕《飲冰室合集・文集之十三・樂利主義泰斗邊沁之學說》。
〔註99〕《飲冰室合集・文集之十三・樂利主義泰斗邊沁之學說》。

主義放諸四海而皆準，俟諸百世而不惑。」〔註100〕

　　但是，對於邊沁的理論，梁啓超則並沒有完全贊同，特別是對於邊沁對快樂、痛苦的分類〔註101〕和計算〔註102〕，梁啓超予以了否定。他認爲邊沁的理論只是注重「量而不注性質」，故而他主張應採用穆勒（即：密爾）的劃分方法——「以肉欲之樂爲下等，以智德之樂爲高等者也」，除注重量的劃分外，還應注意質的區別，爲此他解釋道：「人類有高等性，Spiritual Life與尋常動物不同。故於普通快樂之外，常有所謂特別高尚之快樂者。此二者或不可得兼，則毋寧捨其普通者，以求其高尚者」，「凡高等之樂，其量必大，下等之樂，其量必小故。夫樂之最下等者，聲色貨利是也。……樂之最高尚者，莫如佛說華嚴。」〔註103〕另外，他還認爲快樂、痛苦是依人的智力不同而有所不同的：「人之智度不同，則其所覺爲苦樂者，亦自不同」，「故夫婆羅門之苦行，爲涅槃之樂也；佛教之苦行，爲淨土之樂也；耶教之苦行，爲天國之樂也，彼且視此土爲五濁惡世。尋常人所耽肉體之樂，彼以爲天下之至苦莫過是也。夫人見豚犬之食穢也，輒欲作嘔，庸詎知所謂至人者，不有見吾人聲色貨利之快樂，而欲作嘔者乎？」〔註104〕

　　因爲「求樂免苦」是人的本性，所以在對待個人與群體的關係上，梁啓超雖然強調「利群」，但是從思想的整體來講，他認爲人之所以要「利群」，

〔註100〕《飲冰室合集・文集之十三・樂利主義泰斗邊沁之學說》。

〔註101〕邊沁認爲：「於樂有十四：（一）感覺之樂；（二）富財之樂；（三）技巧之樂；（四）友交之樂；（五）令名之樂；（六）權力之樂；（七）信仰之樂；（八）慈惠之樂；（九）惡意之樂；（十）記憶之樂；（十一）想像之樂；（十二）豫期之樂；（十三）聯想之樂；（十四）救拯之樂。於苦有十二：（一）缺亡之苦；（二）感覺之苦；（三）拙劣之苦；（四）仇敵之苦；（五）惡名之苦；（六）信仰之苦；（七）慈惠之苦；（八）惡意之苦；（九）記憶之苦；（十）想像之苦；（十一）豫期之苦；（十二）聯想之苦。」（《飲冰室文集之十三・樂利主義泰斗邊沁之學說》）。

〔註102〕邊沁認爲：「苦樂計量之法，謂苦樂之量有大小，取大樂去小樂者，謂之善，取小樂去大樂者謂之惡。其計算之法：（1）較苦樂之強弱；（2）較苦樂之長短；（3）較苦樂之確否；（4）較苦樂之遠近，……；（5）較苦樂之增減，……；（6）較苦樂之純駁，……；（7）較苦樂之廣狹，……。夫兩樂相權，則取其重；兩苦相權，則取其輕，……其樂余苦者，則名爲善；其苦余樂者，則名爲惡，然後一切行宜之眞價值乃出焉。」（《飲冰室文集之十三・樂利主義泰斗邊沁之學說》）。

〔註103〕《飲冰室合集・文集之十三・樂利主義泰斗邊沁之學說》。

〔註104〕《飲冰室合集・文集之十三・樂利主義泰斗邊沁之學說》。

關鍵是「利群」能夠達到「利己」的目的。

在梁啟超的意向中,「利己」同樣是人的本性,和「求樂免苦」一樣,不應受到任何責難。他追述歷史,認為:「為我也,利己也,私也,中國古義以為惡德者也。是果惡德乎?曰:惡,是何言!天下之道德法律,未有不自利己而立者也。對於禽獸而倡自貴知類之義,則利己而已,而人類之所以能主宰世界者賴是焉;對於他族而倡愛國保種之義,則利己而已,而國民之所以能進步繁榮者賴是焉。故人而無利己之思想者,則必自放棄其權利,弛擲其責任,不終至於無以自立。」〔註 105〕他又以進化論為基礎,進一步論證道:「芸芸萬類,平等競存於天演界中,其能利己者必優而勝,其不能利己者必劣而敗,此實有生之公例矣。西語曰:『天助自助者』。故生人之大患,莫甚於不自助而望人之助我,不自利而欲人利我。夫既謂人矣,則安有肯助我而利我者乎?又安有能助我而利我者乎?」〔註 106〕故而,梁啟超認為先秦楊朱所闡發的「人人不拔一毫,人人不利天下,天下治」,是「實有足以助人群之發達,進國民之文明者。」〔註 107〕

但是有一點需要強調的是,雖然梁啟超認為在「求樂免苦」的大前提下,追求利己的行為無可厚非,但是梁啟超並不是在倡導一種絕對利己主義,因而當有人問其:「然則愛他人之義可以吐棄乎?」梁啟超回答則十分堅決:「是不然。利己心與愛他心,一而非二者也。……凡人不能以一身而獨立於世界也,於是乎有群。其處於一群之中,而與儔侶共營生存也,勢不能獨享利益,而不顧儔侶之有害否;苟或爾爾,則己之利未見而害先睹矣。」〔註 108〕這就是說,利己與愛他並不是彼此對立而存在的,而是聯繫在一起,雖然人性利己,但是只有在利他的情況下,自己利己的行為結果才可能實現,「故善能利己者,必先利其群,而後己之利亦從而進焉。以一家論,則我之家興,我必蒙其福,我之家替,我必受其禍;以一國論,則國之強也,生長於其國者罔不強,國之亡也,生長於其國者罔不亡。故真能愛己者,不得不推此心以愛家、愛國,不得不推此心以愛人、愛國人,於是乎愛他之義生焉」,因此來講:「凡所以愛他者,亦為我而已。……充愛他之量,自然能收利己

〔註105〕《飲冰室合集·文集之五·十種德性相反相成義》。
〔註106〕《飲冰室合集·文集之五·十種德性相反相成義》。
〔註107〕《飲冰室合集·文集之五·十種德性相反相成義》。
〔註108〕《飲冰室合集·文集之五·十種德性相反相成義》。

之效。」〔註109〕

　　可見，梁啓超之所以要強調人人有「求樂免苦」、「利己」的本性，就是要以此爲基點，來喚醒民眾的思想意識，由己推人，由愛自己而引發出愛家、愛國，從而實現國家獨立、富強的功利主義效果。

　　除了康有爲、梁啓超外，這一時期另外一個重要的政治哲學家——嚴復也對人性「背苦向樂」的特點，予以了充分地肯定。

　　對於中國傳統人性論，嚴復認爲：「荀子性惡而善偽之語，誠爲過當，不知其善，安知其惡耶？至以善爲偽，彼非眞偽之偽，蓋謂人爲以別於性者而已。後儒攻之，失荀旨矣。」〔註110〕這表明，在嚴復的思想意識中，善與惡是同時相對立而存在的，沒有善也就無從言惡。由此，嚴復認爲善惡並非先驗地存在於人的本性之中，而是由於後天的習得，他指出：「謂世間不能有善無惡，有樂無憂，二語亦無以易。蓋善樂皆對待意境，以有惡憂而後見，使無後二，則前二亦不可見。」〔註111〕

　　善惡既然是人後天形成的，那麼善惡的區分標準是什麼呢？嚴復指出：「耶穌降生二千年時，世界如何？雖至武斷人，不敢率道也。顧其事有可逆知者：世變無論如何，終當背苦而向樂。」〔註112〕「夫背苦而向樂者，人情之大常也，好善而惡惡者，人性所同具也。」〔註113〕而對於善惡與苦樂孰爲根本，嚴復認爲應以苦樂爲根本，也就是說，苦樂是區分善惡的根本標誌：「有扣於復者曰：人道以苦樂爲究竟乎？以善惡爲究竟乎？應之曰：以苦樂爲究竟，而善惡則以苦樂之廣狹爲分，樂者爲善，苦者爲惡，苦樂者所視以定善惡者也。」〔註114〕

　　因爲人的本性是背苦向樂的，所以他認爲孟子、董仲舒以及宋代理學家們的義利觀是完全錯誤的，他指出：「生學之理，捨自營無以爲存。但民智既開之後，則知非明道則無以計功，非正誼，則無以謀利，功利何足病？問所以致之之道何如耳。故西人謂此爲開明自營，開明自營，於道義必不背也。」

〔註109〕《飲冰室合集·文集之五·十種德性相反相成義》。
〔註110〕《天演論·群治按語》。
〔註111〕《天演論·新反按語》。
〔註112〕《天演論·進微按語》。
〔註113〕《政治講義·自序》。
〔註114〕《天演論·新反按語》。

〔註115〕這樣，嚴復就完成了其由人性作爲邏輯起點來建構自己功利主義理論的過程。

3、國民要以人格救國 —— 孫中山的人性理論

對於人性理論，孫中山在其所遺留的著作中，雖然著墨不多，但是從人性理論在整個思想中所佔的比重來講，則是不能低估的，因爲正是它喚醒了國民的求強意識，指引了中國近代歷史的航向。

孫中山認爲：「人類的天職，……最重要的，就是要令人群社會，天天進步」，而如何來達到這一目標呢？孫中山認爲：「要人類天天進步的方法，當然是在合大家力量，用一種宗旨，互相勉勵，彼此身體力行，造成頂好的人格」。〔註116〕但是從人類「草昧初開」到現在，雖然歷經數千年，而爲什麼仍然沒有達到「頂好的人格」塑造呢？孫中山講：「就人類的來源講，基督教說世界人類是上帝六日造成的。近來科學中的進化論家說，人類是由極單簡的動物，慢慢變成複雜的動物，以至於猩猩，更進而成人。由動物變到人類，至今還不甚久，所以人的本源便是動物，所賦的天性，便有多少動物性質。換一句話說，就是人本來是獸，所以帶有多少獸性，人性很少，我們要人類進步，是在造就高尙人格。要人類有高尙人格，就在減少獸性，增多人性。沒有獸性，自然不至於作惡，完全是人性，自然道德高尙；道德既高尙，所做的事情，當然是向軌道而行，日日求進步，所謂『人爲萬物之靈』。」〔註117〕這就是說，人類進步的過程，就是逐漸減少獸性，增加人性的過程。人世間之所以有善惡的劃分，就在於人不僅具有著人性，而且還兼有著獸性，人性是善之源，而獸性則是惡之源。在孫中山看來，人格的高尙與否，就在於是否能「減少獸性，增多人性」。

通過獸性與人性的對比，孫中山認爲人性的原則是互助，而獸性的原則則是競爭。孫中山認爲：「人類初出之時，亦與禽獸無異。再經幾許萬年之進化，而始長成人性，而人類之進化，於是乎起源。此期之進化原則，則與物種之進化原則不同。物種以競爭爲原則，人類則以互助爲原則」，因而所謂人性的發展，一方面就是互助原則的發展，另一方面則是「由天演而人爲」。〔註118〕而

〔註115〕《天演論‧群治按語》。
〔註116〕《孫中山全集‧在廣州全國青年聯合會的演說（一九二三年十月二十一日）》。
〔註117〕《孫中山全集‧在廣州全國青年聯合會的演說（一九二三年十月二十一日）》。
〔註118〕《孫中山全集‧孫文學說》。

在「人爲」的原則上，他認爲在當今的歷史環境中，是互助促成了「人爲」，鑒於此，他認爲：「社會國家者，互助之體也；道德仁義者，互助之用也。人類順此原則則昌，不順此原則死亡。此原則行之於人類已數十萬年矣。然而人類今日猶末能盡守此原則者，則以人類本從物種而來，其入於第三期之進化爲時尚淺，而一切物種遺傳之性尙未能悉行化除也。然而人類自入文明之後，則天性所趨，已莫之爲而爲，莫之致而致，向於互助之原則，以求達人類之目的矣……乃至達爾文發明物種進化之物競天擇後，而學者多以仁義道德皆屬虛無，而爭競生存乃爲實際，幾欲以物種之原則而施之於人類進化，而不知此人類已過之階級，而人類今日之進化已超出物種原則之上矣。」〔註119〕

另外，孫中山還認爲人性與獸性的對立，就是利人與利己的對立，他認爲：「我們可以把人類兩種思想來對比，便可以明白了。人類的思想，可說一種是利己的，一種是利人的。重於利己的人，每每出於害人，也有所不惜。由於這種思想發達，於是有聰明才力的人，就專用彼之才能去奪取人家之利益，漸漸積成專制的階級，生出政治上的不平等了。……重於利人的人，只要是於人家有益的事，每每至於犧牲自己亦樂爲之。這種思想發達，於是有聰明才力的人，就專用彼之才能，以謀求他人的幸福，漸漸積成博愛的宗教和諸慈善事業」，所以「人人應該以服務爲目的，不當以奪取爲目的。聰明才力愈大的人，當盡其能力而服千萬人之務，造千萬人之福。聰明才力略小的人，當盡其所能力以服十百人之務，造十百人之福。」〔註120〕另外，他還指出：「古時極有聰明能幹的人，多是用他的聰明能力，去欺負無聰明能力的人。所以由此便造成專制和各種不平等的階級。現在文明進化的人類，覺悟起來，發生一種新道德。這種新道德就是有聰明能力的人，應該要替眾人服務。這種替眾人來服務的新道德，就是世界上道德的新潮流。」〔註121〕這表明在孫中山的意識中，他之所以強調以人性代替獸性，就是出於以「利人」代替「利己」，從而在互助原則的支配下，實現「以奪取爲目的」的人生觀向「以服務爲目的」的人生觀的過渡。

因爲認爲「以服務爲目的」的人生觀是「世界上道德的新潮流」，所以他指出：「天之生人，雖然有聰明才力的不平等，但是人心必欲使之平等，這是

〔註119〕《孫中山全集·孫文學說》。
〔註120〕《三民主義·民權主義第三講》。
〔註121〕《孫中山全集·在嶺南大學黃花崗紀念會的演說（一九二四年五月二日）》。

道德上的最高目的。」〔註122〕而如何實現這一最高目的呢？孫中山最後在遺囑中寫道：「余致力國民革命，凡四十年，其目的在求中國之自由平等。積四十年之經驗，深知欲達到此目的，必須喚起民眾，及聯合世界上以平等待我之民族，共同奮鬥。」〔註123〕

這樣，從「減少獸性，增多人性」，到建立「以服務為目的」的人生觀，再到爭取自由平等，實現「道德上的最高目的」，孫中山最終回答了「中國向何處去」——這一困擾近代國人已久的大問題，雖然在對這一問題的回答中，孫中山沒有從歷史唯物主義的高度，科學地回答這一問題，但是在當時的情況下，能作出這樣的論斷也是很值得尊敬的，因為正是他的認識才使得中國的革命從先前的被動革命上陞到了自覺的革命，從而吹響了：「傾覆滿洲專制政府，鞏固中華民國，圖謀民生幸福」〔註124〕的時代號角。

二、功利主義反思的價值意義

從傳統中的「性善」、「性惡」，到「性三品」、「性二元」，再到「人性解放」、「人性自然」，中國政治哲學家完成了人性從抽象到通俗的轉變過程。在這個過程中，近代人性問題改變了先前抽象的理論模式，而成為了深入生活、深入實際、為常人所感知的理論狀態。這種轉變，雖然從學理的角度來看，降低了自己的理論深度（為什麼這樣說呢？我們知道，對於任何一種理論來講，它離社會生活越近，就越不能不受現實生活所牽制，因為過多地受到現實生活的牽制，它就不可能再做到不偏不倚、沒有成見地說明與解析所接觸的實際問題，所以從這種層面上來講，其理論的唯一性便會往往大打折扣，進而降低了自己的理論深度。），但是，如果從被感知的程度來看，這種轉變則更容易使人感知與接受。因而從這種意義上講，自然人性論之所以在近代為許多的人所接受，其關鍵就在此。

我們知道，對於中國而言，如果從文化上來講，中國不啻為一個文化大國。單從遺留下來的文化典籍上看，不論是先秦儒學、漢代經學、魏晉玄學，還是宋明理學，都可以說是鴻儒碩學、博大精深。但是，如果從另一層面上看，情形則並非如此。而這個層面就是人們在大眾生活、情感行為、風俗習

〔註122〕《三民主義·民權主義第三講》。
〔註123〕《孫中山全集·遺囑》。
〔註124〕《孫中山全集·大總統誓詞》。

慣等中所揭示的文化意識，關於這一點，不僅中國古代如此，而且在中國近代其情形更是這樣，對於此，梁啓超曾有過這樣的感慨：「今日中國學界已陷於『歷史飢餓』之狀況，吾儕不容不亟圖救濟。歷史上各部分之真相未明，則全部分之真相亦終不得見。」〔註125〕從這點可以看出，近代人性理論的這種由繁入簡、由抽象到通俗，正是體現出人們要在人們日常所能及的事物中，去體認人自身、揭示現實政治問題真諦的願望。

另外，從目的論的角度來講，近代政治哲學家之所以撥開圍繞在人性周圍的神秘面紗，展現人性的自然因素，其目的就是要使人們從傳統的學風中走出來，積極地面向生活、面向世界，以自然人性為基點，去重新認識人自身，以求在對人自身屬性正確認識的過程中，探求解決實際政治問題的良方。

對於中國傳統文化來講，雖然博大精深，但是如果從文化的包容性來看，中國傳統文化比起西方文化顯然要遜色得多，這種對異域文化的排斥，在清代表現得更為突出。在清代，統治者出於統治的需要，一方面推崇程朱理學，把朱熹尊為聖賢；一方面則大興文字獄，實行文化高壓。就是在這種學術導向和思想專制的擠壓下，當時學界的士人，不是埋頭於科舉，就是潛心於漢宋之學，人們放棄對真才實學的追求，而以追求聲名、投機鑽營為能事，造成「道德廢，功業薄，氣節喪，文章衰，禮義廉恥何物乎？不得而知。」〔註126〕

正是在這樣的情勢下，在鴉片戰爭後，為了喚起人心，使人們從脫離實際的學術中擡起頭來，龔自珍、魏源大膽地提出了人性自然、人性解放理論學說，開創了中國近代「經世致用」的一代學風。在他們的影響下，一些有識之士開始面向西方，從對西方的瞭解、學習中，來尋求治國救世之策。

而如何順利地實現向西方學習，來謀求自身的獨立、富強呢？近代政治哲學家們認為首先就要從剔除對人性的思想束縛入手，而對當時而言，最大的思想束縛無疑就是來自為皇權所推崇的程朱理學。

對於程朱理學來講，其學理價值可以說在當時是沒有任何一種學說所能比擬的，因為只有在程朱理學這裏，中國傳統的政治哲學才真正上陞到了形而上學的哲學高度，政治哲學家們從此不再光以現實作為解決政治問題的突破口，而是上陞到了哲學的高度，從形而上的視角來探究人類社會政治生活

〔註125〕《飲冰室合集・專集之七十三・中國歷史研究法・史之改造》。
〔註126〕《東溪文集・師說上》。

所依據的普遍道德原則。這種普遍道德原則，換句話來講，就是現實社會政治發生所依賴的終極原因。

　　而普遍道德原則或終極原因究竟是什麼？程朱理學認為是天理。而如何才能獲得天理呢？程朱認為要「滅人欲」。顯然，在程朱眼中，天理與人欲是彼此對立的：「人心，私欲也，危而不安，道心，天理也，微而難得。惟其如是，所以貴於精一也。精之一之，然後能執其中，中者極至之謂也。」〔註127〕正因為二者是對立的，所以由於欲望的存在，人們就無法使自己與天理達成一致：「明，明之也，明德者，人之所得乎天而虛靈不昧，以具眾理，而應事者也。但為氣稟所拘，人欲所蔽，則有時而昏，然其本體之明，則有未嘗息者。」〔註128〕正是鑒於此，程朱主張人要剋制自己的欲望，在主觀上與天理達成一致，簡單地講就是：「存天理，滅人欲」。但是這裏需要澄清的是，在程朱的世界中，「人欲」並不是指人的所有欲望，而是有所界定的，用朱熹本人的話來講就是：「飲食者，天理也，要求美味，人欲也」。〔註129〕可見，朱熹所謂的人欲，只是指超出人生存需要的那些部分，「滅人欲」，也就是要消除這些超出的部分，因而從現代意義上講，程朱理學並不是所謂的「禁欲主義」，而是在告訴世人：「如果人們只是從欲望出發來確定自己的行動原則，就必然會導致公共的道德法則的破壞。」〔註130〕

　　雖然程朱理學的思想主旨很明確，但是卻未能被後世所理解。特別是當它從普通的思想學說，上陞到國家的意識形態之後，其思想主旨不但沒有被理解，反而曲解成了禁錮人們思想、殘害人們心靈的思想枷鎖。對於此，假如說真有靈魂的話，那麼在另一個世界中生活著的程朱，必然會對後世對其學說的錯誤理解，討個說法的。

　　正是由於後世人們對程朱理學的錯誤理解與運用，才導致了程朱理學在表面上的禁欲主義傾向。而如何突破為「程朱理學」所設下的「禁欲圍障」呢？近代維新派領袖康有為、梁啟超便發揮了宋代功利主義政治哲學家的自然人性理論，從西方天賦人權的角度，論證了「欲望」在人性當中的天然合理地位，從而以此為理論基點，提出了「求樂免苦」的自然人性論。這種理

〔註127〕《河南程氏粹言》，卷二。
〔註128〕《四書章句集注‧中庸集注》。
〔註129〕《朱子語類》，卷十三。
〔註130〕孫曉春‧中國政治哲學史論〔M〕，長春：吉林人民出版社，2002：231。

論的提出，不僅意味著人欲存在具有著天然的合理性，而且也意味著人們爲實現這些欲望所採取的功利行爲也是無可厚非的。

　　這樣從「人性自然」、「人性解放」，最後到人性的「背苦去樂」，近代政治哲學家們從天賦人權的角度，建構了自己充滿功利主義色彩的人性理論。這種人性理論，雖然缺失了自己應有的理論深度，但是卻爲整個中國近代政治哲學的功利主義色彩的具備，奠定了理論基礎。

第三章　體與用：功利主義與中國近代道器觀

　　在中國政治哲學上，「體」與「用」是一對重要的哲學範疇。它起源於中國傳統的道器觀，後來經過演變，逐漸演變成爲區分中國傳統文自身理論歸屬的內在標準。如果以這種標準來對中國傳統文化進行衡量的話，那麼凡是被列入「體」的文化，均是屬於形而上的範疇，即：「道文化」；而凡是被列入「用」的文化，則均屬於形而下的範疇，即：「器文化」。這一衡量標準，可以說，從隋唐時期一直延續到了中國近代。

　　在中國近代，這一對本土文化進行品分的內部標準，隨著西學東漸的逐漸深入，又產生了新的變化，逐漸演變成了中學與西學的區分標準。在當時人看來，中學是體文化、道文化，而西學則是用文化、器文化，即：「形而上者中國也，以道勝；形而下者西人也，以器勝」，〔註 1〕「蓋中國所尙者，道爲重，而西人所精者，器爲多。然道之中，未嘗無器，器之至者，亦通乎道。設令炎帝、軒轅復生於今世，其不能不從事於舟車、槍炮、機器者，自然之勢也。」〔註 2〕由於「體與道」是形而上的範疇，而「用與器」是形而下的範疇，並且在傳統觀念中，「用與器」派生於「體與道」，所以在當時的國人眼中，中學便是根本，而西學則是中學的輔助。正是因爲這種判斷的存在，所以當時國人對於西學的普遍心態，就是想用西學來塡補中學、修繕中學，從而獲得一個更加強大的中學，「今誠取西人器數之學，以衞吾堯、舜、禹、湯、

〔註 1〕 《弢園尺牘》。
〔註 2〕 《薛福成文集・文編卷二》。

文、武、周、孔之道，俾西人不敢蔑視中華。吾知堯、舜、禹、湯、文、武、周、孔復生，未始不有事乎此，而其道亦必漸被乎八荒，是乃所謂用夏變夷者也。」〔註3〕。

對於這種做法，如果簡單地看，不僅很有誘惑力，而且似乎還有一定的可行性，但是如果對於中學、西學細加分析的話，那麼得出的結論則並不是這麼簡單，這也就是為何在當時體用問題是如此地爭論不休的真正原因所在。

拿現在的眼光來看，中國近代的仁人之所以會對中西文化的關係產生這樣的錯誤認識，其主要癥結就是在於他們對於文化的審視態度，不是抱著一種公允的態度，而是持著一種功利主義的急切心態。在這種功利主義的急切心態下，近代仁人不可能坐下來，像宋儒那樣，對一種文化的本原進行仔細地品位與揣摩。由於對西方文化的本原缺乏嚴謹地考究，所以從現代的角度來看，當時的國人眼中的西學，只能是一堆沒有骨架的贅肉，拿起來鬆鬆垮垮，沒有一點支撐性。

第一節　近代中國關於體與用的論爭

為了準確把握體用問題，我們不得不先從傳統的道器觀談起，因為從理論本原上講，體用問題的源頭就是中國傳統的道器觀。

一、關於體與用的思想探源

從發生學來看，關於「道」與「器」的記載，大概《周易‧繫辭上》可以說是最早的文獻。對於道與器，《繫辭傳》的作者認為：「形而上者謂之道，形而下者謂之器」。解釋開來就是：一切無形的，諸如規律、道理和原則等都屬於「道」的範疇；而一切有形的，諸如自然的天地、動植物以及日常器械等則是屬於器的範疇。在《周易‧繫辭上》中，雖然規定了道與器的理論範疇，但是對於道與器之間的關係，《繫辭傳》的作者則沒有做深入的介紹。

後來，西晉的葛洪和唐朝的孔穎達對道、器之間的關係進行了發揮。葛洪認為：「夫玄道者，得之乎內，守之者外，用之者神，忘之者器，此思玄道之要言也。」〔註4〕孔穎達也認為：「道是無體之名，形是有質之稱。凡有從

〔註3〕《薛福成選集‧籌洋芻議‧變法》。
〔註4〕《抱朴子內篇校釋‧暢玄》。

無而生，形由道而立。是先道而後形，是道在形之上，形在道之下，故自形外已上者謂之道也，自形內而下者謂之器也。形雖處道器兩畔之際，形在器不在道也。」〔註5〕從二人對道與器的體認來看，道與器之間，基本上是：道生器；道在先，器在後。

如果說，從先秦直到唐代，道與器的哲學性還不明顯的話，那麼到了宋代，道與器真正實現了哲學化。

以程朱學派為例，他們直接把「道」理解為「天理」：「陰陽，氣也，形而下者也；所以一陰一陽者，理也，形而上者也。道即理之謂也」。〔註6〕這樣，「氣」為器，「理」為道，「理」相對於「氣」來講，無疑具有著先驗性。另外，就道器的生成關係而言，程朱學派雖然認為器生於道，但也認為「道在器中」：「愚謂道器之名雖異，然其實一物也。故曰吾道一以貫之。……愚謂道器一也，示人以器，則道在其中」。〔註7〕

對於這種道生器的觀念，清代的王夫之也表示了贊同，他認為：「天下惟器而已矣。道者器之道，器者不可謂之道之器也。無其道，則無其器，人類能言之。……無其器則無其道，人鮮能言之，而固其誠然者也。」〔註8〕

現在，我們再回過頭來研究一下體用問題。

在中國傳統政治哲學史上，「體」與「用」雖然在《廣雅·釋親》〔註9〕、《周易·繫辭上傳》〔註10〕及《方言六》〔註11〕等中分別有所出現，但二者真正作為一對範疇的出現，則是在先秦荀子的著作中。荀子講：「萬物同宇而異體，無宜而有用為人，數也。人倫並處，同求而異道，同欲而異知，生也。」〔註12〕這裏，「體」已經不再是先前單純的「四肢」、「體質」之意了，而是指萬物的形體，而「用」則是指功用、作用之意。

但是，體與用，作為一對哲學範疇的真正出現，則是在魏晉時期。當時的玄學家王弼就以體用為切入點，論證了「無」——這一哲學邏輯結構。王

〔註5〕　《周易正義》，卷七。
〔註6〕　《周子通書·誠上注》。
〔註7〕　《朱文公文集·蘇黃門老子解》。
〔註8〕　《周易外傳·繫辭上傳》。
〔註9〕　《廣雅·釋親》。認為：「體，身也。」（這裏的「體」，為四肢之意）。
〔註10〕　《周易·繫辭上傳》。認為「故神無方而易無體。」（這裏的「體」，唐代的孔穎達注疏為「體是體質之稱」）。
〔註11〕　《方言六》。認為：「用，行也。」
〔註12〕　《荀子集解·富國》。

弼認為「萬物雖貴，以無為用，不能捨無以為體也。捨無以為體，則失其為大矣，所謂失道而後德也」，〔註13〕「言無者，有之所以為利，皆賴無以為用也」。〔註14〕可見，在王弼這裏，「無」為「體」，而「有」則為「用」。

然而，這種以「無」為「體」、以「有」為「用」的做法，並沒有在以後得到廣泛地認同，如南朝的范縝就認為應以形為「體」、神為「用」：「形者神之質，神者形之用，是則形稱其質，神言其用；形之於神，不得相異」。〔註15〕在他這裏，「形」即為「質」（本體），而「神」則為「質」的「用」，這樣，體與用不僅相互依承，而且形與神也實現了相互融合：「神之於質，猶利之於刃；形之於用，猶利之於利。利之名非刃也，刃之名非利也；然而捨利無刃，捨刃無利。未聞刃沒而利存。豈容形亡神在？」〔註16〕

到隋唐時期，體用範疇得到了進一步地廣泛運用，值得一提的是，也就是在這個時期，體用、道器這兩對哲學範疇，實現了首次的結合，而完成這一任務的就是當時著名的政治哲學家——孔穎達。

孔穎達在《周易正義》中曾講：「形而上者謂之道，道即無也；形而下者謂之器，器即有也。故以無言之，存乎道體；以有言之，存乎器用。」〔註17〕在他這裏，道即「無」是「體」，而器即「有」則是「用」。「體」即為本體、實體，「用」則為功用。

到了宋代，作為理學創始人的二程兄弟，則提出了「體用一源」的思想主張，他們認為：「至微者理也，至著者象也。體用一源，顯微無間。」〔註18〕後來，朱熹又做了補充，他認為雖然「體用一源」，但是二者也存在衝突與先後的問題：「然則所謂一源者，是豈漫無精粗先後之可言哉？況既曰體立而後用行，則亦不嫌於先有此而後有彼矣」，〔註19〕「以體用言之，有體而後有用」。〔註20〕朱熹強調「體」即為天理，即是道；「用」則是「體」的表現及作用，即器。

後來，王陽明又從他所堅持的心學的角度，重新闡釋了「體用」的價值

〔註13〕 《王弼集校釋‧老子道德經注》。
〔註14〕 《王弼集校釋‧老子道德經注》。
〔註15〕 《南史‧范縝傳‧神滅論》。
〔註16〕 《南史‧范縝傳‧神滅論》。
〔註17〕 《周易正義‧論易之三名》。
〔註18〕 《二程集‧易傳序》。
〔註19〕 《周子全書‧附辨》。
〔註20〕 《朱子語類》，卷五十三。

內涵。他認爲：「體即良知之體，用即良知之用。」〔註21〕而良知，他認爲即是「心之本體」。〔註22〕對於體、用的關係，王陽明則強調它們的合一性：「即體而言，用在體；即用而言，體在用。」〔註23〕

到了清初，王夫之明確提出：體是本然，用是功用。他認爲：「太和本然之體，未有知也，未有能也，易簡而已。而其所涵之性，有健有順，故知於此起，法於此效，而大用行矣。」〔註24〕對於體、用的關係，王夫之認爲它們是互相融合，「體」以致「用」，「用」以備「體」：「是故性情相需者也，始終相成者也，體用相函者也。性以發情，情以充性；始以肇終，終以集始；體以致用，用以備體。」〔註25〕

另外，在清代還有一個政治哲學家値得關注，他就是李顒。李顒在和顧炎武的辯論中，提出了「明體適用」的思想主張：「窮理致知，反之於內，則識心悟性，實修實證；達之於外，則開物成務，康濟群生，夫是之謂『明體適用』」，〔註26〕「以明體適用爲導，俾士知務實，學期有用，異日德成材達，不忘淵源所自。」〔註27〕這樣，經過李顒的努力，終於使已經走向玄虛、抽象的體用觀，重新回到了現實的實踐領域，從而爲以後的晚清啓蒙思潮及維新變法思潮對體、用問題的進一步再思考，埋下了伏筆。

二、近代中國的體用之辯

1、近代體用之辯的緣起

對於中國近代而言，爲何「體用」這一古老的話題，又重新成爲了當時人們的論爭焦點了呢？對於這一問題的產生，我們必須從兩個方面來尋找它的原因。

首先，從政治的層面上看，「中國向何處去？」的時代主題，誘發了人們對於「體用」問題的再思考。

1842 年 6 月，爲了重新控制中國 —— 這一世界最大的鴉片銷售市場，英

〔註21〕《傳習錄・答陸原靜書》。
〔註22〕《傳習錄・答陸原靜書》。
〔註23〕《傳習錄上》。
〔註24〕《張子正蒙注・太和篇》。
〔註25〕《周易外傳・繫辭上傳》。
〔註26〕《二曲集・盩厔答問》。
〔註27〕《二曲集・書二・答許學憲》。

國悍然發動了鴉片戰爭，並於 1842 年 8 月與清政府簽定了中國近代史上第一個喪權辱國的不平等條約──《南京條約》。自此之後，中國逐漸淪爲了一個半殖民地半封建社會。

就在這樣的情況下，「中國向何處去？」便成爲了當時的時代主題。爲回答這一問題，政治哲學家們分別從不同的角度做了各方面的論證。而在這些論證當中，關於道器、體用問題的再思考，一時成爲了社會的主題。

對於當時來講，體用問題之所以被重新重視，其主要原因就是戰爭給國人帶來的直接震撼。這種戰爭帶來的震撼，直接誘發了人們對於中國命運的再思考。而這種再思考，首先集中在人們對於冷兵器時代的驚醒，因爲從戰爭中，人們已經認識到槍炮、戰艦對於戰爭的勝利是大刀和長矛所無法比擬的。鑒於這樣的認識，當時的有識志士──魏源果敢地提出了「師夷長技以制夷」的思想主張，後來以奕訢、張之洞爲代表的洋務派們，沿著魏源的思路，提出了「中體西用」──這一名噪一時的「治國良策」。後來，隨著中日甲午戰爭中方的落敗，洋務派們的治國措施也宣告破產。但是，隨後的維新派與革命派雖然對洋務派的「中體西用」進行了強烈地批判，但是從總體思路上看，他們所走的仍然是洋務派們的思想路線，只不過在他們這裏，已經由對西方器物文明的豔羨，過渡到了對西方政治制度的移植。

可見，正是這一「中國向何處去？」的大前提，導致了體用問題的生命力在中國近代重新煥發。

其次，從文化的層面上看，西學的東漸，爲「體用」問題的論爭提供了直接的文化資源。

19 世紀 60 年代，西方各國的生產力在工業化的影響下，獲得了飛速的發展，從西方資產階級當時的實力來講，「它迫使一切民族──如果他們不想滅亡的話──採用資產階級生產方式，它迫使它們在自己那裏推行所謂文明制度，即變成資產者，一句話，它按照自己的面貌爲自己創造出一個新世界。」〔註 28〕對於剛剛崛起的資產階級來講，除了積極搶佔國外的原材料產地及銷售市場之外，在文化層面上也在積極地擴張。

對於文化來講，狹義的文化較多地指向人類的精神文明，而廣義的文化其涵蓋的內容則是相當廣泛，它不僅包括精神文明，而且還包括物質文明。

〔註28〕恩格斯‧馬克思恩格斯選集（第 1 卷）〔M〕，北京：人民出版社，1995：225。

就物質的層面來講，在鴉片戰爭前後，西方對於中國的侵略主要是輸出商品。就英國來講，在鴉片戰爭結束後的 10 餘年裏，輸入中國的商品就比戰前多出了一倍。另外，和洋貨伴行的就是「洋錢」，到 19 世紀 30 年代，「自閩、廣、江西、浙江、江蘇至黃河以南各省，洋錢盛行，凡完納錢糧及商賈交易，無一不用洋錢」。〔註29〕洋錢與中國白銀的折耗，進一步阻礙了中國經濟的發展。

而在精神文明方面，西方的傳教士爲了戰勝中國人當時的愚昧與偏見，在中國廣辦學校、醫院，並出版各種介紹西學的中文著述。在創建學校方面，截止到 1850 年，傳教士所建的學校就有 20 所之多。在開設醫院方面，據記載，前來就醫的人常常「擁擠不堪，許多人不得不被擯諸門外。」〔註30〕另外在著述方面，據徐繼畬記載，鴉片戰爭結束後，西方傳教士的中文著述雖然大多「文理大半俚俗不通」，但是「泰西諸國疆域、形勢沿革、物產、時事」，以及「興衰事迹」，〔註31〕則被國人所瞭解。

這樣，西學的東漸，不光使國人認識到了西方經濟的昌盛、文化的充盈，而且更爲重要的是，西方的強盛更加激發了國人求強、求富的強烈願望，也就是在這種情況下，如何從體、用的角度來重新審視東西文化的價值地位，一時成爲了眾多政治哲學家們的共同思考。

2、近代體用之辯的內容及價值定位

在這場關於體與用的論爭中，其主要參與者大致可分爲四派：

一派就是在魏源「師夷長技以制夷」的影響下而形成的，以洋務派及早期維新派爲代表的「中體西用」派。他們強調：「今誠取西人器數之學，以衛吾堯、舜、禹、湯、文、武、周、孔之道，俾西人不敢蔑視中華」，〔註32〕「以中學爲主，西學爲輔；中學爲體，西學爲用；中學有未備者，以西學補之，中學有失傳者，以西學還之；以中學包羅西學，不能以西學凌駕中學。」〔註33〕

〔註29〕《安吳四種·致廣東按察姚中丞書》。
〔註30〕轉引自：胡濱主編·西方文化與近代中國〔M〕，長春：吉林文史出版社，1995：55。
〔註31〕《瀛環志略·自序·凡例》。
〔註32〕《薛福成選集·籌洋芻議·變法》。
〔註33〕《皇朝經世文新編·議復開辦京師大學堂摺》。

　　另一派則是以封建官僚爲代表的頑固派。他們認爲：「天下事有本有末，而本之中又有本焉。就六事而言，練兵、簡器、造船、籌餉，其末也。用人、持久其本也。至其大本，則尤在我皇上之一心。」〔註34〕

　　除此，還有以維新派及何啓、胡禮垣、嚴復爲代表的「體用一源」派。他們認爲：「體用者，身之全量也，指一身之完者而言，謂其有是體，因而有實用也，非指二物之異者而言，謂其體各爲體，用各爲用也，體用有內外而無不同也。其體爲羽翼，其用則爲衝天；其體爲鱗甲，則其用爲伏地」，〔註35〕「體用者，即一物而言之也，有牛之體則有負重之用，有馬之體則有致遠之用，未聞以牛爲體馬爲用者也。……故中學有中學之體用，西學有西學之體用，分之則兩立，合之則兩亡」。〔註36〕

　　而最後一派則是孫中山的「物質爲體，精神爲用」。孫中山認爲：「在中國學者，亦恒言有體有用。何謂體？即物質。何謂用？即精神。譬如人之一身，五官百骸皆爲體，屬於物質；其能言語動作者，即爲用，由人之精神爲之。二者相輔，不可分離。」〔註37〕

　　對於四方的爭論，即使從現在的角度看，也不能一下子斷定孰是孰非。

　　首先，就「中體西用」派而言，他們之所以強調「中學爲體，西學爲用」，是因爲他們已經認識到了自身的落後，但是，由於自己的階級立場及社會大環境的左右，所以他們不能也不敢公開承認清政府落後的癥結是在「體」上，因而只能對此作出了這種「中體西用」這一折衷的選擇。這種折衷的立場，雖然有其自身的缺憾，但是對於當時來講，這種本是無奈地選擇，卻找到了中西文化交融的突破口，而也正是這個突破口的選擇，爲以後的中西文化進一步交流，打開了方便之門。另外，也正是這種折衷的選擇，才保證了洋務派的洋務主張，沒有被當時勢力強大的頑固派就地斬首。可見，「中體西用」對於當時來講，其意義是相當重大的。

　　而對於頑固派來講，他們的觀點，在傳統中，我們曾一致認爲它是迂腐的、守舊的，他們是封建傳統道德的衛道士，故而應屬於被唾棄、被漫罵之列，但是現在看來，其中的內涵並不是像我們以前所認爲的這麼簡單。如果

〔註34〕　《同治十三年十一月十一日湖南巡撫王文韶奏》，《洋務運動》（一）。
〔註35〕　《何啓、胡禮垣集‧新政眞詮》。
〔註36〕　《嚴復集‧與外交報主人論教育書》。
〔註37〕　《孫中山全集‧在桂林對滇粵軍的演說》。

把他們的言論還原到他們所處的歷史中，站在他們的角度來分析的話，你得出的結論，可能會是另一番景象。這是因爲，頑固派們的言論雖然有其保守的一面，但是從另一個方面來講，頑固派的主張恰恰反映出了一個爲洋務派們所忽略的至關重要的問題，這就是：洋務派們在急功近利地強調「中體西用」、推行洋務的過程中，並沒有花任何力氣來建立一個與之相適應、體現時代發展的新的道德體系。我們知道，一個缺乏道德支持的理論體系，不管其行爲模式多麼地合理，其生命的歷程也不會長遠的。換句話來講，雖然政治有其自身的理論獨立性，但是完全脫離倫理而存在的政治，則是不存在的。可見，頑固派所批評的，或者說，所擔心的，正是洋務派們的理論所缺失的重要內容。

至於「體用一源」派的觀點，雖然他們認識到了體與用的一源性，認識到了體、用不能分割，不能兩適，但就此對「中體西用」派大加批評，則是有些偏頗的。因爲從「中體西用」觀的本身來講，它實質強調的，並不是體用是一元，還是二元的問題，而是強調在中西方文化交流、融合方面，誰是主，誰是次的問題，因而這不單單是主體與功用關係的問題，而是一個政治問題。而爲什麼說這是一個政治問題呢？這是因爲洋務派們之所以在倡導學習西學的同時，又竭力強調西學要以中學爲體，其關鍵就是要使民眾繼續保有原來的舊道德，從而繼續服從於清政府對他們的統治。因而洋務派倡導西學的主要目的，並不是要就此取代中學，而是要在堅持中學的情況下，學習新知識、新技能，從而更好地向清政府提供服務。因而，如果單純從主體與功用的關係上看，「體用一源」派的批評是有一定可取之處的，但是如果把這種批評上陞到政治層面上來分析的話，該派的理論則顯得有些幼稚。

最後，我們再來看一看爲孫中山所倡導的「物質爲體，精神爲用」。「物質爲體，精神爲用」，從表面上，孫中山強調物質相對於精神具有優先性，認爲物質是派生精神的主體，而精神則是物質的作用，但是這種唯物的傾向，在孫中山這裏，並沒有完全得到貫徹，因爲他認爲：「若猝然喪失精神，官骸雖具，不能言語，不能動作，用既失，而體亦即爲死物矣。」〔註38〕可見，在孫中山理論中，其主旨並不是強調「體」的先驗性，而是強調「用」的決定性。

〔註38〕《孫中山全集・在桂林對滇粵軍的演說》。

第二節　近代中國體用觀的發展演變

在中國近代，雖然「中體西用」派對於體、用的重新認識，具有著一致的功利性，但是從理論的成熟歷程來看，則有一個由淺入深的過程。

一、「師夷長技以制夷」：魏源的功利主義救世主張

鴉片戰爭的失敗，震驚了當時的國人，使一向以泱泱大國自居的國人，開始重新審視身邊的這個世界。而在這些人中，較為突出的便是林則徐和魏源。但是由於清政府錯誤地把鴉片戰爭的爆發歸罪於林則徐的禁煙，因而戰爭還未最終結束，林則徐便遭貶，遣戍新疆。所以，從嚴格意義上來講，鴉片戰爭後對西方認識最為深刻的則當屬魏源了。

對於近代中國來講，魏源的最大貢獻莫過於他所提出的「師夷長技以制夷」——這一功利主義救世主張。「師夷長技以制夷」的提出，不僅為當時的國人找到了一條實現國家獨立富強的出路，而且更為當時國人提供了一種思考問題的新方式——功利主義思維方式。在這種思維方式指引下，當時以及以後的國人，逐步改變了以往視西技為淫巧、株守儒家經典、抱殘守缺的錯誤做法，開始了以西人之長技來謀求中國近代化的歷程。

我們知道，任何一種思想理論的提出，都不是一朝一夕的事情，對於魏源來說也同樣是如此，他的「師夷長技以制夷」，同樣也是需要深厚的理論積澱和現實的滋養的。

首先從理論積澱來講，「師夷長技以制夷」的提出得益於魏源堅持不懈的「通經致用」的治學方式。在他的觀念中，通經的目的就是為了致用，「士之能九年通經者，以淑其身，以形為事業，則能以《周易》決疑，以《洪範》占變，以《春秋》斷事，以《禮》、《樂》服制興教化，以《周官》致太平，以《禹貢》行河，以《三百五篇》當諫書，以出使專對，謂之以經術為治術。曾有以通經致用為詬厲者乎？」〔註39〕認為只有「以實事求實功，以實功從實事」，〔註40〕才是真正的學問。正是在這種思想的驅使下，自 1825 年起，他開始編選《皇朝經世文編》，歷時 1 年，成書 120 卷，含文章 2000 多篇。對於這本巨著，清末學者俞樾曾讚譽道：「數十年來，風行海內，凡講求經濟

〔註39〕《魏源集・默觚上・學篇九》。
〔註40〕《海國圖志敘》。

者，無不奉此書爲矩矱，幾於家有其書」。〔註41〕

其次從現實的滋養來講，「師夷長技以制夷」之所以能夠形成，一方面是來自於殘酷的現實對他的激勵，而另一方面則是來自於林則徐對他的囑託。

對於殘酷的現實，魏源早在鴉片戰爭之前就有所感悟，在《明代食兵二政錄敘》中，他就指出：「夷煙蔓宇內，貨幣漏海外，漕艇以此日敝，官民以此日困，此前代所無也。……舉天下人才盡出於無用之一途，此前代所無也。」〔註42〕對於鴉片的危害，魏源指出：「鴉片耗中國之精華，歲千億計。此漏不塞，雖萬物爲金，陰陽爲炭，不能供尾閭之壑。」〔註43〕在鴉片戰爭失敗後，回到揚州，失望的心情只有寄之於詩中，「到此便籌歸，應知與願違。狼煙橫島嶠，鬼火接旌旗。猾虜雲翻覆，驕兵氣指揮。戰和誰定算，回首釣魚磯。」〔註44〕

至於林則徐的囑託，則是在林則徐被遣往新疆的路途中。1841 年 6 月，途經鎮江的林則徐與魏源見面，二人對榻談心，對戰爭的現實，二人感慨萬千。臨別之時，林則徐將他組織翻譯的《四洲志》及《澳門月報》、《粵東奏稿》等資料交付給魏源，囑託他編纂《海國圖志》，以此來警醒國人。

就是在這樣的情況下，1842 年，魏源先後完成了兩部巨著：一部是《聖武記》，而另一部就是影響中國近代至深的《海國圖志》。

雖然「師夷長技以制夷」的具體提出是在《海國圖志》中，但是在先完成的《聖武記》中就已經表露出了這一功利主義傾向。在《聖武記》中，他就已經提出了向外國學習的必要性，指出：「夫不借外洋之戰艦，可也；不師外洋之長技，使兵威遠見輕島夷，近見輕屬國，不可也」，〔註45〕「以彼長技禦彼長技，此自古以夷攻夷之上策。」〔註46〕另外，在《聖武記》中，魏源也指出了勝敵的另一個關鍵——悉夷情：「夫制馭外夷者，必先洞夷情。今粵東番舶，購求中國書籍轉譯夷字，故能盡識中華之情勢。若內地亦設館於粵東，專譯夷書夷史，則殊俗敵情，虛實強弱，恩怨攻取，瞭悉曲折，於以中其所忌，投其所慕，於駕馭豈小補哉！」〔註47〕

〔註41〕 《皇朝經世文新增續編序》。
〔註42〕 《魏源集·明代食兵二政錄敘》。
〔註43〕 《聖武記·武事餘記·議武五篇·軍儲篇一》。
〔註44〕 《魏源集·自定海歸揚州舟中》。
〔註45〕 《聖武記·嘉慶東南靖海記》。
〔註46〕 《聖武記·武事餘記·議武五篇·軍政》。
〔註47〕 《聖武記·武事餘記·掌故考證》。

　　如果說《聖武記》對「師夷長技」的提出只開了個頭的話，接下來完成的《海國圖志》則把這一思想闡釋得可以說是淋漓盡致。

　　在《海國圖志・自序》中，魏源就直接交代了其著此書的目的，即：「為以夷攻夷而作，為以夷款夷而作，為師夷長技以制夷而作。」〔註 48〕認為惟有「師夷之長技」才可「制夷」，「善師四夷者，能制四夷；不善師外夷者，外夷制之」。〔註 49〕

　　和《聖武記》一樣，在《海國圖志》中魏源仍舊強調「悉夷情」的重要性，他認為：「不悉敵勢，不可以行軍，不悉夷情不可以籌遠」。〔註 50〕他對比古今，認為：「同一禦敵，而知其形與不知其形，利害相百焉。同一款敵，而知其情與不知其情，利害相百焉。古之馭外夷者，諏以敵形，形同几席；諏以敵情，情同寢饋。」〔註 51〕正是鑒於此，他認為：「欲制外夷者，必先悉夷情始。欲悉夷情者，必先立譯館，翻夷書始。欲造就邊才者，必先用留心邊事之督撫始。」〔註 52〕

　　對於何為「夷之長技」，魏源只列舉了三項，即：「一戰艦，二火器，三養兵練兵之法。」〔註 53〕而對於如何才能「師夷之長技」呢？魏源則指出作為學習者應具有的三個條件：即：「財」、「人」、「材」。對於這三者，魏源認為當時中國是三者兼具：「自用兵以來，所糜費數千萬，計出其十之一二，以整武備有餘，則財非不足明矣。海關浮費，數倍正稅，皆積年洋商與官吏所肥蠹，起家不貲，其費皆出自鴉片，豈不當派數百萬之軍餉，則財又非不足明矣」；「中國智慧，無所不有，曆算則日月薄蝕，閏餘消息，不爽杪毫；儀器則鐘錶晷刻，不亞西土，至羅鍼、壺漏，則創自中國，而後西行；穿楘扛鼎，則無論水陸，皆擅勇力，是人才非不明矣」；「船桅船艙，所需鐵力之木，油木、櫄木，皆產自兩廣；蓬帆浸以晉石，火不能焚，出自山西；火藥配以石油，得水愈熾，出自甘肅；火箭參以江豚油，更猛，出自四川：……硝提數次而煙白，鐵經百練而鋼純，皆與西洋無異，則材料又非不明足矣」。〔註 54〕

〔註 48〕《海國圖志・序》。
〔註 49〕《海國圖志・大西洋歐羅巴洲各國總敘》。
〔註 50〕《海國圖志・外大西洋一》。
〔註 51〕《海國圖志敘》。
〔註 52〕《海國圖志・籌海篇三》。
〔註 53〕《海國圖志・籌海篇三》。
〔註 54〕《海國圖志・籌海篇三》。

條件具備了，而如何學呢？對此，魏源大致提出了三方面的設想。

首先，投資設廠、發展工礦業。

魏源認為：「有用之物，即奇技而非淫巧。今西洋器械借風力、水力、火力，奪造化，通神明，無非竭耳目心思之力。以前民用，因其所長而用之，即因其所長而制之。風氣日開，智慧日出，方見東海之民，猶西海之民，雲集而鶩赴，又何暫用旋輟之有？」〔註55〕另外他還援引了當年漢武帝在昆明學習水戰、乾隆帝用金川降卒在香山建工事、以及俄羅斯的比達王到西方學習造船、火器的實例，來進一步論證向西方學習的可行性。

對於如何投資設廠，魏源主張應「置造船廠一，火器局一。行取佛蘭西、彌利堅二國，各來夷目一二人，分攜西洋工匠至粵，司造船械。並延西洋柁師，司教行船演炮之法，如欽天監夷官之例，而選閩粵巧匠精兵以習之。工匠習其鑄造，精兵習其駕駛攻擊」，〔註56〕不要再「株守一隅，自畫封域，而不知牆外之有天，舟外之有地」。〔註57〕

其次，除了強調練士兵、練水勇之外，魏源還主張要加強水師人才的培養，增設水師科。

魏源指出：「國家試取武生、武舉人、武進士，專以弓馬技勇，是陸營有科而水師無科。西洋專以造舶、駕舶、造火器、奇器取士掄官。……今宜於閩、粵二省武試，增水師一科。有能造西洋戰艦、火輪舟、造飛炮、火箭、水雷、奇器者，為甲科出身；能駕駛颶濤，能熟風雲沙線，能槍炮有準的者，為行伍出身。皆由水師提督考藝。凡水師將官必由船廠、火器局出身，否則由舵工、水手、炮手出身，使天下知朝廷所注意在是，不以工匠、柁師，視在騎射之下，則爭奮於功名，必有奇材絕技出其中。」〔註58〕

最後，在政治制度方面，魏源在《海國圖志》中也提出了自己獨特的見解。

在書中，魏源初步介紹了西方國家的公議及選舉制度，如在《彌利堅總記》中，他指出彌利堅（美國）「凡公選公舉之權，不由上而由下」；而在《意大里國沿革》中，他介紹了西方的公議制度，「羅馬自帑馬七世後，不立國王，

〔註55〕《海國圖志‧籌海篇三》。
〔註56〕《海國圖志‧籌海篇三》。
〔註57〕《海國圖志‧西洋人瑪吉士〈地理備考〉敘》。
〔註58〕《海國圖志‧西洋人瑪吉士〈地理備考〉》。

選賢者居高爵，立公會以治事。」〔註 59〕在這裏，雖然魏源並沒有對此做進一步的引申，但是他對於西方民主的豔羨則是明顯存在的。而也正是這種豔羨，在魏源之後，維新派以及其後的革命派，便將這點星星之火發展成了燎原之勢。

可見，從整體思路來看，魏源提出的功利主義救世主張還是很值得尊敬的，但是就是這樣一套雄篇偉論，在當時「嚴夷夏之辨」和「重道義輕功利」——兩種傳統論調的擠壓下，最終沒有得到社會的重視。

然而，壓制並不能磨滅政治哲學家思想的光輝，魏源的思想雖然在當時沒有受到重視，但是在魏源之後，這種「師長」的功利主義觀念，卻為洋務派和早期維新派們所繼承，並且在他們的大膽實踐中，魏源的思想最終展示了其不朽的思想魅力。

二、「中體西用」：洋務派及早期維新派的功利主義改良思潮

如果說，鴉片戰爭中列強的侵略是從外部給腐朽的清王朝打了一劑摧亡針的話，19 世紀 50 年代爆發的太平天國運動〔註60〕及捻軍起義〔註61〕，則無疑又從內部進一步摧垮了已日漸衰微的滿清王朝。

就是在這樣內外交困的狀態下，為重新籠絡人心，清政府重新搬出程朱理學，妄圖「崇正學以黜邪教」，但是「宋明之季之議論，在當時已為不揣情勢，施之今日尤為不倫，誠當引以為鑒戒，不當反據以相崇獎，誤國貽羞而不知悟也」，〔註62〕因而一些思維清晰的人士便開始了新的思考，試圖找到既能「剿內」又能「禦外」的雙效策略，以解時局之危。

正是在這種情況下，魏源先前所提出的「師夷長技」的思想，終於為人們所發現，並且在一些政治哲學家的引導下，逐漸形成了一股不可抗拒的「師

〔註59〕《海國圖志·意大里國沿革》。

〔註60〕1851 年 1 月 11 日，太平天國運動爆發，以洪秀全為首太平軍在不到一年的時間裏，迅速攻克永安，並在永安建制。後，又進兵桂林，受挫後，又轉攻全州、岳州、武漢、九江、安慶、太平、蕪湖，並於 1853 年 3 月 19 日，攻佔南京，並以南京為中心建立了國都，開始了與清政府為期 10 年多的拉鋸戰。

〔註61〕捻軍起義是 1851～1868 年爆發於黃河、淮河流域的由撚黨轉化而來的農民起義，首領是張樂行、龔得樹等。這次起義，歷時 18 年，波及皖、魯、豫、蘇、陝等 10 個省區，殲滅清軍及地方團練 10 萬餘人，有力地配合了太平天國及北方的農民起義，給了清政府以沉重的打擊。

〔註62〕《郭嵩燾詩文集·覆姚彥嘉》。

長」洪流。在這股洪流的推動下，中國終於邁出了向西方學習的第一步，正式開始了中國近代化的艱難歷程。

1、「製洋器」到「採西學」：馮桂芬的功利主義啟蒙

如果說在林則徐、魏源的時代，政治哲學家們對西方的關注只是單純地停留在器物層面上的話，到了馮桂芬這裏則超越了林、魏的思想園囿，從簡單地「製洋器」上陞到了「採西學」的高度。這種在思維層面上的遞近，不僅標誌著當時的國人對於西學的認識程度上陞到了一個更高的水平，而且更標誌著國人對於自己落後程度的認識比以前更加深入。

和魏源一樣，對於鴉片戰爭的失敗，馮桂芬也表示出了極大的憤慨，他指出：「有天地開闢以來未有之奇憤，凡有心知血氣，莫不衝冠髮上指者，則今日之以廣運萬里地球中第一大國，而受制於小夷也。」〔註63〕而爲何一個諾大的滿清帝國受制於小夷呢？馮桂芬在進行了冷靜地思考之後，認爲中國之所以落後於西方，其關鍵「非天時地利物產之不如也，人實不如耳。」〔註64〕馮桂芬認爲這種不足「非天賦人以不如也，人自不如耳。天賦人以不如，可恥也，可恥而無可爲也。人自不如，尤可恥也，然可恥而有可爲也。」〔註65〕可見，在馮桂芬眼中，中國的「不如」，不是在於自身之外的外在條件，而是在於自己內在條件的欠缺，因而他對當時社會所存留的錯誤觀念予以了強烈地批駁：「夫所謂不如，實不如也。忌嫉之無益，文飾之不能，勉強之無庸」，「夫所謂攘者，必實有以攘之，非虛憍之氣也。」〔註66〕鑒於此，他認爲中國要想改變現在的狀況，只有知恥自強。

鑒於這樣的認識，馮桂芬一反當時奕訢等滿清大員對於當時時局的總體設計，〔註67〕他認爲：「今國家以夷務爲第一要政，而剿賊次之」。〔註68〕爲什麼這樣說呢？馮桂芬舉例道：「近事俄夷有比達王者，微服傭於英局三年，

〔註63〕 《校邠廬抗議・製洋器議》。
〔註64〕 《校邠廬抗議・製洋器議》。
〔註65〕 《校邠廬抗議・製洋器議》。
〔註66〕 《校邠廬抗議・製洋器議》。
〔註67〕 奕訢等認爲：「就今日之勢論之，髮撚交乘，心腹之害也；俄國壤地相接，有蠶食上國之志，肘腋之憂也；英國志在通商，暴虐無人理，不爲限制則無以自立，肢體之患也。故滅髮撚爲先，治俄次之，治英又次之。」（《籌辦夷務始末（咸豐朝）》，卷71，第2675頁）。
〔註68〕 《校邠廬抗議・善馭夷議》。

盡得其巧技，國遂勃興。……前年西夷突入日本國都求通市，許之。未幾，日本亦駕火輪船十數，遍歷西洋，報聘各國，多所要約，諸國知其意亦許之。日本蕞爾國耳，尚知發憤爲雄，獨我大國將納污含垢以終古哉？」〔註69〕故而，他認爲中國只有像俄國、日本那樣才能使「我中華……自立於大下。」〔註70〕並且馮桂芬指出，中國當時正是向西方學習的最佳時機，「今者諸夷互市，聚於中土，適有此和好無事之間隙，殆天與我以自強之時也，不於此急起乘之，只迓天休命，後悔晚矣！」〔註71〕

對於如何向西方學習，雖然馮桂芬的「師長」觀念秉承於魏源的思想主張，但是對於馮桂芬來講，他對魏源的思想並沒有一概採納，他認爲：「魏氏源論馭夷，其曰『以夷攻夷，以夷款夷』。無論語言文字之不通，往來聘問之不習，忽欲以疏間親，萬不可行，且是欲以戰國視諸夷，而不知其情事大不侔也。……愚則以爲不能自強，徒逞譎詭，適足取敗而已。獨『師夷長技以制夷』一語爲得之。」〔註72〕對於如何向西方學習，馮桂芬認爲要「且用其器，非用其禮」。〔註73〕

可見，雖然馮桂芬未完全接受魏源的思想觀念，但是就其思維的發展水平來講，卻並沒有能夠超出魏源所達到的高度。因爲雖然在「器」的範圍上，馮桂芬超出了魏源的思維層面，認爲除船炮之外，像「百龍搜沙之器」、「農具織具」等所有「有益於國計民生者」，〔註74〕都在所學的範疇，但是馮桂芬的思維層面，並沒有就此而得到進一步的昇華，因爲他沒有認識到：西方先進的政治制度與文化才是西學的根本。

另外，在製洋器的層面上，雖然「器」的範圍有一定的拓展，但他強調的仍主要是在船炮上，並認爲中國只要能夠「自造、自修、自用」，就可以「夫而後內可以蕩平區宇，夫而後外可以雄長瀛寰，夫而後可以複本有之強，夫而後可以雪從前之恥，夫而後完然爲廣運萬里地球中第一大國，而正本清源之治、久安長治之規，可從容議也。」〔註75〕可見，如果光從這一方面來看，

〔註69〕《校邠廬抗議‧製洋器議》。
〔註70〕《校邠廬抗議‧製洋器議》。
〔註71〕《校邠廬抗議‧製洋器議》。
〔註72〕《校邠廬抗議‧製洋器議》。
〔註73〕《校邠廬抗議‧製洋器議》。
〔註74〕《校邠廬抗議‧製洋器議》。
〔註75〕《校邠廬抗議‧製洋器議》。

馮桂芬「師長」的功利主張，並沒有太多新鮮之處，但是馮桂芬並沒有就此止步，而是又向前邁出了一步，即提出了「採西學」這一功利主張，正是這一步的邁出，成就了其作為一名洋務運動啟蒙者的思想地位。

對於西學，馮桂芬認為當時所引進的書籍，除去宗教，其他一些學科「如算學、重學、視學、光學、化學等，皆得格物至理。輿地書備列百國山川、厄塞、風土、物產，多中人所不及。」〔註76〕他認為：「至西人之擅長者，曆算之學、格物之學、製器尚象之法，皆有成書，經譯者十之一二耳。必能盡見其未譯之書，方能探賾索隱，由粗迹而入精微。我中華智巧聰明必不出西人之下，安知不冰寒於水，青出於藍。輪船火器等製，盡弈之道，似亦無難於洋務，豈曰小補哉？」〔註77〕

而如何採西學呢？馮桂芬認為：首先就要採算學。這是因為「一切西學皆從算學出。西人十歲外無人不學算」，所以「今欲採西學，自不可不學算。」〔註78〕另外，馮桂芬還主張設立翻譯公所，培養翻譯人才，就此他講：「今欲採西學，宜於廣東、上海設一翻譯公所，選近郡十五歲以下穎悟文童，倍其廩餼，住院肄業，聘西人課以諸國語言文字，又聘內地名師，課以經史，兼習西學。」〔註79〕而對於西學中的重要著作，馮桂芬認為要「擇其有理者而譯之」，「由是而曆算之術，而格致之理，而製器尚象之法，兼綜條貫，輪船火器之外，正非一端。」〔註80〕由此，可以看出，在向西方學習的層面上，馮桂芬不僅要學西方先進的「器」，而且還要學習成就這些「器」的「技」，即：自然科學。

而在當時的情況下，如何處理中學與西學的關係呢？馮桂芬提出了一個重要的方案，即「以中國倫常名教為原本，輔以諸國富強之術。」〔註81〕可見，雖然馮桂芬認識到了中國落後的關鍵在於「人實不如耳」，但是龔自珍並沒有就此方面進行深入探討，而又把目光從「人」重新遷回到了西方的器物文明上，可見，馮桂芬比魏源多邁出了一步，儘管這一步的步幅並不大。但是我們如果就此來批評馮桂芬，否認其理論地位，則也是不恰當的。因為，

〔註76〕《校邠廬抗議‧採西學議》。
〔註77〕《校邠廬抗議‧上海設立同文館議》。
〔註78〕《校邠廬抗議‧上海設立同文館議》。
〔註79〕《校邠廬抗議‧上海設立同文館議》。
〔註80〕《校邠廬抗議‧上海設立同文館議》。
〔註81〕《校邠廬抗議‧上海設立同文館議》。

對於一個政治哲學家來講，其思想理論的產生與提出是不能完全脫離他所生活的社會歷史環境的，因此「判斷歷史的功績，不是根據歷史活動家有沒有提供現代所需要的東西，而是根據他們比他們的前輩提供了新的東西」。〔註82〕

2、從「求強」到「求富」：洋務派及早期維新派的功利主義實踐論

嚴格地講，所謂的洋務派，其產生是在第二次鴉片戰爭後，是從頑固派中分化出來的，就其身份而言，他們大多是滿清王朝的要員，他們「承認清朝政府要能穩定內部的統治，必須向『洋人』學習一些本領，並且承認清朝統治要維持下去，必須和『洋人』關係搞好，寧可凡是讓步吃虧，不宜惹起『洋人』的脾氣」。〔註83〕而早期維新派則是以一些中下層官員及其知識分子為代表，他們雖然也主張學習西方的「長技」，但是他們認為西方的「長技」，已經不光是在器物上，而且還包括一些政治制度。

對於洋務派而言，由於他們已經認識到了向西方學習的必要性，因而他們對那些只知道「深閉固拒，尊己而抑人，事變既來，茫昧昏蒙，束手無措」〔註84〕的頑固派予以了深刻的駁斥：「中國士大夫沉浸於章句小楷之積習，武夫悍卒又多粗蠢而不加細心，以致所用非所學，所學非所用。無事則嗤外國之利器為奇技淫巧，以為不必學；有事則驚外國之利器為變怪神奇，以為不能學。不知洋人視火器為身心性命之學者，已數百年，一旦豁然貫通，參陰陽而配造化，實有指揮如意，從心所欲之快。」〔註85〕

而對於中國如何實現自強，洋務派們認為唯一出路就是要向西方學習。然而向西方究竟學什麼呢？洋務大員奕訢認為：「查治國之道，在乎自強；而審時度勢，則自強以練兵為要，要練兵又以製器為先。自洋人構釁以來，至今數十年矣。迨咸豐年間，內患外侮，一時並至，豈盡武臣之不善治兵哉？抑有制勝之兵，而無制勝之兵，而無制勝之器，故不能所向無敵耳。」〔註86〕相比奕訢，李鴻章則提出了一套近乎完美的方案，他認為因為「中國文物制度，事事遠出西人之上，獨火器萬不能及」，〔註87〕所以「中國欲自強，則莫如學習外國利器；欲學習外國利器，則莫如覓製器之器，師其法而不必盡用

〔註82〕列寧：列寧全集（第2卷）〔C〕，北京：人民出版社，1988：150。
〔註83〕胡繩：帝國主義與中國政治〔M〕，北京：人民出版社，1953：63。
〔註84〕《庸書·名實》。
〔註85〕《籌辦夷務始末（同治朝）》，卷25。
〔註86〕《籌辦夷務始末（同治朝）》，卷25。
〔註87〕《籌辦夷務始末（同治朝）》，卷25。

其人；欲覓製器之器與製器之人，則或專設一科取士，士終身懸以爲富貴功名之鵠，則業可成，藝可精，而才亦可集。」〔註88〕這樣，從「學習外國利器」，到「覓製器之器」，再到「師其法」進而「專設一科取士」，李鴻章「找到」了　條通往自強的成功之路。

這樣，在這種思想的指導下，洋務派便在鎮壓太平天國運動的過程中，開始了建立軍械所，試製西方的輪船、槍炮的嘗試，但是嘗試得並不是很成功。如曾國藩在 1862 年就開始在安徽安慶軍械所裏「試造洋器」，但是由於「未雇洋匠，雖造成一小輪船，而行駛遲鈍，不甚得法」。〔註89〕據史料記載，直到清軍攻破南京之後，在洋務派所創立的工業中，只有李鴻章的蘇州炮局還算取得了一定的成績。

隨著洋務運動的發展，洋務派們漸漸認識到西方列強之所以強盛，不光是因爲他們具有先進的軍事武器及裝備，而且還在於他們擁有著雄厚的經濟實力作爲後盾。同時，在興辦洋務中，洋務派們也深感經費不足所帶來的困難。正是鑒於此，洋務派們逐漸認識到：「求強」必先「求富」，「求富」乃是「自強」之本。

而對於如何「求富」，洋務派認爲必須要自「振興商務」始，如李鴻章就認爲：「欲自強必先裕餉，欲濬餉源莫如振興商務。中國積弱，由於患貧。西洋方千里數百里之國，歲入財賦動以數萬萬計，無非取資於煤鐵五金之礦、鐵路、電報、信局、丁口等稅。酌度時勢，若不早圖變計，擇其至要者，逐漸仿行，以貧交富，以弱敵強，未有不終受其敝者。」〔註90〕

而如何「振興商務」呢？洋務派認爲必須從重商始。如當時的福建臺灣巡撫劉銘傳就認爲：「言者又謂外洋以商務爲國本，自強在經商；中國以民生爲國本，自強在愛民。不知商即民也，商務即民業也，經商即愛民之實政也。……恒心必根於恒產，足民方可以足兵。中國生齒日繁，有田可耕者無幾，謀生乏術，緩急堪虞。故欲自強必致富，欲致富必先經商。」〔註91〕

但是在中國傳統中，一直是「重農」重於「重商」，認爲：「中國戶口繁盛，而地產所出止足以養欲給求，故古來聖君賢相講富強之道者，率皆重農

〔註88〕《籌辦夷務始末（同治朝）》，卷 25。
〔註89〕《曾文正公文集·奏稿》，卷 33。
〔註90〕《李文忠公全書·朋僚函稿·覆丁稚璜宮保》。
〔註91〕《光緒十五年二月二十八日福建臺灣巡撫劉銘傳奏摺》，《洋務運動》（六）。

抑商，不務盡山澤之利。」〔註92〕因此來講，如何實現從「重農」到「重商」的轉變，對於洋務的進一步順利推行，可以說是至關重要。

對於這一必須即刻解決的問題，早期維新派的代表——鄭觀應指出：「中國以農立國，外洋以商立國。農之利，本也；商之利，末也。此盡人而能言之也。古之時，小民各安生業，老死不相往來，故粟布交易而止矣。今也不然，各國併兼，各圖利己，藉商以強國，藉兵以衛商。其訂盟立約，聘問往來，皆為通商而設。英之君臣又以商務開疆拓土，闢美洲，占印度，據緬甸，通中國，皆商人為之先導。彼不患我之練兵講武，特患我之奪其利權。凡致力於商務者，在所必爭。可知欲制西人以自強，莫如振興商務。安得謂商務為末務哉？」〔註93〕而對於如何振興商務，鄭觀應認為：「國家欲振興商務，必先通格致、精製造」，「論商務之原，以製造為急；而製造之法，以機器為先。」〔註94〕

可見，對於早期維新派而言，他們已經不再是像洋務派那樣，把西技重點投放在軍事上，而是轉移到了對商務的推崇上。從這點可以看出，在對西方先進科技的引用上，早期維新派無疑是比洋務派要高明幾許。由於目光比洋務派放得遠，所以對於洋務派的「業績」，早期維新派也就頗有微詞，如鄭觀應就認為：「查我國與泰西各國通商在日本之先，而商務、製造瞠乎其後者，皆因無機器、格致院講求製造諸學，無商務通例恤商惠工，是以製造不如外洋之精，價值不如外洋之廉，遂致土貨出口不敵洋貨之多，漏卮愈甚。當道雖時欲整頓商務，挽回利權，究竟未知扼要所在，數年來工商生計愈見其絀。若再不悉心考究，徒效皮毛，仍如隔靴搔癢，有名無實，或言不顧行，勢必至國困民窮，不堪設想矣！」〔註95〕

另外，為了實現「求強」與「求富」的功利目的，洋務派與早期維新派除了注重加強軍事與興辦商務外，還採取了一些其他相關的功利性措施。

首先，在建立軍事工業的同時，洋務派們認識到光知道模倣，而不追究其原理，是永遠談不到製造的，因此在仿造的同時，認為必須加強翻譯，「翻譯一事係製造之根本，洋人製器出於算學，其中奧妙皆有圖說可尋；特以彼

〔註92〕《光緒十五年正月十四日翰林院掌院學士麟書等奏·丁立鈞敬陳管見》，《洋務運動》（一）。
〔註93〕《盛世危言·商務三》。
〔註94〕《盛世危言·商務五》。
〔註95〕《盛世危言·商務五》。

此文義扞格不通，故雖日習其器，究不明乎用器與製造之所以然。」〔註96〕
因此，為了謀求製造的眞諦，以江南製造總局為例，到 1879 年 6 月，已經刊
印的翻譯書籍就「有九十八種，共計二百三十五本」，已經銷售的翻譯書籍乃
共「有三萬一千一百十一部，共計八萬三千四百五十四本」。〔註97〕但是，出
於功利的目的，在這些所譯的西書中，其內容則只限於軍事和工程兩類，其
他方面簡直是無人問津。

　　另外一點就是派遣留學生。在洋務派中，最早倡議派遣留學生的就是容
閎，就此事他曾在 1868 年向江蘇巡撫丁日昌提起，後又在 1870 年，向曾國
藩、李鴻章表達了此種傾向。終於在他的努力下，清政府在 1872 年向海外派
遣了第一批留學生。對於派遣留學生，後來的支持者張之洞曾這樣認為：「出
洋一年，勝於讀西書五年，此趙營平『百聞不如一見』之說也。入外國學堂
一年，勝於中國學堂三年，此孟子『置之莊嶽』之說也」，〔註98〕因此「論今
日育才強國之道，自以多派士人出洋遊學為第一義。」〔註99〕肯定地講，出
國留學確實利於外界的先進文化向國內的輸入，但是如果從洋務派們的初衷
來看，他們的眞實目的並不是眞的要為中國的將來引進先進的文化與培養先
進的人才，而是想讓這些留學生直接去學習外國的軍事技術，以實現他們迅
速「自強」的功利目的。這一點，從留學生們的學習內容中就可以知曉，據
資料記載，這些留學生大多學的是製造（更為明確為海軍製造）、駕駛、魚雷、
槍炮陣圖兼駕駛、兵船管輪機學、測繪兼駕駛、槍炮、硝藥、營造等，另外
雖然也有少數學習公法、外語及礦務等專業的，但這些專業說到底也是和海
軍或洋務建設有著密切的關係。

3、《勸學篇》：「中體西用」觀的成熟架構

　　1898 年 4 月，時任湖廣總督的張之洞推出了他的精心力作——《勸學
篇》，在書中，他系統地提出「中學為體，西學為用」的洋務主張。張之洞認
為中國只要以傳統文化為本，以西方科學技術為輔，就既可以維護清朝封建

〔註96〕《中國仿行西法紡紗織布應如何籌備俾國家商民均獲利益論》，吾左清著。
　　　　（轉引自：范文瀾，中國近代史・上編（第一分冊）〔M〕，北京：人民出版
　　　　社，1952：230）。
〔註97〕《江南製造總局翻譯西書事略》，傅蘭雅著。（轉引自：張靜廬輯注，中國近
　　　　代出版史料初編〔M〕，上海：上海出版社，1953：23）。
〔註98〕《勸學篇・遊學篇》。
〔註99〕《張文襄公全集・奏議》，卷 50。

統治秩序，又可以使國家獨立富強。

但是從嚴格意義上講，「中體西用」這一理論模式的提出，是遠要比張之洞的《勸學篇》要早。

「中體西用」思想的最早提出，是在乾隆年間由紀曉嵐主持編纂的《四庫全書》中。書中認為西學雖然「推算之密，工匠製作之巧，實逾前古」，但是「其議論誇詐迂怪，亦為異端之尤」，「所格之物皆器數之末，而所窮之理又支離神怪而不可詰，是所以為異學耳。」〔註100〕因此，對於西學，「國朝節取其技能，而禁傳其學術」。〔註101〕這樣，對於西學而言，自它被認識之始，就注定了其在中國的功利性命運。

這種對西學的定論，後來在魏源的《海國圖志》中得到了繼承。在《海國圖志》中，魏源不僅對《四庫全書》中對於西學的論述加以援引外，還收入了康乾時代楊光先的《辟邪論》一文，並以此二者作為其「師夷長技以制夷」理論依據。

後來，馮桂芬在其1861年出版的《校邠廬抗議》中，較為明確地提出了「中體西用」這一功利主張，他認為：「如以中國之倫常名教為原本，輔以諸國富強之術，不更善之善者哉？」〔註102〕這樣，馮桂芬就以「本輔論」為基礎，初步確立了「中體西用」文化觀。

再後來，到了19世紀80、90年代，「中體西用」觀則已經日趨成熟。

如此時代的鄭觀應就認為西學：「分而言之，如格致、製造等學，其本也，語言文字，其末也。合而言之，則中學其本也，西學其末也。主以中學，輔以西學。」〔註103〕另外，《萬國公報》的編者——沈壽康則明確提出了「中體西用」的觀點，他在《匡時策》中指出：「夫中西學問，本自互有得失，為華人計，宜以中學為體，西學為用。」〔註104〕比沈壽康晚一年，孫家鼐對「中體西用」又做了進一步的說明，他講：「今中國創立京師大學堂，自應以中學為主，西學為輔；中學為體，西學為用；中學有未備者，以西學補之；中學有失傳者，以西學還之；以中學包羅西學，不能以西學凌駕中學。」〔註105〕

〔註100〕《四庫全書總目提要·子部·雜家類·存目二·西學凡》。
〔註101〕《四庫全書總目提要·子部·雜家類·存目二·西學凡》。
〔註102〕《校邠廬抗議·採西學議》。
〔註103〕《盛世危言·西學》。
〔註104〕《萬國公報》，第七十五期。
〔註105〕《議覆開辦京師大學堂摺》，《戊戌變法》（二）。

　　可以說，正是在這樣的大理論背景下，張之洞的《勸學篇》才得以孕育而生。《勸學篇》的出版，不僅標誌著張之洞本人洋務思想的成熟，同時也為當時走入困境的洋務運動帶來了新的發展契機。從《勸學篇》在當時的影響來看，它不僅得到了光緒帝的讚賞，稱讚其「持論平正通達，於學術人心，大有裨益。著將所備副本四十部，由軍機處頒發各省督撫學政各一部，俾得廣為刊本，實力勸導，以重名教而杜卮言」，〔註106〕而且也得到了當時洋人的誇讚，如倫敦會教士——楊格非（John Grif-fith）在伍德布里奇（Samuel Wood bridge）所著的《中國唯一之希望》（China's Only Hope）的序言中寫道：「長時期以來習慣於孔夫子的陳詞濫調下變得死氣沉沉的中國人，終於在時代的現實面前甦醒過來」。〔註107〕

　　正是鑒於《勸學篇》對於當時的重大影響，1898 年 6 月，光緒帝「詔定國是」，宣諭：「中外大小臣工，自王公至於士庶，各宜發憤為雄，以聖賢之學植其根本，兼博採西學之切時務者，實力講求，以成通達濟變之才。」〔註108〕自此，「中體西用」便堂而皇之的成為了一種經邦濟世之策。

　　就《勸學篇》的內容來看，張之洞把它編排為內、外兩篇。內篇共分九章，分別為《同心》、《教忠》、《明綱》、《知類》、《宗經》、《正權》、《循序》、《守約》、《去毒》。外篇則分為十五章，即：《益智》、《遊學》、《設學》、《學制》、《廣譯》、《閱報》、《變法》、《變科舉》、《農工商學》、《兵學》、《礦學》、《鐵路》、《會通》、《非弭兵》、《非攻教》。可見，在文章的編排上，正是按「中體西用」來佈局的，正如張之洞自己所言：「《內篇》務本以正人心，《外篇》務通以開風氣。」〔註109〕

　　在《勸學篇》中，張之洞分析了什麼是中學，什麼是西學。

　　他認為中學就是舊學，包括：「四書、五經、中國史事、政書、地圖」；而西學，他認為又可謂新學，它包括：「西政、西藝、西史」。而何謂「西政」，張之洞認為是：「學校、地理、度支、賦稅、武備、律例、勸工、通商」；而「西藝」則是：「算、繪、礦、醫、聲、光、化、電」。對於「西政」與「西藝」國人如何學習呢？張之洞認為：鑒於「西藝必專門，非十年不成。西政

〔註106〕《戊戌變法・上諭（一○五）》。
〔註107〕李鳳仙，影響中國近代史的名著——勸學篇之〈勸學篇〉評價，北京：華夏出版社，2002：14。
〔註108〕《光緒東華錄》四。
〔註109〕《勸學篇・序》。

可兼通數事，三年可得要領。大抵救時之計，謀國之方，政尤急於藝。然講西政者，亦宜略考西藝之功用，始知西政之用意」，所以「才識遠大而年長者，宜西政。心思精敏而年少者，宜西藝。小學堂先藝而後政，大中學堂先政而後藝。」〔註110〕

對於中學與西學的地位和關係，張之洞認爲：「中學爲內學，西學爲外學，中學治身心，西學應世事，不必盡索之於經文，而必無悖於經義。如其心聖人心，行聖人之行，以孝悌忠信爲德，以尊主庇民爲政，雖朝運汽機，夕弛鐵路，無害爲聖人之徒也」。〔註111〕可見，在張之洞的內心中：「中學」與「西學」並不是天平平衡時的兩端，而是一重一輕，他認爲：「今欲強中國，存中學，則不得不講西學。然不先以中學固其根柢，端其識趣，則強者爲亂首，弱者爲人奴，其禍更烈於不通西學者矣」，所以「今日學者，必先通經以明我中國先聖先師立教之旨，考史以識我中國歷代之治亂、九州之風土，涉獵子集以通我中國之學術文章，然後擇西學之可以補吾缺者用之、西政之可以起吾疾者取之，斯有其益而無其害。如養生者先有穀氣而後可飫庶羞，療病者先審藏府而後可施藥石，西學必先由中學，亦猶是矣」。〔註112〕

既然中學爲何、西學爲何俱已知曉，那麼在現實政治生活中如何操作執行呢？張之洞在書中提出了幾點意見：

首先在政治上，張之洞認爲：「五倫之要，百行之原，相傳數千年，更無異義。聖人所以爲聖人，中國所以爲中國，實在於此。故知君臣之綱，則民權之說不可行也；知父子之綱，則父子同罪免喪廢祀之說不可行也；知夫婦之綱，則男女平權之說不可行也。」〔註113〕所以，張之洞不同意當時日益漸起的維新派的政治觀點，他認爲在政治上需要改革的不是所謂的「三綱四維」，而是科舉和軍隊。

對於科舉，張之洞認爲：「今日科舉之制，宜存其大體而斟酌修改之」。〔註114〕對於具體方案，張之洞認爲應改爲三場取士：「第一場試以中國史事、本朝政治論五道，此爲中國經濟。……二場試以時務策五道，專問五洲各國之政、專門之藝。政如各國地理、官制、學校、財賦、兵制、商務等類，藝如

〔註110〕《勸學篇‧設學》。
〔註111〕《勸學篇‧會通》。
〔註112〕《勸學篇‧循序》。
〔註113〕《勸學篇‧明綱》。
〔註114〕《勸學篇‧變科舉》。

格致、製造、聲、光、化、電等類，此爲西學經濟。……三場試四書文兩篇，五經文一篇。」〔註115〕按照張之洞的邏輯，他是想：「首場先取博學，二場於博學中求通才，三場於通才中求純正」，這樣「先博後約，先粗後精，既無迂暗庸陋之才，亦無偏駁狂妄之弊」。〔註116〕

而對於軍隊，張之洞認爲：「兵之於國家，猶氣之於人身也。……人未有無氣而能生者，國未有無兵而能存者」。〔註117〕通過中西對比，張之洞認爲：「蓋兵學之精，至今日西國而極」。〔註118〕他認爲中國兵學大體分爲：權謀、形勢、陰陽、技巧四類，而「西人兵學，惟陰陽不用，餘皆兼之。強炮、雷電、鐵路、炮臺、濠壘、橋道，技巧也。地圖、測算，形勢也。至攻守謀略，中西所同，因其械精藝多，條理繁細，故權謀一端，亦較中法爲密。」〔註119〕因此，兵學只有取西人之長，方爲「強國之由」。另外，他還認爲一個國家要想在世界各國之林中生存，不能光依賴於國際公法，因爲：「夫權力相等，則有公法；強弱不侔，法於何有？」〔註120〕所以，他認爲：「苟欲弭兵，莫如練兵」。〔註121〕國家要生存，必須要有軍隊。

其次在經濟上，張之洞強調農、工、商三者在中國協調發展的必要，他認爲：「不講農工商之學，則中國地雖廣，民雖眾，終無解於土滿人滿之饑矣。」〔註122〕而對於如何發展這三學，張之洞認爲在農學上應「講化學」、「精造農具」；在工學上，應注意培養「教工師」；而在商學上則要「通工藝」。對於農、工、商三學的關係，張之洞也有獨到的見解，他認爲：「大抵農、工、商三事，互爲表裏，互相鉤貫。農瘠則病工，工鈍則病商，工商聾瞽則病農。三者交病，不可爲國矣。」〔註123〕

除了強調農、工、商三學的重要性之外，他還指出開採礦藏與興修鐵路對於中國經濟發展的必要。

對於礦學，張之洞認爲它「兼地學、化學、工程學三者而有之，其利甚

〔註115〕《勸學篇・變科舉》。
〔註116〕《勸學篇・變科舉》。
〔註117〕《勸學篇・非弭兵》。
〔註118〕《勸學篇・兵學》。
〔註119〕《勸學篇・兵學》。
〔註120〕《勸學篇・非弭兵》。
〔註121〕《勸學篇・非弭兵》。
〔註122〕《勸學篇・農工商學》。
〔註123〕《勸學篇・農工商學》。

博，而其事甚難。」〔註124〕而對於各種礦產而言，張之洞認爲：「今日萬事根本，惟在於煤，故煤礦較他礦尤急。」〔註125〕至於如何開採，張之洞則認爲或讓西人「包辦」或「與西人合本開採，本息按股勻分」。〔註126〕

對於鐵路，張之洞認爲它「可以開士、農、工、商、兵五學之門」，使士「廣見聞」；使農「暢地產」；使工「用機器」；使商「速行程、省運費」；使兵「速徵調、具糧械」。〔註127〕對於鐵路的修建，張之洞認爲「今中國幹路，北起蘆溝，南達廣州，已歸總公司建造。以後分造支路，工尤省，利尤厚。其尤便者，凡借洋款，皆須抵押，獨修鐵路一事，借款即以此路作抵，無須他物，商爲之則利在商，國爲之則利在國。」〔註128〕

最後在文化方面，張之洞首先主張要益智，他認爲：「自強生於力，力生於智，智生於學。……未有不明而能強者也。」〔註129〕而對於如何益智，張之洞提出了遊學、設學、廣譯、閱報等四個方案。

關於遊學，張之洞認爲：「出洋一年，勝於讀西書五年，……入外國學堂一年，勝於中國學堂三年」。〔註130〕但是對於遊學之國的選擇，張之洞則偏重東洋，因爲東洋「路近省費，可多遣；……去華近，易考察；……東文近於中文，易通曉；……西書甚繁，凡西學不切要者，東人已刪節而酌改之。」〔註131〕

但是「遊學外洋之舉，所費既巨，則人不能甚多，且必學有初基，理已明、識已定者，始遣出洋」，因此爲了速見功效而沒有缺失，張之洞認爲「是非天下廣設學堂不可」。〔註132〕在這些學堂中，張之洞認爲要「新舊兼學」、「政藝兼學」，〔註133〕「舊學爲體，新學爲用，不使偏廢」。〔註134〕

另外，張之洞認爲「夫不通西語，不識西文，不譯西書，人勝我而不信，

〔註124〕《勸學篇‧礦學》。
〔註125〕《勸學篇‧礦學》。
〔註126〕《勸學篇‧礦學》。
〔註127〕《勸學篇‧鐵路》。
〔註128〕《勸學篇‧鐵路》。
〔註129〕《勸學篇‧益智》。
〔註130〕《勸學篇‧遊學》。
〔註131〕《勸學篇‧遊學》。
〔註132〕《勸學篇‧設學》。
〔註133〕關於何爲新學？何爲舊學？政藝何所指？上文已介紹過，這裏不再贅述。
〔註134〕《勸學篇‧設學》。

人謀我而不聞，人規我而不納，人吞我而不知，人殘我而不見，非聾瞽而何哉？」〔註135〕他認爲要這些弊端，惟在廣譯。對於如何廣譯，張之洞認爲：「大率商賈市井，英文之用多；公牘條約，法文之用多；至各種西學書之要者，日本皆已譯之，我取徑於東洋，力省效速，則東文之用多」。〔註136〕

除去廣譯之外，張之洞還主張閱報，認爲通過閱報不僅可以站在本國的角度來通曉國事、民情，而且還可以從國外的政論中瞭解本國爲政的得與失，所謂「國有諍鄰」亦如「士有諍友」。〔註137〕

可見，「中體西用」的理論模式在《勸學篇》中，得到了淋漓盡致地發揮，爲洋務運動的進一步發展提供了思想指南。

然而，張之洞的百般努力並沒有得到太多的回報，因爲從當時社會發展的大趨勢來看，隨著中日甲午戰爭中中方的落敗，這種只注重對西方物質文明進行學習的理論模式已經漸漸失去了國人的廣泛認同，而一種新的理論，即：維新派的變法主張，則日益顯示了其強大的生命力。因此這本爲張之洞所精心設計的《勸學篇》，在成書不久，便遭到了來自當時世人的批評與反對。如梁啓超就認爲：此書「不十年將化爲灰燼、爲塵埃。其灰其塵，偶因風揚起，聞者猶將掩鼻而過之。」〔註138〕另外，何啓、胡禮垣也認爲《勸學篇》「之作，張公自言，規時勢，綜本末，以告中國人士。其志足嘉，誠今日大吏中之佼佼者矣。獨惜其志則是，其論則非，不特無益於時，然且大累於世。」〔註139〕除此，嚴復也對之提出了批評，雖然他並沒有指明其批判的對象就是張之洞，但是從批評的內容來看，張之洞無疑是在劫難逃的。嚴復認爲：「體用者，即一物而言之也，有牛之體則有負重之用，有馬之體則有致遠之用，未聞以牛爲體以馬爲用者也。中西學之爲異也，如其種人之面目然，不可強謂似也。故中學有中學之體用，西學有西學之體用，分之則兩立，合之則兩亡。議者必欲合之以爲一物，且一體而一用之，斯其文義違舛，固已名之不可言矣，烏望言之而可行乎！其曰政本而藝末也，滋所謂顛倒錯亂者矣。且其所謂藝者，非指科學乎？名、數、質、力四者皆科學也，其公例通理，經緯萬端，而西政之善者本斯而起。……若夫言主中學而以西學輔不足者，驟

〔註135〕《勸學篇・廣譯》。
〔註136〕《勸學篇・廣譯》。
〔註137〕《勸學篇・閱報》。
〔註138〕《中國歷史研究法（外二種）・清代學術概論》。
〔註139〕《勸學篇書後》。

而聆之，亦若大中至正之說矣，措之於事，又不然也；往者中國有武備而無火器，嘗取火器以輔所不足者矣；有城市而無警察，亦將取警察以輔所不足者矣；顧使由今之道，無變今之俗，是輔所不足者，果得之而遂足乎？有火器者遂能戰乎？有警察者遂能理乎？此其效驗，當人人所能逆推而無假深論者矣。」〔註140〕可見，在嚴復這裏，中國的落後已經不只是表現在「用」上，中國的「體」同樣也是不盡如人意。

三、戊戌變法：「中體西用」的餘韻

按一般的說法，隨著 1895 年中日甲午戰爭中中方的戰敗，洋務運動便最終宣告破產。但是洋務運動的失敗，並不代表著「中體西用」的思維方式也就此銷聲匿迹。相反，雖然後來興起的維新派對洋務運動分別進行了不同程度的攻擊，但是從其整體思維方式來看，則並沒有擺脫「中體西用」——這一功利主義思維方式的影響，只不過他們和洋務派及早期維新派不同的是，他們對於「用」的界定發生了內容上的轉移，其表現就是從洋務派及早期維新派所倡導的物質文明轉移到了對西方政治文明的仿建。但是不通過對中國傳統文化的徹底反省而光依賴制度的建設，同樣也會在發展的同時孕育出失敗的苦果。

具體來講，維新派們雖然對洋務派等宣揚的「中體西用」論持批評的態度，但是對於中學與西學的關係，他們也認為是相輔相成的，二者雖然相異但是也可以相倚，如康有為就曾言：「學也者，窮物理之所以然，裁成輔相，人理之當然而已。然當然之理，未易言也，內外有定而無定，方圓陰陽有無虛實消長相倚者也，猶聖人之與佛也。義理有定而無定，經權仁義公私人我禮智相倚者也，猶中國之與泰西也。然則人何就何去？曰行其有定，觀其無定，通之而已。」〔註141〕另外，康有為還認為：「總言之曰：立氣之道，曰陰曰陽，曰熱與重；立人之道，曰仁與義。中國之聖人以義率仁，外國之聖人以仁率義。」〔註142〕可見，在康有為心中，中學、西學同是聖人之傳，二者不僅是相輔相成的，而且也是不能相互割捨的。除康有為之外，梁啓超也認為中學與西學是相濟而成的，缺一不可：「要之，捨西學而言中學，其中學必

〔註140〕《嚴復集·與外交報主人論教育書》。
〔註141〕《康有内外篇·理學篇》。
〔註142〕《康子内外篇·人我篇》。

先爲無用；捨中學而言西學，其西學必爲無本。無用無本，皆不足以治天下，雖庠序如林，逢掖如鯽，適以蠹國，無救危亡。」〔註143〕

　　因爲對於西學與中學的關係持這種態度，因此對於社會上流行的關於西學的兩種極端看法，康有爲予以了剖析。他認爲：「近人言洋學者，尊之如帝天；鄙洋學者，斥之爲夷狄。僕以爲皆未嘗深求其故者矣。夫中西之本末絕異有二，一曰勢，一曰俗，二者既異，不能復以中國之是非繩之也。」〔註144〕而何爲勢異？何爲俗異呢？康有爲認爲所謂勢異，就是：「中國自三代以來，爲一統之國，地既廣邈，君亦日尊，以一君核萬里之地，又有自私之，長駕遠馭，勢有所限，其爲法也守，其爲治也疏，聽民之自治，然亦幸賴其疏且守，若變且密，則百弊叢生矣。泰西自羅馬之後，散爲列國，爭雄競長，地小則精神易及，爭雄則人有憤心，君慮己而下士，士尙氣而競功，下情近而易達，法變而日新。」〔註145〕而所謂俗異則是：「中國義理，先立三綱，君尊臣卑，男尊女卑，積之久而君與男子縱慾無厭，故君尊有其國，男兼數女。泰西則異是，君既多則師道大行而教皇統焉，故其紀元用師而不用君也。君既卑，於是君民有平等之俗，女既少，則女亦不賤，於是與男同業而無有別之義。」〔註146〕從康有爲的論述可見，西學不論是在「勢」上，還是在「俗」上，均要高於中學，所以對於西學不能用中學的標準去衡量，而是要學習與仿照。特別是對於西方的政教，康有爲認爲雖然「泰西政比於三代，猶不及也」，但是「今之中國既大變先聖之法，而反令外夷近之，……故僕所欲復者，三代兩漢之美政，以力追祖考之彝訓，而鄰人之有專門之學，高異之行，合乎吾祖考者，吾亦不能不折取之也。」〔註147〕這樣，康有爲不僅認識到了中國落後的癥結是在政治制度上，而且也對向西方學習政教的行爲做了合法性論證。

　　而向西方的政教學習什麼？康有爲和其他維新派政治哲學家們一致認爲是君主立憲制。如康有爲就認爲：「東西各國之強，皆以立憲法開國會之故，國會者，君與國民共議一國之政法也。蓋自三權鼎立之說出，以國會立法，以法官司法，以政府行政，而人主總之，立定憲法，同受治焉。人主尊爲神

〔註143〕《飲冰室合集・文集之一・西學書目表序例》。
〔註144〕湯志鈞主編・康有爲政論集〔C〕，北京：中華書局，1981：47。
〔註145〕湯志鈞主編・康有爲政論集〔C〕，北京：中華書局，1981：47。
〔註146〕湯志鈞主編・康有爲政論集〔C〕，北京：中華書局，1981：47。
〔註147〕湯志鈞主編・康有爲政論集〔C〕，北京：中華書局，1981：47。

聖，不受責任，而政府代之，東西各國，皆行此政體，故人君與千百萬之國民，合爲一體，國安得不強？」〔註148〕梁啓超也認爲君主立憲是「政體之最良者也」。〔註149〕

對於君主立憲制而言，它是西方資產階級與封建勢力相妥協的產物，因此具有一定的封建性。而對於當時的維新派而言，他們雖然作爲中國早期資產階級具有著一定的進步性，但是由於他們脫胎於中國舊有的封建勢力，並且長期受到中國傳統文化的薰陶，特別是康有爲還是一代儒學大師，因此來講，君主立憲制比起民主共和制則更利於維新派們所認可。另外，雖然維新派們試圖給予西學與中學以平等的地位，但是他們在實質上則並不是「『中體西用』論的掘墓人」，〔註150〕相反，從維新派，特別是康有爲理論的整體性來看，他們的思想仍舊是在「中體西用」論的思維範式中展開的。

如康有爲在其代宋伯魯所擬的關於改革科舉制的奏折衷，就這樣寫道：「夫中學體也，西學用也，無體不立，無用不行，二者相需，缺一不可。」〔註151〕另外，在光緒帝爲「變法自強」而頒佈的《明定國是詔》中也明確表示：在「王公以及士庶」「博採西學之切於時務者實力講求」時，一定要「以聖賢義理之學植其根本」。可見，這次變法仍是以「中體西用」作爲規範的。

另外，在戊戌變法後，爲了解救被慈禧所囚禁的光緒帝，康有爲曾出任保皇會〔註152〕正總會長之職，梁啓超爲副總會長。康有爲認爲欲救中國，唯一辦法就是：「救我變法愛民之聖主而已」，並認爲：「我聖主一復位，則以中

〔註148〕湯志鈞主編‧康有爲政論集〔C〕，北京：中華書局，1981：338。

〔註149〕《飲冰室合集‧文集之五‧立憲法議》。

〔註150〕丁偉志、陳崧在其所著的《中西體用之間》。中認爲：「康、梁『新學』，就其實質而不就其聲明來看，它已經不是『中體西用』論的擁戴者，相反地，它事實上已經成爲『中體西用』的掘墓人。」(丁偉志、陳崧‧中西體用之間〔M〕，北京：中國社會科學出版社，1995：242)。

〔註151〕湯志鈞主編‧康有爲政論集〔C〕，北京：中華書局，1981：294。

〔註152〕「保皇會」全稱爲「保救大清光緒皇帝會」或「保救大清皇帝公司」，也被稱作「中國維新會（Chinese Empire Reform Association）。它前身爲「保商會」，是由華僑李福基、馮秀石及其子馮俊卿、徐爲經、駱月湖、劉康恒於1899年7月20日創建的。而爲何「保商會」又叫作「保皇會」，據康有爲次女康同璧回憶説：「華僑十九皆商，故保皇即保僑，亦即團結華僑以愛衛祖國之會也。旋有人獻議保皇乃可保國，乃易名保皇會。時那拉后與守舊派正謀危光緒，故保皇云者，當時抗那拉氏之謀而言，此保皇會之緣起也。」(康同璧，南海康先生年譜續編〔M〕，臺北：臺北文海出版社，1972：2)。

國之君權，雷厲風行，期月三年，中國已可自立矣。」〔註153〕不光康有爲這樣認爲，梁啓超也認爲：「但使皇上有復權之一日，按次第以變法，令行禁止，一二年間，一切積弊，可以盡去；一切美政，可以盡行。」〔註154〕

後來，隨著辛亥革命的勝利，康有爲的思想雖然有所改變，從以前的「忠君」變爲「虛君」，但是他仍不贊成在中國實行民主共和制，他認爲：「夫共和既易釀亂，而世君又必專制，皆不可行矣。然則如何？夫立憲與共和皆以國爲公有，無分毫之異也。所異者國有木偶之虛君否耳，無木偶之虛君，則人爭總統而日亂，有木偶之虛君，則人爭總理而不亂。」〔註155〕

可見，不論是變法中，還是在變法後，康有爲的政治哲學始終是以皇帝爲中心來展開的。因爲皇權仍處於中心位置，所以對於康有爲一生所追從的君主立憲制而言，其實質也是在「借法自強」，並不是眞要實行民主制，這正如後來脫離康有爲的梁啓超所講：「先生之議，謂當以君主之法，行民權之意，若夫民主制度，則期期以爲不可，蓋獨有見，非徒感今上之恩而已。」〔註156〕

所以從理論本質來講，康有爲並不是主張實行民主制，因而對於康有爲以及追隨其的其他維新派們而言，他們的思維仍是在洋務派及早期維新派們堅持的「中體西用」的範式內跳動，而如果說他們的理論比以前有所突破的話，則只能說他們在「用」的範圍上突破了以前的「器物中心」論，把思維的重點落實在了西方的政治文明上。所以從這種層面上看，認爲維新派的理論已經完全不同於其之前的理論，則是需要推敲的。

第三節　近代體用觀的現代反省

誠然，歷史的車輪已經駛出了那戰火紛飛、任人欺凌的中國近代，但是歷史車輪的離去並不代表這段歷史自此將被永遠地塵封。對於歷史，我們還有許多的地方需要去重新追憶、重新審視。

對於近代的體用觀，雖然現在距它的提出與成熟已逾百年，但是它所遺留給我們的思考卻並沒有因爲歷史的久遠而失去其璀璨的魅力，現在我們重新審視它，仍能發現埋藏於其間的許多價值意義。

〔註153〕康有爲．康有爲與保皇會〔M〕，上海：上海人民出版社，1982：246。
〔註154〕《論中國政變書》，《戊戌變法》（二）。
〔註155〕《康有爲先生年譜．中國今後籌安定策》。
〔註156〕《飲冰室合集．文集之六．南海康先生傳》。

一、衝破道義論的束縛

在各種並存的政治哲學中，直接與功利主義具有鮮明的理論分歧的就要屬道義論了。從道義論所堅持的思想內容上看，它主張判斷一個人行為的正確與否，不看行為的結果，而是要看行為本身或行為所依據的原則是不是符合道義的原則，也就是說：「道義論主張，除了行為或規則的後果的善惡之外，還有其他可以使一個行為或規則成為正當的或應該遵循的理由——這就是行為本身的某種特徵，而不是它所實現的價值。」〔註157〕

和其他國家一樣，道義論在我國傳統政治哲學中同樣也是佔據著相當大的比重。在我國，道義論的典型代表就是儒家政治理論。可以說，從先秦時期的孔、孟、荀，到西漢的董仲舒，再到兩宋時期的二程、朱熹，儒學不僅完成了其自身理論的充分哲理化，而且也使得傳統道義論發展到了極至。

在道義論中，「義」相對於「利」佔有著絕對的主導地位，如在《孟子》中就記錄了這樣一段話：「孟子見梁惠王，王曰：叟不遠千里而來，亦將有以利吾國乎？孟子對曰：王何必曰利，亦有仁義而已矣……苟為後義而先利，不奪不厭。未有仁而遺其親者也，未有義而後其君者也。王亦曰仁義而已矣，何必曰利。」〔註158〕不光孟子，荀子也認為：「榮辱之大分，安危利害之常體，先義而後利者榮，先利而後義者辱，榮者常通，辱者常窮，通者常制人，窮者常制於人，是榮辱之大分也。材愨者常安利，蕩悍者常危害，安利者常樂易，危害者常憂險，樂易者常壽命長，憂險者常夭折，是安危利害之常體也。」〔註159〕

但是需要指出的是，雖然道義論反對功利主義所崇尚的原則，但是這並不表明道義論對於功利主義的一概否定，相反，在事實上，道義論並不完全排斥功利主義。在理論界，人們之所以形成對道義論的誤解，關鍵是沒有真正弄清楚在道義論中，功利論究竟處於何等地位。

對於功利的地位，孔子講：「富與貴，是人之所欲也，不以其道得之，不處也；貧與賤，是人之所惡也，不以其道得之，不去也。君子去仁，惡乎成名？君子無終食之間違仁，造次必於是，顛沛必於是。」〔註160〕可見，在道

〔註157〕〔美〕威廉・K・弗蘭克納・善的求索——道德哲學導論〔M〕，黃偉合、包連宗、馬莉譯・瀋陽：遼寧出版社，1987：31。
〔註158〕《孟子・梁惠王上》。
〔註159〕《荀子・榮辱》。
〔註160〕《論語・里仁》。

義論中，不但沒有完全否定功利，而且也認為它是「人之所欲」。既然承認功利，那麼道義論為什麼又要對功利論進行極力地反對呢？我們知道功利論區別於道義論的顯著標誌就是：功利優先。因此雖然道義論也不完全排除功利，但是它並不同意為功利論所堅持的功利優先論，而是主張：道義優先、功利應在符合道義的範圍內來尋求：「仁義根於仁心之固有，天理之公也，利心生於物我之相形，人欲之私也。循天理，則不求利而自無不利，徇人欲，則求利未得而害已隨之。」〔註 161〕

　　因為認為「循天理，則不求利而自無不利，徇人欲，則求利未得而害已隨之」，故而一些政治哲學家便認為只要株守儒家經典、正人心，就能安身立命。關於這一點，在近代，特別是那些頑固派身上表現得尤為突出，他們以其所堅持的「道義」（本），對洋務派的「求強」之道（末），橫加指責：如大學士倭仁就認為「立國之道，尚禮義不尚權謀；根本之圖，在人心不在技藝」，〔註 162〕「欲求制勝，必求之忠信之人；欲謀自強，必謀之禮義之士」；〔註 163〕監察御史張盛藻也認為：「若以自強而論，則朝廷之強，莫如整紀綱、明政刑、嚴賞罰、求賢、養民、練兵、籌餉諸大端；臣民之強，則惟氣節一端耳」，只要「朝廷能養臣民之氣節」，就能夠「以之禦災而災可平，以之禦寇則寇可滅」。〔註 164〕在他們心目中，認為：「中國自堯舜以道統傳心，孔孟以聖賢垂教，歷數千年如一日。即偶有邪說異端，簧鼓煽惑於見聞，亦皆旋起旋滅，而於大道初無所加損。蓋天經地義，萬古不磨，中國之異於海外者在此，雖彼蒼亦不能強之使同也。」〔註 165〕可見，在這些道義論政治哲學家這裏，拋棄「禮義之本」而去逐「技藝之末」是萬不能實現自強的。但是，話又說回來，難道這些所謂的道義論政治哲學家真的要反對「自強」嗎？我想那倒是未必然。那他們本想「自強」，而又為何要阻撓洋務派及早期維新派的「自強」活動呢？這就需要來探求這些道義論政治哲學家的思想本質。從本質來講，他們是中國封建傳統和封建道德的最後辯護者，他們並不是對西方的技藝一概不識，他們所擔心的就是對這些西方器用文明的引進，勢必要造成「用夷變夏」的結果。出於這個令人擔心的結果，他們才不得以「深閉固拒，尊己而抑人」。〔註 166〕

〔註 161〕《孟子‧梁惠王上》。
〔註 162〕《籌辦夷務始末（同治朝）》，卷 47。
〔註 163〕《籌辦夷務始末（同治朝）》，卷 48。
〔註 164〕《籌辦夷務始末（同治朝）》，卷 47。
〔註 165〕《議覆赫威兩使臣論說》，《洋務運動》（一）。
〔註 166〕胡繩：帝國主義與中國政治〔M〕，北京：人民出版社，1953：63。

　　而對於洋務派及早期維新派而言，雖然他們的志向不算不宏偉，但是由於強大的頑固勢力的阻撓，他們不得不用心謀劃策略，經過百般思考，終於作出了「中體西用」──這一折中的功利性價值選擇。

　　現在，我們雖然就「中體西用」，完全可以指責洋務派及早期維新派作為中國早期資產階級的妥協性和軟弱性，但是我們必須認識到：一個歷史時期的政治哲學家，即使其思想再怎麼超前，它終歸也不能完全脫離當時的歷史、當時的政治而獨立存在，因此，我們與其苛求洋務派和早期維新派政治哲學家們，還不如透過政治哲學家的思想本身去挖掘其更深層的理論意義。我們要認識到正是這些政治哲學家們蹣跚的步履，才使近代的中國一步一步地從腐朽的封建文明逐漸過渡到先進的近代文明，同時也正是由於他們提出了「中體西用」這一折中主張，才使得中國向西方學習的腳步並沒有一開始就遭到完全的遏止。所以，對於「中體西用」的價值，我們要重新加以認識。

二、跨越過傳統「夷夏觀」的圍欄

　　在中國傳統的觀念中，自古就有一種排除異己的錯誤觀念，如孟子對道家、墨家就大加排斥：「聖王不作，諸侯放恣，處士橫議，楊朱、墨翟之言盈天下。天下之言，不歸楊，則歸墨。楊氏為我，是無君也；墨氏兼愛，是無父君，是禽獸也。……楊、墨之道不息，孔子之道不著，是邪說誣民，充塞仁義也。任意充塞，則率獸食人，人將相食。吾為此懼，閑先聖之道，距楊、墨……能言距楊、墨者，聖人之徒也。」〔註167〕這種排除異己的觀念，可以說在整個中國傳統思想中，佔有著很大的比重。

　　「排除異己」的發展，必然會導致排外思想的產生，而這排外的思想，在傳統政治哲學中就是「夷夏觀」。對於夷和夏的關係，孔子講：「夷狄之有君，不如諸夏之亡也。」〔註168〕在孔子的觀念中，即使中原諸國沒有君主，也要優於夷狄之有君主，言外之意就是：夷狄不如諸夏，只有用夏變夷，不能用夷變夏。

　　晉人江統繼承了孔子的思想，也認為：「夫夷蠻戎狄，謂之四夷，九服之制，地在要荒。《春秋》之義，內諸夏而外夷狄。以其言語不通，贄幣不

〔註167〕《孟子‧滕文公下》。
〔註168〕《論語‧八佾》（這裏的「夷」指的是相對於古代中原的周邊地區，而「夏」則是指古代中原地區的華夏民族）。

同，法俗詭異，種類乖殊；或居絕域之外，山河之表，崎嶇川谷阻險之地，與中國壤斷土隔，不相侵涉，賦役不及，正朔不加，故曰：『天子有道，守在四夷』」。〔註169〕

後來，到了唐代爲了排除佛教，重塑儒學的正統地位，韓愈也擡出了傳統的夷夏之論。他認爲：「夫佛本夷狄之人，與中國言語不通，衣服殊制；口不言先王之法言，身不服先王之法服，不知君臣之義，父子之情。……孔子之作《春秋》也，諸侯用夷禮而夷之，進於中國則中國之。經曰：『夷狄之有君，不如諸夏之亡。』詩曰：『戎狄是膺，荊舒是懲。』今也擧夷狄之法而加之先王之教之上，幾何其不胥而爲夷也。」〔註170〕

如果說傳統的夷夏之別，只是發生在中國內地與邊陲，且對中原的發展並無大礙（四方周邊地區的經濟事實上也確實不如中原發達）的話，到了近代，特別是中西方文化開始接觸之後，這種盲目排外的夷夏觀則成了中國近代化的天然阻礙。

對於西方文化的排斥，早在康熙時代就已經存在，當時的楊光先就認爲：「而世方以其不合天象之交食爲準而附和之，是以西洋邪教爲我國不可無之人，而欲招徠之，援引之，以自貽伊戚也。毋論其交食不準之甚，即使準矣，而大清國臥榻之內，豈慣謀奪人國之西洋人鼾睡地耶？從古至今，有不奉彼國差來朝貢而可越渡我疆界者否？有入貢陪臣不還本國，呼朋引類，散佈天下，而煽惑我人民者否？江統《徙戎論》，蓋早炳於幾先。以爲羽毛既豐，不至破壞人之天下不已。茲敢著書顯言，東西萬國及我伏羲與中國之初人，盡是邪教之子孫。其辱我天下人至不可以言喻，而人直受之而弗恥。異日者脫有蠢動，還是子弟拒父兄乎，還是子弟衛父兄乎？衛之於義不可，拒之力又不能，請問天下人何居焉？光先之愚見，寧可使中夏無好曆法，不可使中夏有西洋人。無好曆法不過如漢家不知合朔之法，日食多在晦日，而猶享四百年之國祚；有西洋人，吾懼其揮金以收拾我天下之人心，如厝火於積薪之下，而禍發之無日也。」〔註171〕

在鴉片戰爭後，當洋務派大談、大辦洋務之時，頑固派們仍然認爲夷夏之防不可更改。如倭仁就強烈反對請「西人教習」、「奉夷人爲師」，並認爲「夷

〔註169〕《徙戎論》。
〔註170〕《韓愈全集校室・諫迎佛骨表》。
〔註171〕《不得已・日食天象驗》。

人吾仇也」，他指出夷人於「咸豐十年，稱兵犯順，憑陵我畿甸，震驚我宗社，焚毀我園囿，戕害我臣民，此我朝二百年未有之辱。學士大夫無不痛心疾首，飲恨至今。朝廷亦不得已而與之和耳，能一日忘此仇恥哉？」〔註172〕和倭仁一樣，楊廷熙也反對師從西洋，認為：「夫洋人之與中國，敵國也，世仇也。……無論偏長薄技不足為中國師，即多材多藝，層出不窮，而華夷之辨，不得不嚴；尊卑之分，不得不定；名器之重，不得不惜。……一旦使之師事仇敵，……忠義之氣自此消矣，廉恥之道自此喪矣，機械變詐之行自此起矣」，這樣加上洋人「得步進步」，「恐西學未成而中原多故也」。〔註173〕

對於這種夷夏論，作為洋務大員的奕訢對之給予了堅決的回應。他認為「夫天下之恥，莫恥於不若人」，「西洋各國，雄長海邦，各不相卜者無論矣；若夫日本蕞爾國耳，尚知發憤為雄，獨中國狃於因循積習，不思振作，恥孰甚焉？今不以不如人為恥，而獨以學其人為恥，將安於不如而終不學，遂可雪其恥乎？」〔註174〕但是有一點需要指出的是，雖然洋務派和早期維新派反對傳統的夷夏觀，但是如果說在他們心中完全肯定西學並認為其超過中學的話，則不是切合實際的，用他們自己的話來講，他們向西學的目的就是：「師夷長技以制夷」、〔註175〕「以中國之倫常名教為原本，輔以諸國富強之術」、〔註176〕「今誠取西人器數之學，以衛吾堯、舜、禹、湯、文、武、周、孔之道，俾西人不敢蔑視中華。吾知堯、舜、禹、湯、文、武、周、孔復生，未始不有事乎此，而其道亦必漸被乎八荒，是乃所謂用夏變夷者也。」在他們心目中，中學相對於西學來講，仍然佔有著絕對的地位，只不過他們已經認識到傳統的中學已經不能完全勝任當時的需要，為應一時之需，才不得以輔以西學。然而，不管他們採西學的初衷為何，單就他們不再盲目排外、勇於大膽地吸收西方近代文明這一點來講，也是值得稱道的。因為正是這種有限制的吸收，為以後西學在中國全方位的傳播奠定了條件。

後來，在維新變法時期，雖然仍有人在鼓吹「夷夏之防」，但是維新派人士已經認識到：「今日大患，莫大於昧。」〔註177〕如康有為就為：「大地八十

〔註172〕《籌辦夷務始末（同治朝）》，卷47。
〔註173〕《籌辦夷務始末（同治朝）》，卷49。
〔註174〕《籌辦夷務始末（同治朝）》，卷46。
〔註175〕《海國圖志敘》。
〔註176〕《校邠廬抗議・採西學議》。
〔註177〕《康有為政論集・上清帝第五書》。

萬里，中國有其一；列國五十餘，中國居其一。地球之通自明末，輪路之盛自嘉、道，皆百年前後之新事，四千年未有之變局也。列國競進，水漲堤高，比較差等，毫釐難隱，故《管子》曰：『國之存亡，鄰國有焉。眾治而己獨亂，國非其國也。眾合而己獨孤，國非其國也。』頃聞中朝諸臣，狃承平臺閣之習，襲薄書期會之常，猶復以尊王攘夷，施之敵國，拘文牽例，以應外人，屢開笑資，為人口實。譬淩寒而衣絺紛，當涉川而策高車，納侮招尤，莫此為甚。」〔註178〕另外，梁啟超也認為：「孔子曰：『天子失官，學在四彝。』《春秋》之例，彝狄進至中國，則中國之。古之聖人未嘗以學於人為慚德也。」〔註179〕除康、梁之外，譚嗣同也表達了這一思想，他講：「更思足下輕敵之意，殆猶以為彼夷狄耳。此天下士大夫之通病，有斷斷不可不改者。語曰：『知己知彼。』先必求自之有可重，而後可輕人。今中國之人心風俗政治法度，無一可比數於夷狄，何嘗有一毫所謂夏者！即求並列於夷狄，猶不可得，遑言變夷耶？」〔註180〕

　　可見，維新派們不僅從文化上打破了傳統思想中的「夷夏之防」，而且也從政治上把打破「夷夏之防」作為了實現自強的必由之路。這樣，困擾中國思想界兩千多年的夷夏之別終於隨著歷史的車輪得以壽終正寢了，自此中國近代開始了大踏步地向西方學習的歷程。

〔註178〕《康有為政論集・上清帝第五書》。
〔註179〕《飲冰室合集・文集之六・中國史敘論》。
〔註180〕《譚嗣同全集・報貝元徵》。

第四章　義與利：功利主義
與中國近代義利觀

　　在中國傳統政治哲學史上，關於義利關係的辨析，可以說是由來已久，從先秦的諸子百家到清初的唐甄、顏元，基本上貫穿了整個中國傳統政治哲學發展的始終，因此來講，對於義利問題的研究，不僅有助於我們清晰地認識我國各個歷史時期的政治哲學，而且也有助於我們對整個中國傳統政治哲學進行總體性把握。

　　總的來講，在中國傳統政治哲學史上，關於義利關係的體認，大致形成了兩個大的派別：其中一派就是以「重義輕利」為思想主旨的道義論，而另一個派則是以「重利輕義」為思想主旨的功利論。這兩個派別由於彼此所持的立場的不同，導致了二者在理論上的長期論爭，這就是我們在傳統政治哲學史中常講的「王霸義利之辯」。

　　在中國近代，由於特殊的歷史時局，致使關於義利關係的辨析又成為了當時的一個重要的話題。在這場爭論中，以龔自珍、魏源為代表的開明知識分子、以及其後的洋務派、早期維新派、維新派和革命派，分別從功利主義的視角對義利問題予以了不同程度的深刻辨析。這些辨析不僅豐富了自傳統以來的「義利之辯」，而且還給予了當時的所謂道義論者有力地回擊。

第一節　義利之辯的歷史由來

　　關於義利之辯的歷史由來，可以說是一個古老的話題。要弄清這個話題，我們首先應從「義」與「利」的字型演化上來考察。

　　「義」的最早出現是在甲骨文中，當時的「義」是由一個頭戴羊形頭冠、手拿三叉戈形武器的人來表示的。後來「義」根據甲骨文中的字型演化爲了「義」。因爲在古代，「羊」是「聰明、正直、公忠、無私、極有理智的動物，所以古人也就以羊爲美善吉祥的象徵」，〔註 1〕而「我」的本義又是指一種戈形武器，〔註 2〕所以在古代「義」（也就是「義」）的本義就是以「我」——這個戈形武器來捍衛由「羊」所代表的美善吉祥。後來，經過演化，古人在原來美、善的基礎上，又賦予了「義」「應該」的含義，「義者，宜也。」〔註 3〕而「利」據專家考證，在甲骨文中，它是指使用農具從事農業生產勞動以及收穫農業產品，〔註 4〕後來才逐步演變爲祭祀占卜所講的「吉利」，再後來又經進一步的引申，才衍生爲具有現代意義上的利益、功利之意。

　　可見，從「義」與「利」的字型演變來看，「義」在中國傳統思想中，是屬於道德的價值範疇，它所關注的是人們的行爲「應不應該」以及是否美善；而「利」則是屬於物質範疇，它關心的是人們在活動中究竟取得了什麼樣的效果，在多大程度上實現了人類在採取活動之前所希冀的物質需求。由於「義」與「利」分別屬於兩個截然不同的價值範疇，所以對「義」與「利」在具體的社會政治生活中孰爲第一性的辯證，便具有了十分重要的價值意義。

　　在中國傳統政治哲學中，關於義與利的辯證，大致有兩個重要時期，其一就是在先秦的「百家爭鳴」時期，其二便是在南宋時期。在先秦的「百家爭鳴」時期，儒家、墨家、道家分別從各自的思想路向出發，對義與利關係進行了深入的辯證，形成了中國思想史上第一次「義利之辯」的高潮。而在宋代，特別是在南宋時期，以朱熹爲代表宋代理學和以陳亮爲代表的永康學派、以葉適爲代表的永嘉學派之間展開的有關「王霸義利之辯」，則把先秦時期的「義利之辯」推向了又一個高潮。

　　首先，就先秦時期的「義利之辯」而言，雖然在當時學派眾多，但是具有影響力的則主要是集中在儒家、墨家和法家、〔註 5〕道家這三個學派中。

〔註 1〕丁山・中國古代宗教與神話考〔M〕，上海：龍門聯合書局，1961：287。
〔註 2〕李孝定編述・甲骨文集釋（第 12 卷）〔M〕，臺北：臺灣中央研究院歷史語言所，1970：3797。
〔註 3〕《四書章句集注・中庸》。
〔註 4〕郭沫若・郭沫若全集（考古編第 1 卷）〔M〕，北京：科學出版社，1982：88。
〔註 5〕雖然墨家與法家分屬於兩個派別，但是在義利觀方面，由於雙方都顯現出一定的功利性，故這裏姑且把這二者合在一起作爲一個派別來考慮。

就儒家而言，在「義利之辯」上，他們主要是堅持「重義輕利」，強調在人們行動中首先要考慮的就是此行動是否符合道義的要求。

在這方面，孔子可以說是儒家的倡導者，他強調「君子義以爲質」、〔註6〕「君子義以爲上」、〔註7〕「君子喻於義，小人喻於利」。〔註8〕雖然他也肯定人們對實際功利的追求，但是在對這種功利的如何取得上，孔子則有自己的見解，他認爲：「富而可求也，雖執鞭之士，吾亦爲之」，但是「不義而富且貴，於我如浮雲。」〔註9〕

和孔子不同，其身後的孟子則認爲義與利是完全對立的，在《孟子·梁惠王上》中，對於梁惠王「何以利吾國」的問話，孟子答覆道：「王！何必曰利？亦有仁義而已矣。王曰，『何以利吾國？』大夫曰，『何以利吾家？』士庶人曰，『何以利吾身？』上下交征利而國危險矣。萬乘之國，弒其君者，必千乘之家；千乘之國，弒其君者，必百乘之家。萬取千焉，千取百焉，不爲不多矣。苟爲後義先利，不奪不饜。未有仁而遺其親者也，未有義而後其君者也。」〔註10〕另外，孟子還進一步引申道：「爲人臣者懷利以事其君，爲人子者懷利以事其父，爲人弟者懷利以事其兄，是君臣、父子、兄弟終去仁義，懷利以相接，然而不亡者，未之有也。」〔註11〕

和孟子相比，荀子對於義利關係的表達則沒有那麼直接，而是繞了一個大圈子。在荀子這裏，他首先肯定了人的求利欲望是人情的必然，「性者，天之就也；情者，性之質也；欲者，情之應也。以所欲爲可得而求之，情之所必不免也；以爲可而道之，知所必出也。」〔註12〕但是，對於利欲的追求，荀子並不認爲是隨意的，他認爲對於利欲的追求應當節制，「欲雖不可盡，可以近盡也；欲雖不可去，求可節也。所欲雖不可盡，求者猶近盡；欲雖不可去，所求不得，慮者欲節求也。道者，進則近盡，退則節求，天下莫之若也」，〔註13〕「故知節用裕民，則必有仁義聖良之名，而且有富厚丘山之積矣。」

〔註6〕《論語·衛靈公》。
〔註7〕《論語·陽貨》。
〔註8〕《論語·里仁》。
〔註9〕《論語·述而》。
〔註10〕《孟子·梁惠王上》。
〔註11〕《孟子·告子下》。
〔註12〕《荀子·正名》。
〔註13〕《荀子·正名》。

〔註14〕可見，荀子繞了一個圈子之後，仍然強調的是「重義輕利」、〔註15〕「先義而後利」。〔註16〕

相對於儒家的「重義輕利」觀，墨家則提出了另外一種觀點。對於墨家而言，雖然它也強調要「貴義」，但是它所講求的「義」並不是純粹道德意義上的「義」，而是以「功利」為其基礎的「義」，也就是說，在墨家這裏判定義與不義的標準不再是依據於道德，而是依據於「利」（公利），如墨家就認為：「所以貴良寶者，可以利民也。而義可以利人，故曰：義，天下之良寶也。」〔註17〕鑒於此，墨家認為應「義利合一」：「古者明王聖人，所以王天下正諸侯者，彼其愛民謹忠、利民謹厚、忠信相連，又示之以利，是以終身不饜，歿世而不倦。」〔註18〕這種強調「義利合一」的理論基調，無疑為後世的功利主義政治哲學開闢了道路。

另外，和墨家的義利觀相似，法家的義利觀也具有一定的功利主義色彩。以韓非為例，他認為在世間，人人「自為」，人人「利異」，「公」與「私」是絕對對立的，「古者蒼頡之作書也，自環者謂之私，背私者謂之公，公私之相背也，乃蒼頡固以知之矣。」〔註19〕從此出發，他認為：「害身而利國，臣弗為也；害國而利臣，君不為也。」〔註20〕

最後，再來看一下道家的政治哲學。和前兩派相比，道家走的是一條極為極端的道路，他們主張在現實生活中要「絕仁棄義」和「無欲」，也就是說，道家既不強調義，也不主張利。

對於義，道家創始人——老子認為：「大道廢，（安）有仁義。智慧出，（安）有大偽。六親不合，（安）有孝慈。國家昏亂，（安）有貞臣」，〔註21〕「失道而后德，失德而後仁，失仁而後義，失義而後禮。夫禮者，忠信之薄，而亂之首也」。〔註22〕和老子一致，其後學莊子也認為：「道德不廢，安有仁

〔註14〕 《荀子·富國》。
〔註15〕 《荀子·成相》。
〔註16〕 《荀子·榮辱》。
〔註17〕 《墨子·耕柱》。
〔註18〕 《墨子閒詁·節用中》。
〔註19〕 《韓非子集解·五蠹》。
〔註20〕 《韓非子集解·飾邪》。
〔註21〕 《老子·十八章》。
〔註22〕 《老子·三十八章》。

義？……性情不離，安有禮樂？……毀道德以爲仁義，聖人之過也。」〔註23〕而對於「利」，老子認爲應使民無知無欲，「不見可欲，使心不亂」〔註24〕。相對於老子的「無欲」，莊子進一步認爲還應該「人而無情」。

可見，先秦的「義利之辯」，基本上奠定了中國傳統政治哲學史上關於義利關係的三個基本理論形態，即：重義輕利、重利輕義和絕仁禁欲。雖然這三種理論形態均具有一定的理論價值意義，但是在先秦之後，等待三者的命運卻並不相同。

首先對於「重義輕利」這種理論形態而言，在西漢的董仲舒提出「罷黜百家，獨尊儒術」之後，它逐漸登上了中國政治哲學的正統，影響了以後中國近二千來年的政治及文化的發展。

其次就「重利輕義」而言，雖然它開啓了中國傳統功利主義的先河，但是在儒家正統地位的左右下，這種功利主義的思想傾向卻始終沒有成爲中國傳統政治哲學的正統。但是，需要指出的是，雖然「重利輕義」的思想主張沒有獲取中國傳統政治哲學的正統地位，但是其自身的價值則並沒有被歷史所吞噬，相反，每在民族危機、百廢待興的關鍵時刻，它都能扮演一個重要的角色，唱重頭戲。

相對於這二者，道家的「絕仁禁欲」的義利觀則沒有這麼幸運。在先秦之後，雖然有過黃老之學、魏晉玄學的發展，但終因不符合歷史潮流，而遭到了歷史的遺棄。

相比於先秦，在中國傳統政治哲學上，第二次關於義利關係的討論則爆發在中國的南宋。在這場爭辯中，其主要代表：一方就是南宋理學的代表朱熹，另一方則是南宋浙東功利主義學派的代表陳亮、葉適。

首先就朱熹而言，作爲南宋道義論的主要代表，他認爲要嚴辨義利，認爲追求義「便是向聖賢之域」，追求利「便是趨愚不肖之徒」。〔註25〕鑒於此，他認爲：「凡事不可先有個利心，才說著利，必害於義。聖人做處，只向義邊做」，〔註26〕所以對於君子而言，應「只知有義而已，不知利之爲利」。〔註27〕可見，在朱熹的思想世界中，義對於利來講，不僅具有著絕對的優先性，而

〔註23〕　《莊子‧馬蹄》。
〔註24〕　《老子‧三章》。
〔註25〕　《朱子全書》，卷五十七。
〔註26〕　《朱子語類》，卷五十一。
〔註27〕　《朱子語類》，卷二十七。

且還是衡量一切行為正確與否的唯一道德前提。

　　但是有一點必須要澄清，這就是在道德價值之外，朱熹並不是一概否定「利」的存在。他認為「義之和處便是利。如君臣父子各得其宜，此便是義之和處，安得謂之不利！」〔註28〕但是，這並不等於說朱熹肯定了「利」，因為他只是認為：「只認義和處便是利，不去利上求利了。」〔註29〕

　　而作為南宋浙東功利主義學派的代表──陳亮、葉適則堅持的是另外一種義利觀。

　　陳亮認為：「道之在天下，平施於日用之間」，「而其所謂平施於日用之間者，與生俱生，固不可得而離也。」〔註30〕在他眼中，義並不是獨立於利之外的東西，而是寓之於利中。因此，陳亮不同意朱熹根據其所持的道義論對漢、唐歷史所做的歷史評判，他認為「謂之雜霸者，其道固本於王也。諸侯自處者曰義曰王，漢唐做得成著曰利曰霸。一頭自如此說，一頭自如彼做；說得雖甚好，做得亦不惡：如此卻是義利雙行，王霸並用。如亮之說，卻是直上直下，只有一個頭顱做得成耳！」〔註31〕

　　和陳亮一致，葉適也對自先秦到漢儒、再到兩宋政治哲學家所秉承的義利觀提出了異議，他認為：「仁義正誼不謀其利，明道不計功，此語初看極好，細看全疏闊。古人以利與人而不自居其功，故道義光明。後世儒者行仲舒之論，既無功利，則道義者乃無用之虛語爾。」〔註32〕所以，葉適認為應「崇義以養利，隆禮以致力」。〔註33〕

　　對於宋代的「義利之辯」，雖然不能一下子斷定孰是孰非，但是有一點還是值得思考的。在以往關於宋儒「義利之辯」的討論中，我們往往是從實現國家富強、民族振興的角度，來斷定二者的孰是孰非，並且以此認為以朱熹為代表的道義論是性理空談、誤國誤民，而以陳亮、葉適為代表的功利論則是利國利民的。但是現在看來，這種論斷很是值得商榷的。因為從政治哲學家本身來講，即使朱熹再怎麼強調「義」的重要，也不至於置國家的安危而不顧，一味地坐講道義，這其中一定有其這樣做的理由。如果我們仔細考察

〔註28〕 《朱子語類》，卷六十八。
〔註29〕 《朱子語類》，卷三十六。
〔註30〕 《陳亮集‧經書發題‧詩經》。
〔註31〕 《陳亮集‧又甲辰秋書》。
〔註32〕 《習學記言序目‧漢書‧列傳》。
〔註33〕 《葉適集‧進卷‧士學上》。

朱熹的理論，便可以知道：朱熹之所以花大力氣來坐講道義，其主旨並不是要所有人都放棄對富國強兵的追求，而是力圖要在功利之外建立起一個理性的價值判斷標準，用他話來講，就是「斂然於規矩準繩，不敢走作之中，而其自任天下之重者，雖賁、育莫能奪也。」〔註34〕從這點來看，朱熹的眼光要遠比陳亮、葉適深遠，因爲這樣做可以有效地防止由於急功近利而導致的對社會現實生活所造成的不必要的危害。

在宋代之後，明代的王陽明、明清之際的唐甄、顏元、李塨以及戴震等政治哲學家雖然都對義利之間的關係做了不同程度的體認，但是從大方向的來講，並沒有超出宋代政治哲學家所界定的思想園囿，從而也沒有形成像先秦和宋代那樣的大的思想論爭。

第二節　近代中國對於義與利的功利性體認

從人類思想發展的歷程來看，能夠引起政治哲學家對社會問題進行集中思考的階段，往往是一個社會處於內憂外患、動蕩不安的特殊時期。從上述關於「義利之辯」的歷史考察來看，無疑也證明了這一點。

相對於古代來講，近代特殊的歷史環境，致使傳統的「義利之辯」，在經歷了一段相對沉寂之後，又重新成爲了爲眾多政治哲學家所熱衷思索的問題。但在這時，政治哲學家們除了部分地繼承了傳統「義利之辯」的優秀成果外，還更多地根據時代的發展，賦予了它新的理論內容。這些新內容的增加，不僅使得傳統的「義利之辯」在近代愈加豐滿，而且也爲中國近代化的發展指明了方向。

另外值得一提的是，近代「義利之辯」的論戰雙方在力量對比和發展趨勢上，與傳統相比，則發生了明顯的位置顛倒。在這時，功利主義再也沒有被當時的道義論所俘虜，而是衝破了傳統道義論的思想局限，充分展示了其思想魅力及力量所在。

一、「利民」與「利國」：龔自珍、魏源的功利主義義利觀

鴉片戰爭前後，由於國內的政治危機及外國勢力的侵略，使得地主階級中的一部分開明知識分子終於從對漢學的「訓詁」和對宋學「性命義理」的

〔註34〕《陳亮集·寄陳同甫書六》。

研習中掙脫出來，開始面對現實重新思索自身所生活的現實世界。就是在這樣的大歷史背景下，一種區別於漢學和宋學、旨在探索和解決實際問題的「經世之學」便應運而生，而這種「經世之學」的主要代表就是當時著名的政治哲學家——龔自珍與魏源。

對於龔自珍而言，他針對當時的社會現實，突破了長期以來理學思想束縛，在義利的關係上，提出了重視個體權利的「人情懷私」和「私非惡」的義利觀。

龔自珍認為「人情懷私」並不是現在才發生的事情，可以說自古就有，「懷私者，古人之情也」。〔註35〕對於「私」，龔自珍認為世間萬物，包括人在內，都具有普遍的意義，「天有閏月，以處贏縮之度，氣盈朔虛，夏有涼風，冬有煥日，天有私也；地有畸零華離，為附庸閒田，地有私也；日月不照人床闥之內，日月有私也。聖帝哲后，明詔大號，劬勞於在原，咨嗟於在廟，史臣書之。究其所為之實，亦不過曰：庇我子孫，保我國家而已，何以不愛他人之國家，而愛其國家？何以不庇他人之子孫，而庇其子孫？且夫忠臣憂悲，孝子涕淚，寡妻守雌，……忠臣何以不忠他人之君，而忠其君？孝子何以不慈他人之親，而慈其親？寡妻貞婦何以不公此身於都市，乃私自貞私自葆也？……今日大公無私，則人耶，則禽耶？……先私而後公也。」〔註36〕因為天、地、日、月、聖帝、哲后，都有「私」的一面，故而利己不僅無可厚非，而且還是人之常情。

另外，從這種「人情懷私」的利己觀念出發，龔自珍論證了現實世界中宗法倫理關係的起源。他認為：「生民之故，上哉遠矣，天穀沒，地穀茁，始貴智貴力，有能以尺土出穀者，以為尺土主；有能以倍尺若十尺、伯尺出穀者，以為倍尺、十尺、百尺主；號次主曰伯。帝若皇，其初盡農也，則周之主伯歟？古之輔相大臣盡農也，則周之庸次比藕之亞旅歟？」〔註37〕這樣，龔自珍就認為君主不僅不是天生，而且君權也並不是由天授予的，君主的出現、君權的所有完全是農業發展的結果。因為君主與君權都是根植於農業，所以愛民、利民理應是君主不可推卸的責任，「上古不諱私，百畝之主，必予其子」。〔註38〕鑒於這樣的宗法關係，龔自珍認為「父不私子則不慈，子不業

〔註35〕《龔自珍全集·送廣西巡撫梁公序三》。
〔註36〕《龔自珍全集·論私》。
〔註37〕《龔自珍全集·農宗》。
〔註38〕《龔自珍全集·農宗》。

父則不孝，餘子不尊長子則不悌，長子不瞻餘子則不義。」〔註39〕

　　由於「人情懷私」，現實世界中的宗法倫理關係也是源於「私」，故而龔自珍在利益關係上，勇敢地提出了利己的主張。從利己觀出發，龔自珍提出了更法、改制的功利主張。

　　和龔自珍不同，對於義利關係的體認，魏源則並沒有從人性入手，而是直接以人的地位及價值為出發點，提出了利民、利國的功利主義義利觀。

　　魏源認為：「人者，天地之仁也。……天子者，眾人所積而成，而侮慢人者，非侮慢天乎？人聚則強，人散則尪，人靜則昌，人訟則荒，人背則亡，故天子自視為眾人中之一人，斯視天下為天下之天下。」〔註40〕因此在魏源看來，一個社會進步與否的標誌就在於是否利民、便民。

　　而如何便民、利民呢？魏源認為首先一點就是要變法。他認為：「變古愈盡，便民愈甚。……天下事，人情所不便者變可復，人情所群便者變則不可復。江河百源，一趨於海，反江河之水而復歸之山，得乎？履不必同，期於適足；治不必同，期於利民。」〔註41〕在魏源看來，後世之所以優於前世，就是因為後世更能利民、便民，因此愈是變古，便民的程度也就會愈甚。

　　從這種利民、便民的角度出發，魏源認為：「治天下之具，其非勢、利、名乎！」，〔註42〕關鍵是利民，「聖人以名教治天下之君子，以美利利天下之庶人。求田問舍，服賈牽牛，以卿大夫為細民之行則譏之，細民不責以卿大夫之行也。故《國風》刺淫者數十篇，而刺民好利者無一焉。……故於士大夫則開之於名而塞於利，於百姓則開之於利而坊之淫。……世之極盛也，使天下以義為利，其次則以民為利。」〔註43〕這樣，魏源就從名、利之間關係的角度，論證了民眾求利的正當性。同時，對士大夫「開之於名而塞於利」，則遏止了士大夫利用國家機器來謀取私利的行為。

　　在強調利民的同時，魏源還提出了「利國」的觀念。對於如何利國，魏源認為首先要知恥：「《記》曰：『物恥足以振之，國恥足以興之。』故昔帝王處蒙業久安之世，當渙汗大號之日，必（〔註44〕）然以軍令飭天下之人心，

〔註39〕《龔自珍全集·農宗》。
〔註40〕《魏源集·默觚下·治篇三》。
〔註41〕《魏源集·默觚下·治篇五》。
〔註42〕《魏源集·默觚下·治篇三》。
〔註43〕《魏源集·默觚下·治篇三》。
〔註44〕此字，左為「隙」字的右半部分，右為「虎」字。

皇然以軍事軍食延天下之材。人材進則軍政修，人心肅則國威遒。一喜四海春，一怒四海秋。五官強，五兵昌，禁止令行，四夷來王：是之謂戰勝於廟堂。」〔註45〕其次要「見利思義」、「見利思害」。他認為：「無故之利，害之所伏也；君子惡無故之利，況為不善以求之乎？不幸福，斯無禍；不患得，斯無失；不求榮，斯無辱；不干譽，斯無毀。暴實之木根必傷，掘藏之家必有殃。非其利者勿有也，非其功者勿居也，非其名者勿受也。」〔註46〕最後，魏源主張要「以實事程實功，以實功程實事」，反對程朱理學的空談性命義理、沒有任何實效的道德說教，認為：「自古有不王道之富強，無不富強之王道。王伯之分，在其心不在其迹也。……《洪範》八政，始食貨而終賓師；無非以足食足兵為治天下之具。……使其口心性，躬禮義，動言萬物一體，而民瘼之不求，吏治之不習，國計邊防之不問；一旦與人家國，上不足制國用，外不足靖疆圉，下不足蘇民困，舉平日胞與民物之空談，至此無一事可效諸民物，天下亦安用此無用之王道哉？《詩》曰：『監觀四方，求民之莫。』」〔註47〕

這樣，魏源從時代的要求出發，突破了自兩宋以來人們在思想觀念上的束縛，把利民與利國有機地結合在了一起。

二、「貴利」與「重商」：洋務運動時期的義利之辯

和龔自珍、魏源一樣，在洋務運動中，洋務派及早期維新派們在探求國家富強、獨立的同時，也對「義」、「利」——這一對傳統的價值觀念做了更加深入地思考。他們認為國家要富強、獨立，就一定要破除以前為人們一直所遵循的「貴義賤利」、「重農抑商」的傳統道德理念，樹立「以商立國」、「義利並舉」的新的價值觀念，只有這樣，才能謀求當時及今後的政治發展。但是，在洋務派與早期維新派追求功利的同時，作為與之對立的頑固派則並沒有束手待斃，他們援引儒家經典，在義、利的價值選擇上，與洋務派和早期維新派展開了中國政治哲學史上新的一輪「義利之辯」。

首先就當時的頑固派而言，他們認為中國的傳統文化要遠遠優於西方的近代先進技術，因而在他們的頭腦中，治理國家理應繼續遵守「重義輕利」

〔註45〕 《聖武記敍》。
〔註46〕 《魏源集·默觚下·治篇十六》。
〔註47〕 《魏源集·默觚下·治篇一》。

的儒家傳統，以禮義制度作爲治理國家的根本，不應「師夷長技」，認爲這樣做就會「用夷變夏」。

對於頑固派來講，在他們的觀念中，始終認爲：「洋人之所長在機器，中國之所貴在人心」，〔註48〕「中國自堯舜以道統傳心，孔孟以聖賢垂教，歷數千年如一日。即偶有邪說異端，簧鼓煽惑於見聞，亦皆旋起旋滅，而於大道初無所加損。蓋天經地義，萬古不磨，中國之異於海外者在此，雖彼蒼亦不能強之使同也。」〔註49〕除此，他們還一致認爲：「彼（西洋）之人無禮樂教化，無典章文物，而沾沾焉惟利是視，好勇鬥很，恃其心思技巧以爲富強之計……豈知中國三千年以來，帝王代嬗，治亂循環，惟以德服人者始能混一區宇，奠定黎庶……要不在區區器械機巧之末也，曰有本在。本何在？在民。」〔註50〕

具體來講，大學士倭仁就認爲「立國之道，尚禮義不尚權謀；根本之圖，在人心不在技藝。今求一技之末，而又奉夷人爲師，無論夷人詭譎，未必傳其精巧；即使教者誠教，所成就者不過術數之士；古今來未聞有恃術數而能起衰振弱者也。天下之大，不患無才。如以天文算學必須講習，博採旁求必有精其術者，何必夷人？何必師事夷人？……所恃讀書之士，講明義理，或可維持人心。今復舉聰明雋秀，國家所培養而儲以有用者，變而從夷，正氣爲之不伸，邪氣因而彌熾。數年以後，不盡驅中國之眾咸歸於夷不止。……今天下已受其害矣，復揚其波而張其焰耶？聞夷人傳教，常以讀書人不肯習教爲恨；今令正途從學，恐所習未必能精，而讀書人已爲所惑，適墮其術中耳」，〔註51〕因此他堅持認爲：「欲求制勝，必求之忠信之人；欲求自強，必謀之禮義之士」，〔註52〕「古今來未聞有恃述數而能起衰振弱者也」。〔註53〕除倭仁之外，楊廷熙也認爲：「孔子不言天道，孟子不重天時，非故秘也，誠以天文數學、（〔註54〕）祥所寓，學之精者禍福之見太明，思自全而不爲世用，事事委諸氣數，而或息其忠孝節義之心；學之不精，則逆理違天，道聽途說，

〔註48〕《光緒元年二月二十七日通政使於淩晨奏摺》，《洋務運動》（一）。
〔註49〕《議覆赫威兩使臣論說》，《洋務運動》（一）。
〔註50〕《二知軒文存·機器論》，《洋務運動》（一）。
〔註51〕《籌辦夷務始末（同治朝）》，卷四十七。
〔註52〕《籌辦夷務始末（同治朝）》，卷四十八。
〔註53〕《籌辦夷務始末（同治朝）》，卷四十七。
〔註54〕此字，左爲「視」字的左半部分，右爲「幾」字。

必開天下奇（〔註55〕）誆惑之端，爲世道風俗人心之害。」〔註56〕另外，張盛藻在奏折衷也認爲：「朝廷命官必用科甲正途者，爲其讀孔、孟之書，學堯舜之道，明體達用、規模宏遠也。何必令其習爲機巧，專明製造輪船、洋槍之理乎？」〔註57〕

以這樣的義利觀爲基礎，頑固派們認爲治理國家應堅持「重本抑末」，以發展農業爲主。如劉錫鴻就認爲「財產（指：土地）可傳數代，不若通都大邑之富，輒易巨而亡」，「因商致富者，亦只蓄聚浮財，聽其倏來忽去而已；否則置產他方，終於離鄉別井而已……豈足慕歟？」〔註58〕因此，他總結道：「夫生物以生財者，農、圃、漁、樵、桑蠶、織、牧及百工也；耗物以耗財者，衣也、食也、用也。商賈者，假他人所生之物而簸弄之，以誘致人財者也；仕宦者，衰生物之人之財而攫奪之，以自裕己財者也」，〔註59〕「今之言強者，輒云仿用西法。然西洋與英國之強，即是以養民爲先務，萃全力畢注於此。第其國僻處，地狹而不腴，故謀養民在拓地通商耳。中國之利在勸農，與彼國之利在通商，形勢殊而理則一，奈何獨難而捨其專務也。」〔註60〕除劉錫鴻之外，另外一個持此論者就是曾廉。他認爲發展新式工業是與國人的利益相悖的，中國之所以由「乾嘉盛世」變爲現在的「民窮財盡」，關鍵就是由於「末利盛而人不務本」。他這裏講的「末利」，就是當時洋務派們爲「求富求強」所興辦的新式工業，認爲正是因爲此，「於是人心愈囂，習氣愈浮惰，而地力不盡者多矣。……於是天下乃至大困。且夫今天下之求利非不殷也，今天下言利之臣非不急也，然而計之愈深，獲之愈薄。是何也？自來天下之大計，未有舍本而可以圖富者也。」〔註61〕

由於倡導農業是立國之本，因此洋務派們以機器來求富強的行爲，便被洋務派們指責爲了「奪民生計」。

如王炳燮就認爲：「西洋奇器，皆富商大賈之所利，而非耕夫、田婦之所宜」，不僅如此，他還愚蠢地認爲使用機器會使人變得懶惰，「傳有之曰：『民

〔註55〕 此字，上部分爲「衣」字的上部，中間部分爲「牙」字，下部分爲「衣」字的下部。
〔註56〕 《同治六年五月二十二日楊廷熙條》，《洋務運動》（二）。
〔註57〕 《同治六年正月二十九日掌山東道監察御使張盛藻摺》，《洋務運動》（一）。
〔註58〕 《錄辛丑雜著二十二則寄答丁雨生中丞見詢》，《劉光祿遺稿》，卷二。
〔註59〕 《復丁雨生中丞書》，《洋務運動》（一）。
〔註60〕 《錄辛丑雜著二十二則寄答丁雨生中丞見詢》，《劉光祿遺稿》，卷二。
〔註61〕 《紡甎樓記》。

生在勤，勤則不匱。』又曰：『民勞則思，思則善心生；逸則淫，淫則忘善，忘善則噁心生。』蓋不徒貧富之所關，抑亦治亂之所繫也。」〔註 62〕和王炳燮一樣，譚鍾麟也反對使用機器，爲此他還上書清廷反對用機器開礦，「竊維天生五材以利民用，即以養產材之處無限貧民。五金之利，如金、銀、銅、鉛，地不常有，鐵則間有之，而產煤之處爲多，中國所產以供中國之用而不虞缺乏，該處所產即供貧民開採以贍其身家。如湖南耒陽之煤，最爲大宗，上自湘鄂，下至大江南北，舟楫所至，運用不窮，歷時已數百年，食利者數萬眾。以機器取之，則百年之利，十年可盡，而十年之外，民奚賴焉。」〔註 63〕可見，雖然譚鍾麟的上奏有些迂腐，但是他卻提出了一個爲現代人類所困擾的一個問題，即：在保持人和自然和睦相處、協調發展的前提下，如何正確運用和發揮科學技術的作用。

　　頑固派們不僅把「機器奪民生計」應用到採礦上，而且認爲修鐵路也同樣如此。如爲反對光緒六年劉銘傳修鐵路的倡議，翰林院侍讀周德閏就批駁道：「外夷以經商爲主，君與民共謀其利者也；中國以養民爲主，君以利利民而君不言利者也。議者欲以鐵路行之中國，恐捷徑一開，而沿途之旅店、服賈之民車『馱載之騾馬皆歇業矣，是括天下貧民之利而歸之官也」，總之，對於鐵路，「行之外夷則可，行之中國則不可」。〔註 64〕除此，盛昱也認爲「鐵路之舉，享利在官，受害在民；官之利有限，洋人之利無窮。他不具論，即此金木之工，已漏厄於外洋矣。奪貧民之利以予富賈，奪中國之利以予外夷。」〔註 65〕

　　相對於頑固派而言，洋務派及後來的早期維新派則在義利關係上，堅持的是一種與之截然相反的思維路向。他們雖然也認爲中國傳統文化是治國之本，但是他們在對西學的態度上，則遠比頑固派們積極，他們不僅認爲對於西方文化不能一概否定，而且還認爲中國必須向西方學習，只有這樣，中國才能「轉危爲安、轉弱爲強」。〔註 66〕

　　具體來講，對於「利」的範疇界定，洋務大員左宗棠就認爲：「夫恒情所謂利者各有其具，農之畔、工之器、商賈之肆，此以其財與力易之者也。」

〔註 62〕《毋自欺室文集‧墾荒用西洋機器》，《洋務運動》（一）。
〔註 63〕《光緒十一年六月初七日陝甘總督譚鍾麟奏》，《洋務運動》（七）。
〔註 64〕《光緒七年正月初十翰林院侍讀周德潤奏》，《洋務運動》（六）。
〔註 65〕《光緒十四年十一月十二日國子監祭酒盛昱》，《洋務運動》（六）。
〔註 66〕《李文忠公全集‧置辦外國鐵廠機器摺》。

這就是說，「財」、「利」是正當的求利手段，具有合理性，「吾益人而不屬乎人，盡吾力，食吾功焉，斯亦可矣。」〔註67〕但是，對於為追逐私利而徇私枉法的行為，左宗棠認為是極不道德的，與盜賊無異：「求利者，亦有其具，不以其力，以其廉恥易之而已」，〔註68〕「國家承平既久，官史嬉然相承，群盜遂作，於是有利其國（諸侯）而盜、利其家（大夫）而盜、利其身（士）而盜者，又有利益所有而盜乎盜者，紀綱紊，九法斁矣。」〔註69〕他認為作為君主和大臣，必須在不謀私利的前提下，為民謀利：「與民爭利，不若教民興利之為得也」，「開利之緣，自以因民所利之為善」。〔註70〕

對於如何興利，洋務派們則認為要仿照西方，引進先進的生產技術，建立自己的民族工業。如在紡織業方面，洋務派們就認為：「若中國自行仿造耕織機器，則絲綿無自外求，……而利權所入當益饒矣」。〔註71〕另外，洋務派們還認識到，中國要想富強，必須改變以前「重農抑商」的傳統觀念，重視工商業。如李鴻章就認為：「欲自強必先欲餉，欲濬餉源莫如振興商務。中國積弱，由於患貧。西洋方千里數百里之國，歲入財賦動以數萬萬計，無非取資於煤鐵五金之礦，鐵路、電報、信局、丁口等稅。酌度時勢，若不早圖變計，擇其至要者，逐漸仿行，以貧交富，以弱敵強，未有不終受其敝者。」〔註72〕

和洋務派的義利觀念相承，早期維新派的「義利之辯」也帶有一定功利主義性質。

在義與利的關係上，早期維新派也反對當時頑固派「凡一言及利，不問其為公為私，概斥之為言利小人」〔註73〕的論調，他們從功利的角度，論證了義、利之間的關係，從而否定了「不言利」的道義論傳統。

如早期維新派代表薛福成，他就從人性的角度，提出了「人人欲濟其私」論。他認為：「夫事之艱於謀始者理也；而人之篤於私計者情也。今夫市廛之內，商旅非無折閱，而挾貲而往者踵相接，何也？以人人欲濟其私也。惟人

〔註67〕 《左文襄公文集·名利說》。
〔註68〕 《左文襄公文集·名利說》。
〔註69〕 《左文襄公文集·冒筱山吏牘序》。
〔註70〕 《左襄文公文集·試辦臺糖遺利濬餉源摺》。
〔註71〕 《海防要覽·海防條議》。
〔註72〕 《李文忠公全書·朋僚函稿·覆丁稚璜宮保》。
〔註73〕 《庸庵文別集·論公司不舉之損》。

人欲濟其私，則無損公家之帑項，而終爲公家之大利。」〔註74〕

和薛福成不同，陳熾則從對義、利的本原入手，揭示了義、利之間的關係。陳熾認爲：「義也者，所以劑天下之平也，非既有義焉而天下遂可以無利也。」〔註75〕因此，他認爲義與利並不是對立的關係，認爲只要將「利」公之於眾，不爲個人所獨任，就是「義」舉：「其別公私而已矣。利而私之於一身，則小人之無忌憚矣。利而公之於天下，則君子之中庸矣」，「古聖人蓋日日言利，以公諸天下之人，而決不避言利之名，使天下有一夫稍失其利也。」〔註76〕另外，對於道義論者所堅持的「不言利」，陳熾也予以了強烈地駁斥，他認爲：「吾慮天下之口不言利者，其好利有甚於人也；且別有罔利之方，而舉世所不及覺也。」〔註77〕

這一時段，對於義利之間關係的辨析，除薛福成、陳熾外，何啓、胡禮桓的思想也是極具影響的。

他們針對頑固派「閉言利之門」、「兢兢以言利爲戒」，指出：「欲富者，人之眞情」，「國家不患謀利之士，……蓋利不興則民生不遂，民生不遂則國勢必衰。」〔註78〕不僅如此，他們還追述歷史，指出了這種「不言利」對於國家的危害，他們指出：「中國自古以來，凡爲國而善言利者，莫不名之爲聚斂，斥之爲姦臣。其名穢，其害烈，卒至於身敗名裂家亡國隨。……寡欲之士、抱道之儒有鑒於此，反以理財爲迂，以言利爲恥，而中國財用自古至今遂無一日而能正本清源矣。不知執象齒焚身之論，則天下富者皆愚人；守懷璧其罪之言，則天下儉者皆不肖。至於以開物成務爲剝喙天地之精華、以富有日新爲搜刮天地之蘊蓄，是皆截趾適履、辟穀防饑之妄耳。」〔註79〕爲此，他們認爲：「財者，民所一日不能無者也；利者，民所一日欲得者也」，〔註80〕「凡事而能使人心悅誠服竭力而前者，惟財；凡物而能令人取懷中割愛與我者，亦惟財。天下無所謂勝負也，無所謂強弱也，有其財則雖負亦勝、雖弱亦強。性善之外，則天下事事物物無不因財而動、因財而成矣。」〔註81〕從

〔註74〕　《薛福成選集・籌洋芻議・商政》。
〔註75〕　《陳熾集・續富國策・工書・攻金之工說》。
〔註76〕　《陳熾集・續富國策・工書・攻金之工說》。
〔註77〕　《陳熾集・續富國策・工書・攻金之工說》。
〔註78〕　《新政眞詮・新政論議》，《戊戌變法》（一）。
〔註79〕　《新政始基》，《眞詮》三編。
〔註80〕　《新政始基》，《眞詮》三編。
〔註81〕　《新政變通》，《眞詮》六編。

這點出發，他們提出了自己的功利主義義利觀：「爲今日而言，則家不妨私其家，鄉不妨私其鄉，即國亦不妨私其國，人亦不妨私其人。但能知人之私之未能一如己之私未盡蠲，如此則合人人之私以爲私，於是各得其私，而天下亦治矣。各得其私者不得復以私名之也。謂之公焉，可也。」〔註82〕

可見，在義利之間的關係上，早期維新派也強調利之於義的重要性。另外，和洋務派一樣，早期維新派也提出了如何「興利」的具體措施，但是不同的是，早期維新派在具體做法上已經突破了洋務派的思想圍囿。

如薛福成就提出應興辦近代工商業，以利國、利民。他指出：「泰西各國專以商務立富強之基」，「西人之謀富強也，以工商爲先，……西人致富之術，非工不足以開商之源，則工又爲其基，而商爲其用。」〔註83〕而對於如何發展近代工商業，薛福成則有別於洋務派的「官督商辦」，大膽地提出了建立股份制公司的思想主張，他指出：「西洋諸國開物成務，往往有萃千萬人之力而尚虞其薄且弱者，則合通國之力以爲之，於是有鳩集公司之一法。官紳商民各隨貧富爲買股多寡，利害相共，故人無異心，上下相維，故舉無敗事。由是糾眾智以爲智，眾能以爲能，眾財以爲財，其端始於工商，其究可贊造化」，〔註84〕因此，對於中國當時來講，應「廣招股商，設立公司，優免稅釐，俾資鼓勵」。〔註85〕

至於辦公司，陳熾也認爲：「公司一事，乃富國強兵之實際，亦長駕遠馭之宏規也。」〔註86〕他指出：「二百年來英商之所以橫行四海、獨擅利權者也。西班牙、法蘭西、德意志諸國亦嘗出全力以與之爭，然而不能勝也，公司一也，而有行有不行、有勝有不勝者，無他焉，公與不公而已矣。」〔註87〕

和薛福成、陳熾一樣，何啓、胡禮桓也堅決反對洋務派所倡導的「官督商辦」，他認爲中國當時之所以存在那麼多的弊端，其主要罪魁禍首就「在於官督商辦」，〔註88〕他指出：「天下之利當與天下共之，必不可獨攬其權者也。獨攬其權則利不能溥，利不能溥必不能大，非惟利不能大而已也，己不利人

〔註82〕　《勸學篇書後・正權篇辨》，《眞詮》五編。
〔註83〕　《籌洋芻議・商政》，《洋務運動》（一）。
〔註84〕　《海外文編・論公司不舉之病》，《洋務運動》（一）。
〔註85〕　《海外文編・強鄰環伺謹陳愚記疏》，《洋務運動》（一）。
〔註86〕　《陳熾集・庸書・外篇卷上・公司》。
〔註87〕　《陳熾集・續富國策・商書・糾集公司説》。
〔註88〕　《新政始基》，《眞詮》三編。

則人亦不利己。此絜矩之道，所好與之，所惡勿施也。中國國家未必有掊克其民之心，而官府則事事有與民爭利之意。」〔註89〕

二、「求樂免苦」、「利己」與「利群」、「義利合」：戊戌變法時期的義利論

　　隨著清末的社會政治、經濟狀況的不斷變動，「義利之辯」在戊戌變法時期又呈現出了新的特色。這一時期，政治哲學家康有為、梁啓超、嚴復在吸收、借鑒本國義利觀的同時，大膽地援引了西方近代功利主義的先進成果，從而使自先秦而流傳下來的「義利之辯」富有了鮮明的近代色彩。

　　在具體內容上，以康有為、梁啓超、嚴復為代表的維新派政治哲學家們，不僅突破了董仲舒「正其誼不謀其利，明其道不計其功」及程朱理學「存天理、滅人欲」的思想束縛，而且還從資本主義發展的內在需求出發，提出了「求樂免苦」、「利己」與「利群」相統一及「義利合」的義利觀，從而為中國政治學實現從「傳統」到「近代」的順利過渡鋪平了道路。

1、「求樂免苦」：康有為的功利主義義利觀

　　作為維新變法時期的領軍人物，康有為的義利觀帶有著明顯地中西合璧的理論色彩。

　　首先，作為中國近代人文主義的代表，康有為反對自程、朱以來的道義論者所堅持的「天理」論，並從人與人性的角度對之進行了批評。

　　他認為在世界上「人」是最為寶貴的東西，「故聖人不以天為主，而以人為主也」。〔註90〕在他的思想意識裏，人是「天地之精英」，「火齊、木難、水晶之珍，人猶寶之」，〔註91〕因而他明確地指出：「道不離人，故聖人一切皆因人情以為教。……聖人非人情無以為道也。」〔註92〕這樣，康有為就突破了傳統道義論的思想園囿，為近代資產階級自由主義人性論的傳播奠定了思想基礎。

　　由於人是「天地之精英」，所以破除苦難，追求幸福快樂的生活乃是人道的基本要求。對於何為「人道」，康有為認為：「人道者，依人以為道。依人

〔註89〕《勸學篇書後‧礦學篇辨》，《真詮》五編。
〔註90〕《康先生口說》。
〔註91〕康有為，大同書〔M〕，北京：華夏出版社，2002：160。
〔註92〕《禮運注》。

之道，苦樂而已」，因此「爲人謀者，去苦以求樂而已，無他道」。〔註93〕

另外，他又從人的本性入手，認爲人性是人各種欲望的發源地，「人生而有欲，天之性哉！」〔註94〕，「人之有四肢五官也，有是體即有是體之欲，此中西人之所同也」。〔註95〕既然欲望來自於人的天性，那麼「就一人而言之，喜怒哀樂愛惡欲七情，受天而生，感物而發，不能禁而取之，能因而行之」，「夫天生人必有情慾，聖人只有順之而不絕之」，「聖人因人情之所欲惡而悉代宣達之」。〔註96〕可見，在康有爲眼中，人的各種欲望不僅合理，而且也是人之所以爲人的重要標誌之一。

既然「欲」具有天然的合理性，那麼對「欲」的追求也就不應該受到指責和禁止。鑒於此，康有爲認爲傳統中的「崇義抑利」觀念是完全錯誤的，因爲它違反了人的本性和人道主義原則。因此，康有爲認爲只有轉變這種傳統的觀念，講究現實的功效與利益，才是治理國家的正道。爲此，他指出：「民之欲富而惡貧，則爲開其利源，原其生計，如農工商礦機器製造之門是也；民之欲樂而惡勞，則休息燕饗歌舞遊會是也；民之欲安而惡險，則警察保衛於舟車道路是也；民之欲通而惡塞，則學校報紙電機是也。」〔註97〕因此，康有爲認爲一切有良知的政府就應該滿足民眾的種種合理要求：「凡一切便民者皆聚之。民樂則推張與之，民欲自由則與之，而一切束縛壓制之具，重稅嚴刑之舉，宮室道路之卑污礙塞，凡民所惡者去之，民安得不歸？故仁政不必泥古，仁政不限一端，要之能聚民所欲，去民之所惡者是也。」〔註98〕

爲順利地闡發自己的功利主義義利觀，康有爲還進行了中西的對比。通過對比，他認爲中國的國勢之所以如此衰落，其原因就在於過分講究義理，壓抑了人性，違背了人道；而在西方則完全不同，西方不僅解放人性，尊重人道，而且注意發展功利，因而西方的國勢相對於中國而言，則是蒸蒸日上。爲此，他針對宋儒的義理之談予以了深刻地批評，他認爲：「宋儒不知，而輕鄙功利，致人才茶爾，中國不振，皆由於此」，〔註99〕「中國之教，所謂親親

〔註93〕康有爲，大同書〔M〕，北京：華夏出版社，2002：9。
〔註94〕康有爲，大同書〔M〕，北京：華夏出版社，2002：55。
〔註95〕康有爲，大同書〔M〕，北京：華夏出版社，2002：215。
〔註96〕《禮運注》。
〔註97〕《孟子微·仁與不仁第七》。
〔註98〕《孟子微·仁與不仁第七》。
〔註99〕《論語注·憲問第十四》。

而尚仁，故如魯之秉禮而日弱。泰西之教，所謂尊賢而尚功，故如齊之功利而能強。」〔註100〕他認爲西方資本主義國家之所以強盛，就是因爲在他們的國家中發揮了物質生產的功利性：「蓋尋新第，新法，製新器，此物質之大效，而歐人之所以雄跨大地者也。凡主動力之創始者必先收其效，歐人已然矣，而英國者又歐人中物質學之主動力也，故英人又最先收其大效焉。」〔註101〕鑒於此，他對清政府以利爲惡的政策提出了強烈地批評：「終日仰屋呼貧，乃至鬻官開賭。夫以利息之正義，則認等作惡，以鬻官之大禍無恥，則視若當然，此眞愚狂不可解者矣。」〔註102〕

其次，鑒於人性與人道的特點，在西方功利主義的影響下，康有爲還進一步提出了「求樂免苦」的功利主義義利觀。

對於西方近代功利主義政治哲學，康有爲主要接觸的是邊沁的功利主義理論。雖然對於康有爲到底接沒接觸過邊沁的理論，曾經在理論界產生過爭論，如：對於康有爲提出的「求樂免苦」論，蕭公權就認爲：「康氏於此頗近邊沁，其樂利主義是爲改革理論的基礎。康氏似未曾讀到邊沁的譯著」，〔註103〕但是如果我們從其徒梁啓超的文章和他自己的演講來看，說康有爲的「求樂免苦」論來自於邊沁的理論還是有一定的根據的。

1902年梁啓超在《新民叢報》上發表了《樂利主義泰斗邊沁之學說》一文，該文對邊沁的理論做了深入而系統的介紹，假如說對於此篇文章，康有爲沒有讀過的話，那麼在他自己1923在西安的演講中，也能找到曾接觸過邊沁理論的印記，因爲正是在那次演講中，康有爲明確提出了「邊沁功利之說」的思想命題。在講演中，他這樣說道：「今之新學，自歐、美人歸者，得外國一二學說，輒敢妄議孔子，豈知歐戰之後，歐、美人於邊沁功利之說，克斯黎天演優勝劣敗之論，行之已極，徒得大戰之禍，死人千餘萬，財力皆竭，於是自知前人學說之未善。」〔註104〕可見，如果說康有爲的「求樂免苦」是他自己思索而來的，則是有失正確的。

除此之外，在康有爲對自己的「求樂免苦」的義利觀進行展開的過程中，

〔註100〕《戊戌變法前後康有爲遺稿・與洪祐臣給諫論中西異學書》。

〔註101〕康有爲，物資救國論〔M〕，臺北：臺北宏業書局有限公司，1980：34。

〔註102〕康有爲，歐洲十一國遊記》（一）〔M〕，長沙：湖南人民出版社，1980：106。

〔註103〕蕭公權，康有爲思想研究〔M〕，臺北：臺北經聯出版事業公司，1988：149
　　　　～150。

〔註104〕《康有爲政論集・陝西第二次講演（一九二三年十一月十五日）》。

也體現著和邊沁思想的暗合。

如：對於何謂功利，邊沁指出：「功利是指任何客體的這麼一種性質：由此，它傾向於給利益有關者帶來實惠、好處、快樂、利益或幸福（所有這些在此含義相同），或者傾向於防止利益有關者遭受損害、痛苦、禍患或不幸（這些也含義相同）；如果利益有關者是一般的共同體，那就是共同體的幸福，如果是一個具體的個人，那就是這個人的幸福。」〔註105〕雖然在康有為的理論中，他沒有具體提出「功利」的概念，但是對於快樂的原則，則做了具體地論述，他認為：「大同之道，以求人生之喜樂為主，故於人情之崇喜樂而去悲哀」〔註106〕，「令人有樂而無苦，善之善者也，能令人樂多苦少；善而未盡善者也，令人苦多樂少，不善者也。」〔註107〕

對於何為「樂」，何為「苦」，邊沁和康有為都做了具體地分析。如邊沁就認為人的簡單快樂有 14 種，即：「感官之樂、財富之樂、技能之樂、和睦之樂、名譽之樂、權勢之樂、虔誠之樂、仁慈之樂、作惡之樂、回憶之樂、想像之樂、期望之樂、基於聯想之樂，解脫之樂」；而對於人的簡單痛苦，邊沁也進行了列舉，認為有 12 種，即：「匱乏之苦、感官之苦、棘手之苦、敵意之苦、惡名之苦、虔誠之苦、仁慈之苦、作惡之苦、回憶之苦、想像之苦、期望之苦、基於聯想之苦」。〔註108〕和邊沁一樣，對於何謂快樂與痛苦，康有為也做了界定，只是種類和邊沁不相同罷了。康有為認為人世的快樂有 10 種，即：居處之樂、舟車之樂、飲食之樂、衣服之樂、器用之樂、淨香之樂、沐浴之樂、醫治疾病之樂、煉形神仙之樂及靈魂之樂；而人世間的苦，康有為認為則有 38 種，具體來講：人生之苦有 7 種，即：投胎、夭折、廢疾、蠻野、邊地、奴婢、婦女之苦；天災之苦有 8 種，即：水旱饑荒、蝗蟲、火焚、水災、火山（地震山崩附）、屋壞、船沈（汽車碰撞附）之苦；人道之苦有 5 種，即：鰥寡、孤獨、疾病無醫、貧窮、卑賤之苦；人治之苦有 5 種，即：刑獄、苛稅、兵役、有國、有家之苦；人情之苦有 8 種，即：愚蠢、仇怨、愛戀、牽累、勞苦、願欲、壓制、階級之苦；人所尊尚之苦有 5 種，即：富人、貴者、老壽、帝王、神聖仙佛之苦。〔註109〕

〔註105〕〔英〕道德與立法原理導論〔M〕，時殷弘譯．北京：商務印書館，2000：58。
〔註106〕康有為，大同書〔M〕，北京：華夏出版社，2002：271。
〔註107〕康有為，大同書〔M〕，北京：華夏出版社，2002：11。
〔註108〕〔英〕道德與立法原理導論〔M〕，時殷弘譯．北京：商務印書館，2000：90～91。
〔註109〕康有為，大同書〔M〕，北京：華夏出版社，2002：12～14。

但是，相對於邊沁來講，康有爲的功利性步伐要遠比其大得多，因爲在邊沁的理論中，他謀求的是「最大多數人的最大幸福」，而康有爲則謀求的是全世界人民的永恒快樂：「今爲演出極樂世界於全世界中，後此世界無復煩惱世界矣。」〔註110〕爲了謀求這一宏偉目標，康有爲提出了去九界、謀大同的思想主張，他認爲：「大同之世，人人極樂，願求皆獲」。〔註111〕對於如何才能實現人同之世，具體來講，就是去九界，即：「去國界合大地」、「去級界平民族」、「去種界同人類」、「去形界保獨立」、「去家界爲天民」、「去產界公生業」、「去亂界治太平」、「去類界愛眾生」、「去苦界至極樂」。照康有爲的想法，只要破除了這九界，人類也就進入了大同之世，「後此世界無復煩惱世界矣」。

2、「利己」與「利群」：梁啟超的功利主義義利說

雖然和其師相同，梁啟超的功利主義義利觀，也是取法於西方近代功利主義政治哲學，但是他並沒有象他的老師那樣，通過建立一個超乎於現世之上的「大同」世界，來謀求全世界人民之大幸福，而是在批判地繼承西方近代功利主義政治哲學的基礎上，對「公德」與「私德」、「權利」與「義務」、「利己」與「利群」等幾對重要的思想範疇做了精闢的論證，從而爲資產階級倫理道德在中國近代的傳播起到了思想啟蒙作用。

在變法之前，梁啟超認爲中國和西方相比，不僅在科技上中國處於落後的狀態，而且在政治制度上中國也落後於人。爲此，他主張大譯西書，以通西學，並認爲「變法之本，在育人才；人才之興，在開學校；學校之立，在變科舉。而一切要其大成，在變官制。」〔註112〕但是，當政變之後，梁啟超在日本廣讀西方的倫理學著作之後，他頓時認識到中國不僅在政治制度上不如西方，而且在國民的文明程度是也遠在西人之下。爲此，他撰寫了《新民說》，以期喚起國民的倫理道德意識，他認爲：「苟有新民，何患無新制度、新政府、新國家」。〔註113〕

從倫理學角度，梁啟超認爲中國「國民所最缺者，公德其一端也」，〔註114〕對於何爲公德，梁啟超認爲「人群之所以爲群，國家之所以爲國，賴此德

〔註110〕康有爲，大同書〔M〕，北京：華夏出版社，2002：271。
〔註111〕康有爲，大同書〔M〕，北京：華夏出版社，2002：56。
〔註112〕《變法通議·論變法不知本原之害》。
〔註113〕《新民說·論新民爲今日中國第一急務》。
〔註114〕《新民說·論公德》。

焉以成立者也。人也者，善群之動物也。人而不群，禽獸奚擇，而非徒空言高論曰群之群之，而遂能有功者也，必有一物焉貫注而聯絡之，然後群之實乃舉，若此者謂之公德。」〔註115〕可見，在梁啓超的意識中，人與人之間之所以能夠「群」，其關鍵就是「公德」的存在，「公德」的作用就是在於其能「利群」，「公德之大目的，既在利群，而萬千條理即由是生焉。本論以後各子目，殆皆可以利群二字爲綱以一貫之者也。」〔註116〕而現今中國之所以不能自強，梁啓超認爲就是因爲國民對「公德」的缺失。因爲「公德」的作用就在於「利群」，所以能否「利群」，便是區別善惡的最高準則：「有益於群者爲善，無益於群者爲惡，此放諸四海而皆準」。〔註117〕

但是，強調「公德」，並不意味著梁啓超對「私德」的漠視，他認爲：「關於群內各員之本身，謂之私德」，〔註118〕他認爲「公德」與「私德」是不可分離的兩種德行，「道德之本體一而已，但其發表於外，則公私之名立焉。人人獨善其身者謂之私德，人人相善其群者謂之公德，二者皆人生所不可缺失之具也。無私德則不能立，合無量數卑污虛僞殘忍愚懦之人，無以爲國也。無公德則不能團，雖有無量數束身自好廉謹良願之人，乃無以爲國也。」〔註119〕鑒於這樣的思慮，梁啓超又援引斯賓塞的群體與個體理論，進一步論證道：「私德與公德，非對待之名詞，而相屬之名詞也。斯賓塞之言曰：凡群者皆一之積也，所以爲君之德，自其一之德而已矣」，「一私人而無有私有之德性，則群此百千萬億之私人，而必不能成公有之德性。」〔註120〕因爲私德的積累是行公德的基礎，所以梁啓超認爲：「欲從事於鑄國民者，必以自培養其個人之私德爲第一義」。〔註121〕

由於認爲「私德」與「公德」具有同樣的地位，那麼個體在整體中享受權利的同時，也必須對整體盡義務，因而「權利」與「義務」也像「公德」與「私德」一樣，是一對不可分離理論範疇，「義務和權利，對待者也，人人生而有應得之權利，即人人生而有盡之義務，二者其量適相均。……苟世界

〔註115〕《新民說‧論公德》。
〔註116〕《新民說‧論公德》。
〔註117〕《新民說‧論公德》。
〔註118〕《飲冰室合集‧文集之十三‧樂利主義泰斗邊沁之學說》。
〔註119〕《飲冰室合集‧文集之十三‧樂利主義泰斗邊沁之學說》。
〔註120〕《新民說‧論私德》。
〔註121〕《新民說‧論私德》。

漸趨於文明，則斷無無權利之義務，亦斷無無義務之權利。……故夫權利義
務兩端平等而相應者，其本性也。」〔註122〕另外，通過對比中西，梁啓超認
爲在西方，人人均講究權利，權利是西方國家「所以立國之大厚也」；〔註123〕
而在中國，由於長期受封建統治以及宗法觀念的束縛，使國人只知道盡義務，
而不知道權利的享有是不可被剝奪的。故而梁啓超認爲，正是國民這種只知
盡義務，而不知享有權利的特點，招致了外辱的與日俱增，因此，「今吾不急
養義務思想，則雖日言權利思想，亦爲不完全之權利思想而已，是猶頑童欲
勿勞而貪父母之養也，是猶惰傭不力作而欲受給於主人也。」〔註124〕

在深入剖析了「公德」與「私德」、「權利」與「義務」之後，梁啓超在
義利方面，又提出了一對重要的範疇，這就是：利己與利群。

關於「利己」與「利群」（利他），西方近代功利主義政治哲學家邊沁、
密爾也曾經做過論述，可以說梁啓超的「利己」與「利群」觀就是得益於邊
沁與密爾的理論。

對於邊沁來講，他雖然把「最大多數人的最大幸福」作爲功利原則而提
出，但是他和前代功利主義政治哲學家一樣，也認識到了個人幸福與「最大
多數人的最大幸福」之間的不同，他認爲「如果利益有關者是一般的共同體，
那就是共同體的幸福，如果是一個具體的個人，那就是這個人的幸福」。〔註
125〕但是對於二者之間的關係，邊沁認爲個人的幸福組成社會幸福，沒有個人
幸福就沒有社會幸福。因而，從幸福的起源上，邊沁就認爲個人幸福是先於
社會幸福而存在的。

因爲個人的幸福是先於社會幸福、社會幸福又是由個人幸福所組成的，
所以邊沁認爲人們之所以做出追求「最大多數人的最大幸福」的利他行爲，
無非是出於利己的動機，「理性的人之所以善待他人乃是因爲他認識到受惠者
的回報對他有利。社會生活中的人類要彼此相助實現自己的需要，且開通的
人覺悟到只有合作精神才能保全自我利益。」〔註126〕因而鑒於此，他反對個
人應當爲他人利益或社會利益而犧牲的做法，「如果承認爲了增進他人的幸福

〔註122〕《新民說‧論義務思想》。
〔註123〕《新民說‧論權利思想》。
〔註124〕《新民說‧論義務思想》。
〔註125〕〔英〕道德與立法原理導論〔M〕，時殷弘譯‧北京：商務印書館，2000：58。
〔註126〕〔澳〕斯馬特、〔英〕威廉斯‧功利主義：贊成與反對〔M〕，北京：中國社
　　　　會科學出版社，1992：18。

而犧牲一個人的幸福是一件好事，那麼，爲此而犧牲第二個、第三個以至於無數人的幸福，就更是好事了……，個人利益是唯一現實的利益」。〔註127〕因此，恩格斯評價說：「邊沁……和當時全國的傾向相一致，把私人利益當做公共利益的基礎；……最初他說公共利益和私人利益是不可分的，後來他只是片面地談論赤裸裸的私人利益」。〔註128〕

而對於密爾而言，他雖然對邊沁的利己主義做了必要地修訂，認爲「行爲上是非標準的幸福並不是行爲者一己之幸福，乃是一切與這行爲有關的人的幸福」，眞正的功利主義道德要求其踐履者必須「待人像你期望人待你一樣，愛你的鄰人像愛你自己」。〔註129〕但是，如果從密爾思想的整體來看，「利他」仍然要屈從於「利己」，因爲「任何人的行爲只有涉及他人的那部分才須對社會負責。在只涉及本人的那部分，他的獨立性在權利上則是絕對的，對於本人自己，對於他自己的身和心，個人乃是最高主權者。」〔註130〕

可見，在西方近代功利主義政治哲學家那裏，「利己」是優先於「利他」（「利群」）而存在的。

對於西方的這種利己傳統，梁啓超予以了批判地繼承。他在繼承西方「利己」觀念的同時，剔除了西方政治哲學家所宣揚的那種純粹的、狹隘的利己主義，他把「利己」與「利群」（「利他」）結合起來，建立了一種獨具特色的中國早期資產階級功利主義義利觀。

首先，對於「利」，梁啓超認爲：「漢宋以後，學者諱言樂，諱言利。樂利果爲道德之累乎？其諱之也，毋亦以人人謀獨樂，人人謀私利，而群治將混亂而不成立也。雖然，因噎固不可以廢食，懲羹固不可以吹虀。謂人道以苦爲目的，世界以害爲究竟，雖愚悖者猶知其不可也。人既生而有求樂求利之性質，則雖極力克之窒之，終不可得避。而賢智者，既吐棄不屑道，則愚不肖者益自棄焉，自放焉，而流弊益以無窮。則何如因而利導之，發明樂利之眞相，使人毋狃小樂而陷大苦，毋見小利而致大害，則其於世運之進化，豈淺鮮也，於是乎樂利主義（Utilitarianism）遂爲近世歐美開一新天地。」〔註131〕

其次，梁啓超大膽地爲「利己」正名。他認爲「天下之道德法律，未有

〔註127〕馬克思恩格斯選集（第2卷）〔M〕，北京：人民出版社，1995：170。
〔註128〕馬克思恩格斯選集（第1卷）〔M〕，北京：人民出版社，1995：675。
〔註129〕〔英〕約翰‧密爾‧功用主義〔M〕，唐鉞譯‧北京：商務印書館，1957：18。
〔註130〕〔英〕約翰‧密爾‧論自由〔M〕，程崇華譯‧北京：商務印書館，1959：10。
〔註131〕《飲冰室合集‧文集之十三‧樂利主義泰斗邊沁之學說》。

不自利己而立」，「爲我也，利己也，私也，中國古義以爲惡德也。是果惡德乎？曰：惡，是何言！天下之道德法律，未有不自利己而立者也。對於禽獸而倡自貴知類之義，則利己而已，而人類之所以能主宰世界者賴焉；對於他族而倡愛國保種之義，則利己而已，而國民之所以能進步繁榮者賴是焉。故人而無利己之思想者，則必放棄其權利，弛擲其責任，而終至於無以自立。」〔註132〕對於利己的重要性，梁啓超認爲：「芸芸萬類，平等競存於天演界中，其能利己者必優而勝，其不能利己者必劣而敗，此實有生之公例。」〔註133〕

最後，對於如何彌合「利己」與「利群」之間的界限，梁啓超也做了深入地探究。他認爲「利己」與「利群」是同一個問題，即「一而非二」、「異名同源」。而對於二者如何統一，梁啓超認爲他們統一於「愛己心」。爲了更好地說明，梁啓超以西方近代功利主義政治哲學家們的觀點爲論據論證道：「近世哲學家謂人類皆有兩種愛己心：一本來之愛己心，二變相之愛己心。變相之愛己心者，即愛他心是也。」〔註134〕對於「愛他心」，梁啓超又進行了深入地劃分，他認爲「愛他心」有兩種，即：「感情的愛他心」和「智略的愛他心」。〔註135〕對於「感情的愛他心」，梁啓超認爲是指：「己所親愛之人，其所受之苦樂，幾與己身受者爲同一關係，故不覺以自愛者愛之，蓋如是然後己心乃安。其愛之也，凡爲我之自樂也」；而「智略的愛他心」則是指：「凡人不能以一身而獨立於世界也，於是乎有群。其處於一群之中而與儔侶共營生存也，勢不能獨享利益，而不顧儔侶之有害與否；苟或爾爾，則己之利未見而害先睹矣，故善能利己者，必先利其群，而後己之利亦從而進焉。以一家論，則我之家興，我必蒙其福，我之家替，我必受其禍；以一國論，則國之強也，生長於其國者罔不強，國之亡也，生長於其國者罔不亡。故眞能愛己者，不得不推此心以愛家、愛國，不得不推此心以愛家人、愛國人，於是乎愛他人之義生焉。凡所以愛他者，亦爲我而已」。〔註136〕因而，梁啓超認爲「有此兩種愛他心，遂足以鏈結公利私利兩者而不至相離」。〔註137〕

但是，有一點需要指出的是，梁啓超認爲隨著人類文明程度的提高，這

〔註132〕《飲冰室合集·專集之五·十種道德相反相成義》。
〔註133〕《飲冰室合集·專集之五·十種道德相反相成義》。
〔註134〕《飲冰室合集·專集之五·十種道德相反相成義》。
〔註135〕《飲冰室合集·文集之十三·樂利主義泰斗邊沁之學說》。
〔註136〕《飲冰室合集·文集之十三·樂利主義泰斗邊沁之學說》。
〔註137〕《飲冰室合集·文集之十三·樂利主義泰斗邊沁之學說》。

種「愛他心」也會不斷地增長，「昔之以同室之苦樂爲苦樂，浸假而以同國、同類之苦樂爲苦樂，其最高者乃至以一切有情眾生之苦樂爲苦樂。」〔註138〕因此，對於個人來講，「則人之智略，愈擴其範圍。苟不愛他，則我之利益，遂不可得，而將終儕於劣敗之數」，所以，從這一點來講，「人不欲自求樂利則已，苟其欲之，則不得不祝全群之樂利，浸假且不得不祝他群之利。若是乎則智略的愛他心，其能使私益直接於公益者二也。」〔註139〕

可見，在義利的問題上，梁啓超強調的是一種合理的利己主義。他雖然強調利己，但是又不主張無原則的利己，而是倡導應將利己與利他統一起來，最終從利他之中推動利己的實現。這樣，梁啓超不僅表達了正在日趨成熟的中國早期資產階級的根本利益需求，而且也在對封建統治扼殺個人私欲進行批判的基礎上，建立了自己新型的義利觀。

3、嚴復「義利合」的功利主義義利觀

對於義利問題，嚴復曾經有過兩次較爲鮮明的論述。

首先在《原富》按語中，他指出：「民之所以爲仁若登，爲不仁若崩，而治化之所難進者，分義利爲二者害之也。孟子曰：『亦有仁義而已矣，何必曰利！』董生曰：『正誼不謀利，明道不計功。』泰東西之舊數，莫不義利爲二塗。此其用意至美，然而於化於道皆淺，幾率天下禍仁義矣。自天演學興，而後非誼不利，非道無功之理，洞若觀火，而計學之論，爲之先聲焉。斯密之言，其一事耳。嘗謂天下有淺夫，有昏子，而無眞小人。何則？小人之見，不出乎利，然使其規長久眞實之利，則不與君子同術焉，因不可矣。……故天演之道，不以淺夫昏子之利爲利矣，亦不以谿刻自敦濫施妄與者之義爲義，以其無所利也。庶幾義利合，民樂從善，而治化之進不遠歟！嗚呼！此計學家最偉之功也。」〔註140〕

其次在《天演論》中，嚴復認爲：「大抵東西古人之說，皆以功利爲道義相反，若薰蕕之必不可同器。而今人則謂生學之理，捨自營無以爲存。但民智既開之後，則知非明道，則無以計功；非正誼，則無以謀利，功利何足病？問所以致之之道何如耳。故西人謂此爲開明自營，開明自營，於道義必不背也。復所以謂理財計學，爲近世最有功生民之學者，以其明兩利爲利，獨利

〔註138〕《飲冰室合集・文集之十三・樂利主義泰斗邊沁之學說》。
〔註139〕《飲冰室合集・文集之十三・樂利主義泰斗邊沁之學說》。
〔註140〕《原富》，按語，《嚴復集》（四）。

必不利故耳。」〔註141〕

可見，在嚴復的思想意識裏，義與利不僅不能對立與分割，而且「利」也沒有高低貴賤之分，所謂君子、小人之利，在「長久眞實之利」的層面上，是一致的。正是鑑於此，嚴復認爲只有在「長久眞實之利」的層面上將「義利合」，才能使「民樂從善」，從而達到「治化」的功利目的。

因爲義與利之間並沒有根本的矛盾，所以對於以往，特別是對於孟子及董仲舒的言論，嚴復予以了否定，他指出：「非明道則無以計功，非正誼則無以謀利。」〔註142〕因爲義利相合，「惟公乃有以存私，惟義乃可以爲利」，〔註143〕所以嚴復認爲追求功利必須以符合道義爲前提，否則會適得其反，猶如「朝攫金而夕敗露」。根據「義利合」的旨意，嚴復指出了什麼才是眞正的「利」。嚴復認爲只有「兩利爲利」，這「兩利」就是利人和利己，他認爲「蓋未有不自損而能損人者，亦未有徒益人而無益己者，此人道之絕大公理也。……使公而後利之理不行，則人類滅久，而天演終於至治之說，舉無當矣。」〔註144〕這就是說，在嚴復看來，只有使利人與利己達到統一的利，才是眞正的利。

鑑於「義利合」，所以嚴復認爲國家的富強在於如何「利民」。而具體如何「利民」，嚴復認爲其關鍵就是給民以自由：「夫所謂富強云者，質而言之，不外利民云爾。然政欲利民，必自民各能自利始；民各能自利，又必自皆得自由始。」〔註145〕這樣，嚴復不僅重新界定了義利之間的關係，而且又把義利關係加以推延，論證了「自由」對於國家富強的重要性，從而就此提出了其「開明自營」的功利主義思想理論。

四、「革命道德說」與「民生主義」：辛亥革命時期的義利說

和戊戌變法時期的「義利之辯」相比，辛亥革命時期的「義利之辯」則是在與政治革命、社會革命相結合中展開的。根據革命的需要，政治哲學家漸漸改變了以往單純追求功利的初衷，開始從道義論的角度來分析革命、規範革命行爲。

〔註141〕《天演論‧群治按語》。
〔註142〕《原富》，按語，《嚴復集》（四）。
〔註143〕《原富》，按語，《嚴復集》（四）。
〔註144〕《原富》，按語，《嚴復集》（四）。
〔註145〕《嚴復集‧原強》。

在這一時期，「義利之辯」的主要參與者就是章太炎和孫中山。章太炎針對嚴復的功利論撰寫了《社會通詮商兌》和《革命道德說》兩篇文章，從道義論的角度批判了當時革命者只計功利、得失，而不顧革命道義的行為。而孫中山則以民生主義為根基，提出了利民主張。

在《〈社會通詮〉商兌》中，章太炎批評了嚴復的功利思想，他認為：「光復舊邦之為大義，被人征服之可鄙夷，此凡有人心者所共審。然明識利害，選擇趨避之情，孔、老以來，以此習慣而成儒人之天性久矣。會功利說盛行，其義乃益自固，則成敗之見，常足以撓是非，被辭遁說，吾所不暇辯也。所辯者，成敗之策耳。」〔註146〕

另外，為總結戊戌變法到辛亥革命前的經驗教訓，章太炎還專門撰寫了《革命道德說》一文，在此中，他指出：「吾於知道德衰亡，誠亡國滅種之根極也」，〔註147〕認為革命的關鍵在於道德，從而否定了這之前革命者只重功利的做法。

針對何為革命，章太炎在該文中指出：「吾所謂革命者，非革命也，曰光復也。光復中國之種族也，光復中國之州郡也，光復中國之政權也。以此光復之實，而被以革命之名。嗚呼！天步艱難，如阪九折，墨翟、禽滑離之儔，猶不能期其必效，又乃況於柔脆怯弱如吾屬者。世無黃中通理之人，而汲汲焉，以唇舌相斫，論議雖篤，徒文具耳。」〔註148〕可見，在章太炎看來，革命的成功是項極具艱難的事情，即使是墨翟、禽滑離在世也很難預期達到目的，況且現在的革命者又是一些熱衷於「唇舌相斫」的「柔脆怯弱」之輩了。因此，嚴復認為只有倡導高尚的道德，才能取得革命的勝利，要不即使「縱令瘏其口，焦其唇，破碎其齒頰，日以革命號令天下」，〔註149〕也是難以成事的。

而如何才能使革命者實現道德上的自省呢？章太炎認為：「捨寧人之法無由」，〔註150〕所謂「寧人」，就是指顧炎武。章太炎十分推崇顧炎武的為人與德，「余深有味其言，匹夫有責之說，今人以為常談，不悟其所重者，乃在保

〔註146〕《〈社會通詮〉商兌》，《章太炎全集》（四）。

〔註147〕《革命道德說》，《章太炎全集》（四）。

〔註148〕《革命道德說》，《章太炎全集》（四）。

〔註149〕《革命道德說》，《章太炎全集》（四）。

〔註150〕《革命道德說》，《章太炎全集》（四）。

持道德，而非政治經濟之云云。」〔註151〕對於如何建立革命之道德，章太炎在顧炎武思想的基礎上提出：「一曰知恥，二曰重厚，三曰耿介，四曰必信，若能則而行之，率履不越，則所謂確固堅厲，重然諾，輕死生者，於是乎在。」〔註152〕後來，章太炎又發現佛教是不講求功利的，因而他又轉向佛教，以求淨化革命之道德。

　　誠然，道德對於革命的成功固然很重要，但是章太炎光強調道德而否定功利的做法，則也是需要商榷的，因為任何一種道德的產生與發展，無不具有著一定的功利性目的。另外，以「四大皆空」為教義的佛學也不是完全脫離功利而獨立存在的，因為佛學的最終目的就是，消除現世的一切苦難，使人們進入極樂世界，所以來講，即使章太炎為倡導唯道德論而找到了佛學這片淨土，其完全消除功利的目的也是難以實現的。可見，章太炎的唯道德論是存在著一定的理論缺憾的，他沒有弄清道德與功利究竟是什麼關係。

　　和章太炎相比，在義利方面，孫中山雖然也講求道義，但是在思想的重心上則是偏向於功利的。

　　孫中山認為：「中國是四千餘年文化古國，人民受四千餘年道德教育，道德文明，比外國人高若干倍。不及外國人者，只是物質文明。物質文明就是農業和各種實業，比較起來，實在不及外國多矣。」〔註153〕為了學習外國的物質文明，孫中山認為要像日本那樣，在堅持「利權」不落他人之手的前提下，「變向來閉關自守主義，而為門戶開放主義」，並認為這是「保全其大」、「有利無害的事情」。〔註154〕

　　除了主張「門戶開放」之外，孫中山還根據中國當時的實際情況，提出民生主義，並以此作為了「三民主義」思想的重要組成部分。

　　從理論源流上講，孫中山的民生主義主要來自於當時美國社會學家摩裏斯‧威廉的互助學說和俄國克魯泡特金的互助論。對於當時的孫中山來講，他曾經研習並讚譽過馬克思主義理論，但是在他當時的思想層面上，他並沒有完全接受馬克思主義，而是認為這種理論還存在著一些不足的地方，而這些不足乃是由摩裏斯‧威廉予以補充的，因而他比較贊同摩裏斯‧威廉的理

〔註151〕《革命道德說》，《章太炎全集》（四）。
〔註152〕《革命道德說》，《章太炎全集》（四）。
〔註153〕《孫中山全集‧建國之兩大要務》。
〔註154〕《孫中山全集‧歡迎外資與門戶開放》。

論，爲此，他曾講：「近來美國有一位馬克思的信徒威廉氏，深究馬克思的主義，見得自己的同門互相紛爭，一定是馬克思學說還有不充分的地方。所以他發表意見，說馬克思以物質爲歷史的重心是不對的，社會問題才是歷史的重心，而社會問題中又以生存爲重心，這才是合理。民生問題就是生存問題。」〔註155〕對於威廉的理論，孫中山進行了進一步地發揮，他認爲：「民生就是政治中心，就是經濟中心和種種歷史活動的中心，……再不可說物質問題是歷史的中心，要把歷史上的政治和社會經濟種種中心，都歸之於民生問題，以民生爲社會歷史的中心。」〔註156〕

而如何實現民生主義呢？孫中山提出了兩點，即「平均地權」和「節制資本」。「平均地權」就是解決農民的土地問題，實行「耕者有其田」的土地制度。而「節制資本」，就是把關係到國計民生的大企業，如鐵路、礦山等收回國有，實行國家資本主義，防止私人壟斷。

我們知道，給民以生，固然重要，但把它高於「民族主義」、「民權主義」而作爲「政治中心」卻有失正確。因爲對於國家來講，它的職責「是爲公民創造條件，使他們能夠依靠本身的努力獲得充分公民效率所需要的一切。國家的義務不是爲公民提供食物，給他們房子住或者衣服穿。國家的義務是創造這樣一些經濟條件，使身心沒有缺陷的正常人能通過有用的勞動使他自己和他的家庭有食物吃，有房子住和有衣服穿。」〔註157〕孫中山恰恰沒有認識到這一點。

除了在國家的建設上，孫中山還在「利」的追求上提出了自己的見解，即：強調「利人」，否定「利己」。

對於「利己」與「利人」，孫中山認爲：「重於利己的人，每每出於害人，也有所不措。由於這種思想發達，於是有聰明人才的人就專用彼之才能去奪取人家之利益，漸漸積成專制的階級，生出政治上的不平等了。……重於利人的人，只要是與人家有益的事，每每至於犧牲自己亦樂而爲之。這種思想發達，於是有聰明才力的人，就專用彼之才能，以謀他人的幸福，漸漸積成博愛的事業和諸慈善事業。」〔註158〕雖然孫中山的這種見解，現在看來，存在著一定的

〔註155〕《孫中山選集・三民主義・民生主義》。
〔註156〕《孫中山選集・三民主義・民生主義》。
〔註157〕〔英〕霍布豪斯：自由主義〔M〕，朱曾汶譯，北京：商務印書館，1996：80。
〔註158〕《孫中山選集・三民主義・民生主義》。

問題，因為他沒有認識到：利己對公共事業的形成與發展也存在著一定的一致性，並不是所有的利己行為都在「積成專制的階級」、「生出政治上的不平等」的。因為利他重於利己，所以孫中山強調革命者應樹立「為國奮鬥」的「大志氣」：「我們的土地廣，人民多，中國人天生的聰明才力比較西洋人、東洋人要好得多。我們國家改造好了，中國強盛，還要駕乎他們之上。……要達到這種目的，便要大家有大志氣，不可有小志氣，個人陞官發財是小志氣，大家為國奮鬥，造成世界第一個好國家，才是大志氣。」〔註159〕

可見，在辛亥革命時期，革命者們在義、利的具體側重上，存在著不解的分歧。這種分歧，可以說正是當時兩種心態的集中反映。具體來講，一種心態就是以孫中山為代表的激進派們認為：「中國是四千餘年的文化古國，人民受四千餘年道德教育，道德文明，比外國高若干倍。不及外國人者，只是物質文明。物質文明就是農業和各種實業，比較起來，實在不及外國多矣。」〔註160〕在他們眼中，中國人民在道義論方面已經擁有的很多了，因此不要在此再花力氣了，當務之急就是以暴力推翻滿清統治和建設物質文明。而另一種心態，就是要避免革命中的激進行為，對革命要用道德來加以規範。這兩種心態，雖然前者很容易被接受，但是隨著辛亥革命的迅速失敗，後一種心態的擔憂則很快成為了事實，可以說，辛亥革命之後的「五・四新文化運動」，正是這一種心態的延續。

第三節 中國近代義利觀的理論特色

從以上分析可見，傳統的義利觀發展到近代，已經具有了明顯的改變，這種改變不僅表現在理論內容上，而且更表現在思維方式上。

一、從「利民」、「重民」到「利己」、「重己」的轉變

從現代意義來講，「利民」、「重民」與「利己」、「重己」並沒有本質的矛盾，可以說，「利民」、「重民」就是對「利己」、「重己」的尊重。然而在中國傳統社會，這兩者之間的界限，則並不是現在的這樣模糊，而是有一條明顯的界限的。

〔註159〕《孫中山全集・革命成功始得享國民幸福》。
〔註160〕《孫中山全集・建國之兩大要務》。

　　爲了回答這個問題，我們首先應從傳統中的「民」談起。

　　在中國傳統觀念中，「民」並不是一個個體概念，而是一個高度抽象的集體概念。「民」的最早出現，大概是在《尚書》中，如黎民（「百姓昭明，諧和萬邦，黎民於變時雍。」〔註161〕）、萬民（「汝萬民乃不生生。」〔註162〕）。後來，在《詩經》中，「民」則被稱之爲「丞民」：「天生丞民，有物有別，民之秉彝，好是懿德。」〔註163〕再後來，「民」又有了庶人、庶民、民眾之稱謂。在春秋戰國時，荀子則更進一步把「民」稱之爲「群眾」：「功名未成則群眾未縣（同「懸」）也，群眾未縣則君臣未立也。」〔註164〕對於這些稱謂，如果拿現在的語言學來衡量的話，其間並沒有什麼大的差別，因而從這點可以看出，在中國古代傳統中，不管人們對「民」的稱謂怎樣改變，其主旨並沒有發生任何變化，一直是把「民」作爲一個整體來考慮、對待的，並且「民」始終是一個高度抽象的概念，在現實中找不到一個與之相對應的實體。

　　因爲「民」是一個高度抽象的集合概念，因而在傳統中，一直爲政治哲學家所崇尚的「利民」和「重民」的民本思想，也就並不是指向現實生活中的一個個個體。

　　因此來講，在中國傳統民本思想中，雖然有象「民爲貴，社稷此次之，君爲輕」；〔註165〕「聞之於政也，民無不爲本也。國以爲本，君以爲本，吏以爲本。故國以民爲安危，君以民爲威侮，吏以民爲貴賤。此之謂民無不爲本也」；〔註166〕「君，舟也，民，水也，水所以載舟，水所以覆舟」〔註167〕之類重視民眾的言語，但是如果仔細考察一下，就可以明瞭：歷代君主、大臣之所以要利民、重民，其關鍵是「夫民者，大族也，民不可不畏也，故夫民多力而不可適（同「敵」）也。」〔註168〕可見，在中國傳統政治哲學，統治者之所以要施行民本的政策，其根本出發點就是在於自己統治的需要，因而，在傳統中，「利民」與「尊君」並不是一對相互矛盾的概念，而是一個有機的整體。

〔註161〕《尚書·堯典》。
〔註162〕《尚書·盤庚中》。
〔註163〕《詩經·大雅·丞民》。
〔註164〕《荀子·國富》。
〔註165〕《孟子·盡心下》。
〔註166〕《新書·大政上》。
〔註167〕《貞觀政要·君臣鑒戒》。
〔註168〕《新書·大政上》。

　　另外，在傳統觀念中，「民」也不是一個「有知」的整體，而是一個「群氓」的代表。如唐代的賈公彥就明確地講：「民者，冥也，氓者，懵懂，皆是無知之兒也。」〔註169〕在他之前，孟子也有過類似的言語，孟子講：「若民，則無恒產，因無恒心，苟無恒心，放辟邪侈，無不爲己。」〔註170〕因爲民眾的這種愚頑性，加之其又處於社會的底層，因而荀子認爲：「德必稱位，位必稱祿，祿必稱用，由士以上則必以禮樂節之，眾庶百姓則必以法數制之。」〔註171〕

　　由以上兩點，可以看出在中國古代，「利民」、「重民」是一個有一定的限度的範疇，因而我們對於傳統的民本觀念也要以另一種眼光來看待，切不可把傳統「民本」誤認爲是近代及當代「民主」的前身。

　　而在近代，當龔自珍、魏源提出「自我」的概念之後，政治哲學家們便開始了對「民」個體化的思考，特別是到戊戌變法時期，梁啓超公然爲「私」和「利己」正名，提出了「新民」〔註172〕說。在「新民」說中，雖然梁啓超仍舊強調集體利益的重要，但是在對於集體利益的追求，梁啓超認爲首先應從注重個人的權利、自由開始。雖然這裏，梁啓超並沒有把個體的地位提高到西方近代思想中的水平，但是從個體利益出發、來考慮整體利益的實現，則無疑是中國政治哲學中的一個大的進步，因爲他第一次使傳統義利觀中的「利民」、「重民」，開始向「利己」、「重己」方面轉化。與此幾乎同時，嚴復也提出了相類似的觀點，他認爲：「斯民也，固斯天下之眞主也」、「國者，天下之公產也。王侯將相者，天下之公僕隸也。」〔註173〕可見，在中國近代「民」已不再是一個完全集體化的概念，而是一個個體意義、集體意義兼有的集合體。

　　因此來講，在中國近代，利的受益主體的這一根本性地改變，從認識論的意義來講，具有著重大的意義，因爲正是由於對「民」個體性意義的認識，

〔註169〕《周禮・地官・遂人疏》。
〔註170〕《孟子・梁惠王上》。
〔註171〕《荀子・富國》。
〔註172〕「梁的『新民』概念必須從兩個意義上加以理解，因此應用兩種方法加以解釋。當『新』被用作動詞時，『新民』應解釋爲『人的革新』；當『新』被用作形容詞『新的』的意思時，『新民』應解釋爲『新的公民』」（轉引自：〔美〕張灝・梁啓超與中國思想的過渡（1890～1907）〔M〕，南京：江蘇人民出版社，1993：107）。
〔註173〕《嚴復集・闢韓》。

才使得近代民主、共和的思想得以更加深入，並最終成就了共和制在中國的建立。

二、從對本土傳統的繼承到對西方的借鑒

和傳統相比，中國近代義利觀的另外一個大特色就是：在繼承、發展傳統義利觀的同時，注意了對西方近代功利主義義利論的借鑒。

從西方義利論的發展來看，和中國一樣存在著道義論和功利論的爭執。

早在古希臘，這種爭執就已經存在。如功利論的代表伊壁鳩魯就認為：「快樂是幸福生活的開始和目的。因為我們認為幸福生活是我們天生的最高的善，我們的一切取捨都從快樂出發，我們的最終目的仍是得到快樂，而以感觸為標準來判斷一切的善。」〔註174〕而道義論的代表亞里士多德則認為：「一個有德性的人，往往為他的朋友和國家的利益而採取行動，必要時，乃犧牲自己的生命。他寧願捐棄世人所爭奪的金錢、榮譽和一切財物，只求自己高尚。」〔註175〕

雖然在中世紀，宗教禁欲主義完全取代了功利論的地位，但是在文藝復興時期，人文主義政治哲學家則衝破了宗教禁欲主義的思想禁錮，認為人的自然欲望就是人的本性，人人都是利己的，人生的目的就是無所顧忌地追求個人的物質利益和幸福快樂。

在文藝復興之後，這種思想更是得到了進一步地延續，霍布斯、洛克、愛爾維修、霍爾巴赫等政治哲學家普遍認為人的本性是利己的，「無論在道德問題或認識問題上，都只是利益宰制者我們的一切判斷。」〔註176〕但是在追求極端利己主義的同時，他們也認識到：「人為了自己的利益，應當愛其他的人，因為他們是他的存在、他的保存、他的快樂所必需的。」〔註177〕這樣，在他們的意向中，就含有一種將道義論和功利論相統一的思想。

〔註174〕周輔成編・西方倫理學名著選輯（上卷）〔C〕，北京：商務印書館，1964：103。
〔註175〕〔美〕梯利（伍德增補）。西方哲學史（增補修訂版）〔M〕，葛力譯・北京：商務印書館，1995：89。
〔註176〕北京大學哲學系外國哲學史教研室編譯，十八世紀法國哲學〔C〕，北京：商務印書館，1963：457。
〔註177〕北京大學哲學系外國哲學史教研室編譯，十八世紀法國哲學〔C〕，北京：商務印書館，1963：650。

但是這一思想傾向並沒有在十九世紀得到繼承，反而使二者更加處於了對立狀態。如邊沁則強調「效用原則」，而完全排斥道義的存在；而當時的康德，則宣揚不計功利、不問效果的「善良意志」，並以此來否定功利主義的存在。對於這樣的對立，雖然後來的約翰·密爾和黑格爾有意作了彌合，〔註178〕但是從具體功效來看，則是甚微的。因為在這之後，功利論和道義論仍然作為兩種截然對立的理論體系，活躍在西方政治哲學的論壇上。

對於西方的義利論，中國近代政治哲學家並沒有完全吸收，而是根據中國當時的需要，只是對西方近代功利主義義利論，特別是邊沁和密爾的理論做了批判地借鑒。

為什麼西方的功利主義義利論對於中國政治哲學家來講，具有這樣大魅力呢？我認為首先一點，就是在於西方的功利主義義利論中，「個體人」始終是作為思想的主體來考慮的，個體人權也始終是被認作為人的天賦權利而存在的，因而對於「個體人」一直受到壓抑、個體人權一直遭到貶低的中國來講，無疑具有著很大的吸引力。另外，從社會大環境看，在當時的中國，急需一種理論來振奮人心，使國民從虛妄的道義論中解脫出來，用自己的行為來實現國家富強、獨立的功利目的。而西方近代的功利主義恰好是應我之需，所以雖然政治哲學家們對西方功利主義的利己傾向有所保留，但是出於應急之需，還是大膽地譯介過來，以供國人借鑒。

通過對於西方近代功利主義義利論的吸收，中國傳統以來的義利論，第一次有了關於個體權利的充分肯定，如康有為在《大同書》中，就認為：「依人之道，苦樂而已」，因此，「為人謀者，去苦求樂而已，無他道矣。」〔註179〕由於承認人的個體欲望的合理性，因而對於中國傳統價值觀念——程朱理學政治哲學家們則提出了強烈地批判。這一批判，雖然是以犧牲對現實政治普遍必然性的追求為代價的，但是由於這樣做換得了對個體價值、個體權利的承認，因而它的理論缺失並沒有被大多數人所察覺。另外，由於對西方功利主義義利論的吸收，也使我們的政治哲學家們對於現實政治原則的選取，有了可以直接依據的現實標準。還以康有為為例，他就認為：「立法創教，令人

〔註178〕密爾認為人除了利己之外，還有一種社會情感——良心，它使人在利己的同時，也不做損害他人的事情；黑格爾在批判康德的超功利的道義論的過程中，認為：「成為一個人，並尊敬他人為人。」（〔德〕黑格爾·法哲學原理〔M〕，汪宣譯，北京：商務印書館，1961：46）。

〔註179〕康有為，大同書〔M〕，北京：華夏出版社，2002：9。

有樂而無苦，善之善者也，能令人樂多苦少；善而未盡善者也，令人苦多樂少，不善者也。」〔註180〕從這樣的原則出發，就使得現實的政治，不再是超脫於人自身之外的空中樓閣，而是與人自身的利益、命運息息相關，因爲國家的利益、命運直接牽扯到具體每個成員的利益和命運，因而使得「國家有難，匹夫有責」—— 這句格言，眞正落實到了實處。

〔註180〕康有爲，大同書〔M〕，北京：華夏出版社，2002：11。

第五章　自由、民主：功利主義與中國近代治理觀

　　自由與民主，作爲西方近代政治學領域當中的一對重要範疇，對整個西方近代化的發展進程，起到了至關重要的推動作用。中國自鴉片戰爭之後，隨著西學的大量湧入，自由、民主等理念也逐漸在中國政治哲學家的頭腦中佔據了一席之地，並且隨著中國近代化與西學東漸的逐漸深入，自由、民主等價值理念也開始逐漸深入到大多數人的內心之中，並逐漸成爲了支配人們思想、行爲的內在動力，另外也正是在自由、民主的指引下，中國最終在 1912 年推翻了封建帝制，初步嘗試了用自由、民主等近代理念來建設新中國的偉大設想。

　　但是需要指出的是，中國近代政治哲學家雖然對自由、民主進行了不懈地追求，但是從對自由、民主的理解層次來講，則並沒有形成對自由、民主的眞知。這是因爲對於自由、民主而言，中近代政治哲學家關注的只是其能夠加強或推翻封建專制、實現富國強兵的功利作用，而沒有注意到自由、民主更深一層的價值意義，即：自由、民主不僅僅是代表一種狀態，而是更多地表現爲一種政治制度。

第一節　功利目的與民主追求：近代中國對於自由、民主的感性把握

　　在中國近代，政治哲學家們對於自由、民主等價值理念的體認與追求，

是伴隨著中國近代化的歷史進程而逐步展開的，在這個過程中，雖然歷代政治哲學家都為此做出了不懈的努力，但是如果用自由、民主的真諦來衡量的話，中國近代政治哲學家們對於自由、民主的把握，則基本上是處於感性的把握階段，並沒有形成對自由、民主的真正價值的理性把握。

一、啓蒙階段的魏源與《海國圖志》

對於魏源來講，他之所以能夠閃現出自由、民主的火花，是與兩次鴉片戰爭對他的刺激分不開的。在鴉片戰爭中，對於清政府的腐敗無能，魏源的感觸頗為深刻。他認為清政府之所以在戰爭中節節敗退，一方面確實是因為中國的戰船、火器不如外國的精尖，但是另外一個原因，魏源認為則是由於清政府在社會、政治和經濟等方面存在的諸多令人痛心的問題造成的。鑒於此，魏源認為中國要想不為外國任意欺凌，而且還能日臻富強，應立即從兩方面入手來解決時弊：

其一，魏源認為就是要振奮人心，改革時弊。他指出：「天地以五行戰陰陽，聖人飭五官，則戰勝於廟堂。……今夫財用不足，國非貧，人才不競之謂貧；令不行於海外，國非羸，令不行於境內之謂羸。故先生不患財用，而惟亟人才，不憂不逞志於四夷而憂不逞志於四境。官無不材，則國楨富；境無廢令，則國柄強。楨富柄強，則以之詰奸，奸不處；以之治財，則不蠹；以之搜器，器不窳；以之練士，士無不虛伍。如是，何患於四夷，何憂乎禦侮！斯之謂折衝於尊俎。」〔註1〕他認為當前最重要的問題，就是人才不足、綱紀廢馳，因此來講，只有增進人才，才能使人心整肅、國家威遒。

其二就是要改善君主與民眾之間的地位關係。他指出：「人者，天地之仁也。人之所聚，仁氣積焉；人之所去，陰氣積焉。山谷之中，屯兵十萬，則窮冬若春；邃宇華堂，悄無綦迹，則幽陰襲人。人氣所緼，橫行為風，上泄為雲，望氣吹律而吉凶占之。南陽、洛陽、晉陽、鳳陽，今日寥落之區，昔日雲龍風虎之地，地氣隨人氣遷徙也。『天地之性人為貴』，天子者，眾人所積而成，而侮慢天乎？人聚則強，人散則尪，人靜則昌，人訟則荒，人背則亡，故天子自視為眾人中之一人，斯視天下為天下之天下。」〔註2〕因此來講，

〔註 1〕《聖武記序》。
〔註 2〕《魏源集·默觚下·治篇十二》。

魏源認為，作為君主不僅不能「自視為眾人中之一人」，而且還要與自己的臣民融為一體，「後元首，相股肱，諍臣喉舌。然則孰為其鼻息？夫非庶人與！九竅百骸四支之存亡，視乎鼻息，口可以終日閉而鼻不可一息柅。古聖帝明王，惟恐庶民之不息息相通也，故其取於臣也略而取於民也詳。……至於徹膳之宰，進善之旌，誹謗之木，敢諫之鼓，師箴，瞍賦，矇誦，百工諫，庶人傳語，上傳言，遒人木鐸以徇於路，登其歌謠，審其訊祝，察於謗議，於以明目達聰，而元首良焉，股肱康焉」。〔註3〕

　　由於對本國政治制度的失望，魏源便把目光轉移到了擁有「堅船利炮」的西方。他認為西方列強之所以在戰爭中處於優勢，一來確是武器的精良，二來則是在政治制度上的優越。

　　對於西方國家所採用的政治制度，魏源在《海國圖志》中做了具體的論述：

　　如魏源在介紹英國的地理環境的同時，就介紹了英國的議會制度。他指出不僅英王的即位是由巴釐滿衙門（Parliament，即：議會）通過，而且國家的大事也是經過國會集體裁決的：「用兵、和戰之事，雖國王裁奪，亦必由巴釐滿議允。國王行事有失，將承行之人，交巴釐滿，轉行甘文好司而分佈之，惟除授大臣及刑官，則權在國王。各官承行之事，得失勤怠，每歲終會核於巴釐滿，而行其黜陟」，而對於來自於民間的意見，議會實行「大眾可則可之，大眾否則否之」的措施，准許平民監督政府，並且平民可以「刊印逐日新聞紙，以論國政，如各官憲政事有失。」〔註4〕

　　不但對英國的議會制民主制，而且對於美國的總統制，魏源也做了比較詳細的介紹，介紹之餘還對之予以了高度的評價。

　　他認為美國的富強直接原因就是來自於其政體的優越，對此，他感慨道：「數百年來，育奈士疊遽成富強之國，足見國家之勃起，全由部民之勤奮，故雖不立國王，僅設總領，而國政操之輿論，所言必施行，有害必上聞，事簡政速，令行禁止，與賢闢所治無異。此又變封建郡縣官家之局，而自成世界者。」〔註5〕另外，對於總統的任期，魏源也做了介紹：「定例：勃列西領

〔註3〕《魏源集·墨觚下·治篇十二》。
〔註4〕《海國圖志·大西洋英吉利國一》。
〔註5〕《海國圖志·彌利堅國即育奈士疊國總記》。

以四年爲一任，期滿更代，如綜理允協，通國悅服，亦有再留一任者，總無世襲終身之事。」〔註6〕

　　對於美國這樣的政體，魏源結合美國的獨立戰爭，予以了高度的評價：「嗚呼！彌利堅國非有雄材梟傑之王也。渙散二十七部落，渙散數十萬黔首，憤於無道之虎狼英吉利，同仇一倡，不約成城，堅壁清野，絕其餉道，遂走強敵，盡復故疆，可不謂武乎？創開北墨利加者佛蘭西，而英夷橫攘之，憤逐英夷彌利堅，而佛蘭西助之，故彌與佛世比而仇英夷，英夷遂不敢報復，遠交近攻，可不謂智乎？二十七部酋分東西二路，而公舉一大酋總攝之，匪惟不世及，且不四載即受代，一變古今官家之局，而人心翕然，可不謂公乎？議事聽訟，選官舉賢，皆自下始，眾可可之，眾否否之，眾好好之，眾惡惡之，三占從二，捨獨徇同，即在下預議之人，亦先由公舉，可不謂周乎？」〔註7〕「墨利加北洲之以部落代君長，其章程可垂奕世而無弊。」〔註8〕

　　除了對英、美兩國的民主製表示豔羨之外，魏源還對中歐小國——瑞士予以了介紹，他認爲像瑞士這樣的小國，之所以能在歐洲「各擁強兵」的大國中間安全生存，其關鍵就在於該國的民主制保證了國家的穩定。

　　可見，雖然在魏源這裏，並沒有形成對於自由、民主的系統認識，只是停留在對本國封建專制的批判和對西方民主制加以初步介紹的層面上，但是這在當時來講，則足以起到語出驚人、警醒世人的作用。現在看來，雖然魏源出於自己的階級立場沒有提出建立民主政權的舉措，但是正是通過其對西方民主制的介紹，啓迪了中國近代仁人志士爭求自由、民主的思想自覺。

二、萌芽階段的洋務派及早期維新派的民權思想

　　如果說魏源對於自由、民主的探求，只是停留在對西方民主制度的簡單介紹層面的話，到了19世紀60至80年代，自由、民主的思想，可以說，在中國大地上正式開始了生根、發芽的階段。在這一階段當中，洋務派及早期維新派在西學的影響下，不僅對西方的民主、自由有了比較系統的認識，而且還在此基礎上提出了近代中國的民權理論。

〔註 6〕《海國圖志·彌利堅國即育奈土疊國總記》。
〔註 7〕《海國圖志·外大西洋·墨利加洲總敘》。
〔註 8〕《海國圖志後敘》。

1、近代自由、民主思想萌芽的條件

為什麼自由、民主的思想在這一時期得到長足的發展呢？回答這個問題，我們必須從以下三點來探求它的答案。

其一，中國近代社會歷史環境對中國近代思想界的衝擊。

我們知道，在第二次鴉片戰爭之後，西方列強對中國的侵略更加變本加厲，不僅侵略中國的國家比以前增多，而且簽定的不平等條約也比第一次鴉片戰爭結束時要多得多。另外，列強的侵略不僅使當時的中國遭受著外患的威脅，而且由外患又導致了中國內患的增加，如從 1851 年至 1868 年，短短 17 年中間，見諸記載的農民起義就達 110 多起，其中就包括幾乎撼動滿清政權統治的太平天國及捻軍起義。

在這種內憂外患的雙重擠壓下，清政府不得不在極力鎮壓國內農民起義的同時，不斷採取措施來應付來自列強方面的侵略，如：1861 年在北京設立了總理衙門來處理外事、1862 年又設立同文館來培養翻譯人才。這些機構和學校的創立，不但沒有起到抵禦西方列強的積極作用，反而以此為渠道，西方的社會、政治、歷史等近代文化得以迅速傳入中國，並形成了對本土文化的衝擊。

另外，在洋務派興辦軍事工業的同時，民用企業及民族資本經營的近代企業也得到了快速地發展。這些企業的創製與發展，不僅刺激了當時中國小農經濟模式，而且在這些企業當中產生了中國第一代民族資產階級。民族資產階級的出現，一方面要求改變以往僵化的生產經營模式，提倡民主管理、民主經營；而另一方面則要求在政治上要實現其參政的民主權利。

就是在這樣的歷史環境中，自由、民主思想開始作為一股不可抗拒的歷史洪流，開始了其不斷地沖刷近代中國的歷程。

其二，傳教士對西方民主思想的傳播。

在第一次及第二次鴉片戰爭之後，西方的傳教士開始大量湧入中國。傳教士們在傳教的同時，也實現了西方民主思想對於近代中國的滲透。

傳教士們對於西方民主思想的傳播，一方面是靠他們的言傳身教，另一方面則是通過一些書籍和文章完成的，當時的這些書籍和文章大致有《萬國史記》、《萬國通鑒》、《泰西新史攬要》、《大英國志》、《米利堅志》、《聯邦志略》、《萬國公法》、《公法會通》以及《佐治芻言》、《譯民主國與各國章程及公議堂解》等。而在這些書籍中，對於民主、自由思想的介紹，主要集中在

以下幾個方面：

　　一是對於西方議會制的介紹。如在 1875 的《萬國公報》中，一篇文章就這樣介紹說：西方的立憲國家，其章程差別不大，「即其中之最要者言之，不過分行權柄而已。其權柄之所以分者，欲行之有利而不相悖，有益而不相害耳。約舉其目，蓋有三焉：一曰行權，二曰掌律，三曰議法」，行政權歸屬君主（立憲制國家）、總統（總統制國家）所有，但是其在行使職權時，必須「照章程中已定之法及公議堂議定之事辦理」；司法權歸屬司法部門，司法獨立，「不爲朝廷所拘，不受公議堂所制，且可解說法律於國皇之前」，但原則必是「經行權者之所命、有議法者議定」；立法權歸屬議院，「議法之員有由君派民舉者，有悉聽民間公舉者」。〔註9〕

　　二是對於西方民主思想的介紹。如傳教士們從天賦人權的角度講：「天既賦人以生命，又必賦人以材力，使其能求衣食以自保其生命。顧人既有此材力，必當用力操作，自盡職分……故無論何國、何類、何色之人，各有身體，必各能自主，而不能稍讓於人。苟其無作孽犯科之事，則雖朝廷官長，亦不能奪其自主之本分。」〔註10〕另外，傳教士們還從人在國家中的地位出發推導出政治上平等：「恍然於治國之法，亦當出之於民，非一人所得自主矣」，〔註11〕「一國之人，無論貴賤，皆當視爲平等。」〔註12〕

　　其三，出使人員對於西方自由、民主思想的引入。

　　和前清的閉關鎖國相反，在鴉片戰爭後不僅西人大量湧入中國，而且中國爲解決自身問題，也藉此向西方派出了大量的出使人員，如 1866 年起，滿清政府先後派遣斌椿隨赫德遊歷歐洲，派遣志剛、孫家谷隨蒲安臣出訪歐美，派遣崇厚赴法，派遣陳蘭彬赴美，派遣郭嵩燾使英、陳蘭彬使美、何如璋使日、劉錫鴻使德。隨著出使人員的日益增多，國人的眼見也日益洞開，西方國家的民主制度在被豔羨的同時，也被大量地介紹回本國。這些通過耳濡目染得來的認識，更加激勵了國人對自由、民主的追求。

　　在這些出使人員所著的著作中，大部分內容集中在對西方君主立憲制的介紹上。他們認爲實行君主立憲制，可以帶來許多在君主專制下難以企求的

〔註 9〕　《萬國公報・譯民主國與各國章程及公議堂解》。
〔註 10〕　《佐治言芻・論人生職分中應得應爲之事》。
〔註 11〕　《佐治言芻・論律法並國內各種章程》。
〔註 12〕　《萬國公報・譯民主國與各國章程及公議堂解》。

好的效果：

首先，它能使「民情達而公道存」，這是因爲在這種制度下，「必上下詢謀僉同，或議從其數之多」；〔註13〕

其次，因爲立憲國家「君之於臣民，長官之於屬吏時相見，儀文簡易，上下之間無閡格不通之氣，無壅關不宣告之情」，君主出遊，平民「脫帽致意，君主亦必答之以禮」，〔註14〕故而它能使君民上下平等；

再次，因爲立憲國家一切以民爲重，「凡纖悉不便於民者，必本至誠以設法妥帖之」，「治國齊家，持躬接物，動與盡己推己之旨相符……而駸駸三代大同之治矣」，〔註15〕所以立憲制能使民爲主；

最後，立憲制還能使社會趨於一種公平合理的狀態，這是因爲「議院主議法，政府主行法，察院主斷法，議成付察院推斷，斷可然後付政府施行，故察院之權，足以持議院之弊」。〔註16〕

鑒於以上這些優點，這些出使人員認爲立憲制不僅可以強國，而且還可以消除一切弊端，如宋育人就認爲：「政非議不成，議非眾不公，而民眾不能按戶而說，執途而語，故由民舉其能者賢者，代民達隱，陳其所利，除其所害，故議院爲歐洲近二百年振興根本。自有議院，而君不能黷武、暴斂、逞刑、抑人才、進佞倖，官不能怙權固位、枉法營私、病民蠹國，故風行景從，不崇朝而遍歐美。議院爲其國政之所在，即其國國本之所在，實其國人才之所在。」〔註17〕

就是在這樣的條件下，近代中國自 19 世紀 60 年代從對國家政體的討論中，眞正開始了探索自由、民主之路。

2、洋務派及早期維新派對自由、民主的功利性訴求

首先就盛行於 60、70 年代的洋務派而言，他們在提出「中體西用」的同時，也認識到了「朝廷政教」對於實現國家振興的重要性。

如郭嵩燾在出使之前就曾認爲：「西洋立國有本有末，其本在朝廷政教，其末在商賈，造船、製器，相輔以益其強，又末中之一節也。故欲先通商賈

〔註13〕志剛·初使泰西記〔M〕，長沙：湖南人民出版社，1981：22。

〔註14〕《小方壺齋輿地叢抄·出洋瑣記》。

〔註15〕《皇朝經世文編續編·巴黎答友人書》。

〔註16〕宋育人·采風記〔M〕，光緒乙未冬袖海山房石印本，11。

〔註17〕宋育人·采風記〔M〕，光緒乙未冬袖海山房石印本，11。

之氣以立循用西法之基，所謂其本末遑而姑務其末者。」〔註18〕他指出對於西方國家的「強兵富國之術，尚學興藝之方，與其所以通民情而立國本者，實多可以取法。」〔註19〕等其出國之後，則更加堅定了自己的意見，他明確指出：「推原其（這裏「其」指的是英國）立國之本，所以持久而國勢益張者，則在巴力門議院有維持國是之義；設買阿爾（mayor，市長）治民，有順從民願之情。二者相持，是以君與民交相維繫，迭盛迭衰，而立國千餘年終以不敝，人才學問相承以起，而皆有以自效，此其立國之本也，……為君者之欲易逞而難戢，而小民之情難拂而易安也。中國秦漢以來二千餘年適得其反。能辨此者鮮矣。」〔註20〕後來，郭嵩燾則直接把這一想法上陳李鴻章，指出：泰西之國，大事「皆百姓任之，而取裁於議院，其國家與其人民交相維繫，並心一力，以利為器，……要之國家大計，必先立其本，其見為富強之效者末也」。〔註21〕

不僅郭嵩燾有這樣的認識，在當時持這種意見的人並不在少數，如舉人強汝詢也認為，國人在研習西方新式武器的同時，也要注意其政治制度，「西洋之強豈專恃乎器哉？其官民甚和，其心志甚齊，其法制簡而肅，其取人必課實用……。」〔註22〕崔國因也認為中國要想自強，其中一條重要的舉措就是「設議院」，認為這是上下溝通的最好方式：「議院之設，分為上下。其上議院由王公大臣議之，所以率作興事，慎憲省成，知其小者近者也。夫進摺紳之族，食祿之家，其分近於君而遠於民，患其不知民隱也，則有下議院以通之；草茅新進之氓，其於閭閻之利病知之至真，禍亂之依伏見之最近，其所短者，唯恐其見識見拘墟，不適於用也，則恃上議院以裁之。」〔註23〕另外，崔國因還認為設立議院，不僅能使上下溝通，而且在當時的情況下也只有設立議院，才能使全體百姓齊心合力來報效國家，「且今日之事勢，為古今之創局，凡所設施，每駭聽聞，而練兵、籌餉各舉為向未經見者，必使斯民身居局中，悉其原委，知此中實有不得不然者，乃肯設身處地，為朝廷分憂，而後兵可增而不以為抽丁，餉可增而不以為重斂，凡有設施，坦然明白，所

〔註18〕《福建按察使郭嵩燾條議海防事宜》，《洋務運動》（一）。
〔註19〕《郭侍郎奏疏·請將滇撫岑毓英交部議處疏》。
〔註20〕郭嵩燾·郭嵩燾日記（第三卷）〔M〕，長沙：湖南人民出版社，1982：21。
〔註21〕《養知書屋遺集·致李傅相》，《洋務運動》（一）。
〔註22〕《海防議》，《洋務運動》（一）。
〔註23〕《梟實子存稿·奏為國體不立後患方深請鑒前車速籌布置恭摺》。

當行者，乃可次第行也。」〔註 24〕對於設立議院制，就連即將離世的張樹聲也在《遺摺》中，明確指出：變法應以立憲爲本。他認爲：「近歲以來，士大夫漸明外交，言洋務，籌海防，中外同聲矣。夫西人立國，自有本末，雖禮樂教化，遠遜中華，然馴致富強，具有體用。育才於學校，論政於議院，君民一體，上下一心，務實而戒虛，謀定而後動，此其體也。輪船、大炮、洋槍、水雷、鐵路、電線此其用也。中國遺其體而求其用，無論竭蹶步趨，常不相及，就令鐵艦成行，鐵路四達，果足恃歟？」〔註 25〕

可見，在洋務派的思想意識中，設立議院，實行「民主」〔註 26〕也是「師夷長技」的重要內容。但是，由於這些洋務派們多爲地位較高的封建官僚，因而在他們的意識裏，設立議院的目的並不是要發展資本主義，而是要尋求一條能夠實現國家快速富強、獨立的功利性措施。而眞正把「設議院」作爲一項政治制度來考察的，則是由 19 世紀 80 年代興起的早期維新派們完成的。

對於早期維新派們而言，他們對自由、民主思想的探求雖然也是圍繞著「設議院」而展開的，但是他們相對於洋務派而言，膽子要大得多，他們不僅認識到西方議會制的優越，而且認爲中國必須設立議會制，除此別無他路可尋。

如早期維新派的主要代表鄭觀應就認爲：「欲行公法，莫要於張國勢；欲張國勢，莫要於得民心；欲得民心，莫要於通下情；欲通下情，莫要於設議院。中國而終自安卑弱，不欲富國強兵，爲天下之望國也，則亦已耳；苟欲安內攘外，君國子民，持公法以保太平之局，其必自設立議院始矣。」〔註 27〕對於西方的議院制，鄭觀應在實地考察之後，予以了充分地介紹：「泰西列國……其都城設有上下議政院。上院以國之宗室勳戚及各大員當之，以其近於君也；下院以紳耆士商，才優望重者充之，以其邇於民也。凡有國事，先令下院議定，詳達之上院，上院議定，奏聞國主。若兩議院意議符合，則國主決其從違；倘彼此參差，則或令停止不議，或覆議而後定。故泰西政事，舉國咸知，所以通上下之情，期措施之善也……即此一事，頗與三代法度相符。所冀中國，上效三代之遺風，下仿泰西之良法，體察民情，博採眾議，

〔註 24〕《臬實子存稿・奏爲國體不立後患方深請鑒前車速籌布置恭摺》。
〔註 25〕《張靖達公奏議・遺摺》。
〔註 26〕這個民主與現代意義上的民主有一定區別，當時的民主只是相對於君權過重而言的。
〔註 27〕《盛世危言・議院上》。

務使上下無捍格之虞，臣民泯異同之見，則長治久安之道，有可豫期者矣。」
〔註28〕

　　對於爲什麼要設立議院，鄭觀應認爲議院的設立對當時中國來講，至少
存在著三大益處：

　　其一，設立議院可以實現國家富強的功利目的。

　　他認爲：「泰西各國咸設議院，每有舉措，詢謀僉同，民以爲不便者不必
行，民以爲不可者不得強，朝野上下，同德同心，此所以交際鄰封，有我薄
人，無人薄我。人第見其士馬之強壯，船炮之堅利，器用之新奇，用以雄視
宇內；不知其折衝禦侮，合眾志以成城，致治國有本也。」〔註29〕

　　其二，設立議院可以袪除專制。

　　他認爲議院，可以使「君相、臣民之氣通，上下堂廉之隔去，舉國之心
志如一，百端皆有條不紊，爲其君者，恭己南面而已。故有議院，而昏暴之
君無所施其虐，跋扈之臣無所擅其權，大小官司無所卸其責，草野小民無所
積其怨，故斷不至數代而亡，一朝而滅也。」〔註30〕

　　其三，設立議院是抵禦外侮的良方。

　　他認爲：「中國戶口不下四萬萬，果能設立議院，聯絡眾情，如身使臂，
如臂使指，合四萬萬之眾如一人，雖以併吞四海無難也。何至坐視彼族越九
萬里而群逞披猖，肆其非分之請，要以無禮之求，事無大小，一有齟齬動輒
稱戈，顯違公法哉！故議院者，大用之則大效，小用者則小效者也。」〔註31〕

　　鑒於議會制的以上這些優點，鄭觀應認爲：「一言以蔽之曰：是非設立議
院不爲功！」〔註32〕

　　除了主張設立議院外，鄭觀應還從西方的「天賦人權」的角度，論證了
在當時中國限制君權，提倡民權的重要性，他指出：「民受生於天，天賦之以
能力，使之博碩豐大，以遂厥生，於是有民權焉。民權者，君不能奪之臣，
父不能奪之子，兄不能奪之弟，夫不能奪之婦，是猶水之於魚，養氣之於鳥
獸，土壤之於草木。故其在一人，保斯權而不失，是爲全天。其在國家，重
斯權而不侵，是爲順天。勿能保，於天則爲棄。疾視而侵之，於天則爲背。

〔註28〕《易言・論議政》。
〔註29〕《盛世危言・議院上》。
〔註30〕《盛世危言・議院上》。
〔註31〕《盛世危言・議院上》。
〔註32〕《盛世危言・議院上》。

全順者受其福，而背棄者集其殃。」〔註33〕

不僅鄭觀應如此，另一位早期維新派的重要人物——王韜也在對封建專制批評的同時，對西方的資產階級民主進行了積極地介紹。他指出：「泰西之立國有三：一曰君主之國，一曰民主之國，一曰君民共主之國……一人主治於而百執事萬姓奔走於下，令出而必行，言出而莫違，此君主也。國家有事，下之議院，眾以為可行則行，不可則止，統領但總其大成而已，此民主也。朝廷有兵刑禮樂賞罰諸大政，必集眾於上下議院，君可而民否，不能行；民可而君否，亦不能行也；必君民意見相同，同而後頒之於遠近，此君民共主也。」〔註34〕

但是有一點必須說明的是，雖然早期維新派對於西方的民主制錶現出了比洋務派更高的政治熱情，但是從其思想的本質來講，他們講求的「民權」並不是真正的「民主」，他們認為：「民權者，其國之君仍世襲其位；民主者，其國之權由民選立，以幾年為期。吾言民權者，謂欲使中國之君世代相承，踐天位勿替，非民主之國之謂也。」〔註35〕因而鑒於這樣的認識，他們主張實行君主立憲，而不是民主立憲，對此王韜的理由是：「君為主，則必堯舜之君在上，而後可長治久安；民為主，則法制多紛更，心志難專一，究其極，不無流弊。唯君民共治，上下相通，民隱得以上達，君惠亦得以下逮，君惠亦得以下逮，都俞籲咈，猶有中國三代以上之遺意焉。」〔註36〕

可見，對於西方自由、民主的認識，相對於洋務派來講，早期維新派們要深刻得多。然而深刻歸深刻，他們也同樣沒有認識到：君權對於自由、民主的相悖性。因此來講，雖然早期維新派把設立議院、興民權上陞到了政治制度層面上來考察，但是因為強大的皇權的存在，致使他們也終究沒有提出一個實實在在的自由、民主理論。

三、發展階段的康有為、梁啓超與嚴復的民權論

和洋務派、早期維新派不同，在戊戌變法時期，康有為、梁啓超、嚴復等政治哲學家所提出的民權理論，則是以對人天賦權利的體認為基點的，他

〔註33〕《盛世危言·民權共治君權三論》。
〔註34〕《弢園文錄外編·重民下》。
〔註35〕《新政真詮·勸學篇書後》。
〔註36〕《弢園文錄外編·重民下》。

們認為自由、民主是人的天賦權利，不可剝奪。因為人的自由、民主權利是天賦的，所以他們認為任何阻礙人們實現該權利的行為都是錯誤的。這樣他們就從「天賦人權」的角度，論證了建立資本主義民主制度的必要性與可行性。

1、康有為的自由、民主理論

對於康有為來講，他關於自由、民主的體認是從對人的天賦權利的考察開始的。

康有為認為：每個人都是具有天賦的、不可剝奪的自由與平等權利。他認為：「若夫名分之限禁，體制之迫壓，託於義理以為桎梏，比之囚於圈圄尚有甚焉。君臣也，夫婦也，亂世人道所號為大經也，此非天之所立，人之所為也。而君之專制其國，魚肉其臣民，視若蟲沙，恣其殘暴。夫之專制其家，魚肉其妻孥，視若奴婢，恣其凌暴。在為君為夫則樂矣，其如為臣民為妻者何！……人天所生也，託借父母生體而為人，非父母所得專也，人人直隸於天，無人能間制之。蓋一人身有一人身之自立，無私屬焉。然或父聽後妻之言而毒其子，母有偏愛之性而虐其孫，皆失人道獨立之義而損天賦人權之理者也。」〔註 37〕因為自由、平等是人的天賦權利，所以康有為針對封建禮教對個人獨立、平等、自由的壓制提出了批評，他認為：「人人獨立，人人平等，人人自主，人人不相侵犯，人人交相親愛，此為人類之公理」，〔註 38〕「大抵壓制之國，政權不許參預，賦稅日以繁苛，催抑民生，凌鋤士氣。務令其身拘屈，廉恥凋喪，志氣掃蕩，神明幽鬱，若巫來由之民，蠢愚若豕、卑屈若奴而後已焉。入專制國而見其民枯槁屈束、絕無生氣者是也。若婦女之嫁一夫，許之以身，聽其囚役，終身以之。甚或鬻賣殺毒，慘不忍言，姑挾尊威以虐其媳，既於婦女之苦言之矣。若夫民族階級之分，以投胎之不幸，為壓制之荼毒，一為奴賤，等於禽鳥，其為背公理，害人道，大逆無德，未之有比者也。」〔註 39〕另外，對於為統治者所極力維護的「三綱五常」，康有為也給予了強烈地抨擊。他指出：「人人有天授之體，即人人有天授自由之權。古凡為人者，學問可以自學，言語可以自發，遊觀可以自如，宴饗可以自樂，出入可以自行，交合可以自主，此人人公有之權利也。禁人者，謂之奪人權，

〔註37〕康有為，大同書〔M〕，北京：華夏出版社，2002：57。
〔註38〕《孟子微·仁義》。
〔註39〕康有為，大同書〔M〕，北京：華夏出版社，2002：57。

背天理也」，〔註40〕「夫人類之生，皆本於天，同爲兄弟，實爲平等，豈可妄分流品，而有所輕重，有所擯斥哉！」〔註41〕

除了對傳統的倫理道德進行抨擊之外，康有爲還認爲個人天賦平等權利享有得如何，對於國家的興衰至關重要：「凡多爲階級而人類不平等者，人必愚而苦，國必弱而亡」，「凡掃盡階級而人類平等者，人必智而樂，國必盛而治」，「國勢之愚智、苦樂、強弱、盛衰，皆視其人民平等不平等之多少分數爲之，平之爲義大矣哉！」〔註42〕這就是說，國民的平等權利享有得愈多，國家就愈富強。

而人們如何獲得平等權利呢？康有爲認爲首先就必須剔除等級制。在康有爲看來，人們的自由、平等權利之所以不能實現，關鍵的原因就是「家人強合」：「夫天下之至大者莫如意見矣，強東意見而從西意見，既已相反，即難相從；不從則極逆，從之則極苦。」〔註43〕康有爲認爲在任何一個家庭中，要想做到「意同則合，意異則離」是很困難的，如在封建家庭中，「名爲兄弟姊妹而過於敵國，名爲婦姑叔嫂而怨於路人」，「悍夫制姑而絕粒，惡姑淩婦而喪命」、「童媳弱婦死於悍姑，孤子幼女死於繼母」，「其禮法愈嚴者，其困苦愈深」。〔註44〕另外，「一家之中分利者眾，生利者寡。婦女無論矣，孩童無論矣，即壯歲子弟亦常復仰食於父兄。故家長爲一家之人所累，終歲勤勞，而猶不足自給。一家之人，亦爲家長所累，半生壓制，而終不得自由。」〔註45〕

然而，雖然康有爲對束縛人平等、自由的封建禮教予以了猛烈地抨擊，但是作爲一名處在封建末期的早期資產階級理論家來講，他並沒有在思想上完全拋棄傳統思想，相反，對於傳統思想，康有爲仍有一些留戀，如他認爲：「蓋大地族制之來至遠，而至文、至備、至久且大，莫如吾中國矣。故中國人數四五萬萬，倍於歐洲，冠於萬國，得大地人數三分之一，皆由夫婦、父子族制來也。……故歐美人以所遊爲家，而中國人久遊異國，莫不思歸於其鄉，誠以其祠墓宗族之法有足繫人思者，不如各國人之所至無親，故隨地卜

〔註40〕康有爲，大同書〔M〕，北京：華夏出版社，2002：163。
〔註41〕康有爲，大同書〔M〕，北京：華夏出版社，2002：136。
〔註42〕康有爲，大同書〔M〕，北京：華夏出版社，2002：136。
〔註43〕康有爲，大同書〔M〕，北京：華夏出版社，2002：217。
〔註44〕康有爲，大同書〔M〕，北京：華夏出版社，2002：219～220。
〔註45〕《南海康先生傳・摘要・康南海之哲學》。

居，無合群之道，無相收之理也。蓋就天合夫婦、父子、兄弟之道而推至其極，必若中國之法而後爲倫類合群之至也。」〔註 46〕可見，雖然康有爲汲取了西方近代倫理學理論的優秀成果，但是作爲一位受傳統思想影響至深的政治哲學家，他不可能完全使自己超脫於舊有的傳統之外，這不僅僅是康有爲一人的遺憾，可以說，當時其他的早期資產階級理論家也或多或少地存在著這方面的遺憾。

在個人權利方面，康有爲另外一個具有重要價值的理論就是：男女平等。在康有爲看來，男女平等是人們一切權利取得的根基，他分析講：「故全世界人欲去家界之累乎，在明男女平等各有獨立之權始矣，此天予人之權也；全世界人欲去私產之害乎，在明男女平等各自獨立始矣，此天予人之權也；全世界人欲去私產之害乎，在明男女平等各自獨立始矣，此天予人之權也；全世界人欲去種界之爭乎，在明男女平等各自獨立始矣，此天予人之權也；全世界人欲致大同之世、太平之境乎？在明男女平等、各自獨立始矣，此天予人之權也；全世界人欲致極樂之世、長生之道乎，在明男女平等各自獨立始矣，此天予人之權也；全世界人欲煉魂養神、不生、不滅、不增、不減乎，在明男女平等各自獨立始矣，此天予人之權也；欲神氣遨遊、行出諸天、不窮、不盡、無量、無極乎，在明男女平等各自獨立始矣，此天予人之權也。」〔註 47〕

不僅男女平等，而且在康有爲的意向中，他認爲女子是最有功於人道的，這是因爲：「全世界進化，日趨文明，凡吾人類所享受以爲安樂利賴，而大別於禽獸及野蠻者，非火化、熟食、調味、和齊之食科，非範金、合土、編草、削木之器乎，非織麻、蠶絲、文章、五采之服乎，……凡此皆世化至要之需，人道至文之具，而其創始皆自女子爲之，此則女子之功德孰有量哉，豈有涯哉！」〔註 48〕

這樣，康有爲就從天賦權利的角度，論證了人人享有平等、自由等權利的合法性，因爲人人享有平等、自由，那麼爲爭取自由、平等所採取的功利行爲也就同樣具有了合法性。

〔註 46〕康有爲，大同書〔M〕，北京：華夏出版社，2002：207～208。
〔註 47〕康有爲，大同書〔M〕，北京：華夏出版社，2002：296。
〔註 48〕康有爲，大同書〔M〕，北京：華夏出版社，2002：180。

2、梁啟超的民權觀

　　和康有為類似，對個體自由、民主權利的體認，梁啟超也是從對人天賦權利的探討入手的。

　　其實，早在戊戌變法之前，梁啟超就已經對民眾的價值有所體認。他以傳統的公羊三世說為基礎，提出了「三世相演」說。他認為從遠古至今，人類的社會政治制度大體經歷了三個階段，即：多君為政之世、一君為政之世、民為政之世。對於三者，梁啟超進行了進一步的劃分，如：多君之世又分為酋長之世和封建世卿之世、一君之世分為君主之世和君民共主之世、民為政之世分為總統之世與無總統之世。對於這樣的劃分，依據春秋公羊三世說，他認為多君之世是據亂世，一君之世即昇平世，民為政之世即太平世，認為這三世相演，「未及其世，不能踏之，既及其世，不能閼之」，〔註49〕照這樣的發展規律，梁啟超認為當今世界必將進入民為政之世，因此「民權之說即當大行」。對於如何興民權，梁啟超初步認為：「欲興民權，宜先興紳權，欲興紳權，宜以學會為之起點」。〔註50〕

　　此時的梁啟超，在大量地閱讀西書之後，已經認識到中國之所以積貧積弱，其主要原因就在於封建專制的存在，他指出：「先王之為天下也公，故務治事；後世之為天下也私，故務防弊……自秦迄明，垂二千年，法禁則日密，政教則日夷，君權則日尊，國危則日損。上自庶官，下至億姓，遊於文網之中，習焉安焉，馴焉擾焉，靜而不能動，愚而不能智。歷代民賊，自謂得計，變本而加厲之」，〔註51〕鑒於此，他指出：「問泰西各國以強？曰議院哉議院哉。問議院之立，其意何在？曰君權與民權合則情易通，議法與行法分則事易就。二者斯強矣」，「議院者，民賊所最不利也」。〔註52〕

　　但是對「今日欲強中國，宜莫亟於復議院」？梁啟超則沒有立即作出肯定，他認為：「凡國必風氣已開，文學已盛，民智已成，乃可設議院。今日而開議院，取亂之道也。故強國以議院為本，議院以學校為本」。〔註53〕而為什麼要以學校為本，梁啟超認為：「權者生於智也」，因此「權之與智相倚者也。

〔註49〕《飲冰室合集‧文集之一‧與嚴又陵書》。
〔註50〕《飲冰室合集‧文集之三‧論湖南應辦之事》。
〔註51〕《飲冰室合集‧文集之一‧論中國積弱由於防弊》。
〔註52〕《飲冰室合集‧文集之一‧古議院考》。
〔註53〕《飲冰室合集‧文集之一‧古議院考》。

昔之欲抑民權，必以塞民智爲第一義；今日欲伸民權，必以廣民智爲第一義。」〔註54〕

在戊戌變法之後，梁啓超的民權思想較變法之前有很大的改變。

首先，他引進「國民」的概念，以此來批判中國傳統的奴隸思想。他認爲：「國民者，以國爲人民公產之稱也。國者，積民而成，捨民之外則無有國。以一國之民，治一國之事，定一國之法，謀一國之利，捍一國之患，其民不可得而侮，其國不可得而亡，是之謂國民。」〔註55〕而對於什麼是「國」，梁啓超認爲：「夫國也者爲何物也？有土地，有人民，以居於其土地之人民而治其所居之土地之事，自治法律而自守之，有主權，有服從，人人皆主權者，人人皆服從者，夫如是，斯謂之完全成立之國」，而對於中國人來講，在封建專制統治下，皆「不知天地間有所謂民權二字」，〔註56〕所以，幾千年來，中國只有奴隸，沒有國民。另外，根據這個標準，他認爲中國幾千年來，雖然朝代更替了許多，但直到「唐宋元明清者，則皆朝名耳」，〔註57〕因爲「國家者，全國人之公產也；朝廷者，一姓之私業也。」〔註58〕因爲「國家者，全國人之公產」，〔註59〕所以對於國家的主人，梁啓超認爲「國也者，積民而成，國家之主人爲誰，即一國之民是也」。〔註60〕

雖然民是國家的主人，但是人們對於國事則並非理所應當地關心，他設身處地舉例說：「吾少居鄉里，長而遊京師，及各省大都會，頗盡識朝野間人物。問其子弟，有知國家爲何物者乎？無有也。其相語則曰：『如何而可以入學，如何而可以中舉也。』問其商民，有知國家之危者乎？無有也。其相語則曰：『如何而可以謀利，如何而可以驕人也。』問其士夫，有以國家爲念者乎？無有也。其相語則曰：『如何而可以得官，可以得差，可以得館地也。』問其官吏，有以國事爲事者乎？無有也。其相語則曰：『某缺肥，某缺瘠，如何而可以逢迎長官，如何而可以盤踞要津也。』……父詔其子，兄勉其弟，妻勸其夫，友勸其朋，官語其屬，師訓其徒，終日所營營而逐逐者，不過曰：

〔註54〕《戊戌變法‧上陳寶箴書論湖南應辦之事》。
〔註55〕《飲冰室合集‧文集之四‧論近世國民競爭之大勢及中國前途》。
〔註56〕《飲冰室合集‧文集之四‧論近世國民競爭之大勢及中國前途》。
〔註57〕《飲冰室合集‧文集之五‧少年中國說》。
〔註58〕《飲冰室合集‧文集之五‧中國積弱溯源論》。
〔註59〕《飲冰室合集‧文集之五‧中國積弱溯源論》。
〔註60〕《飲冰室合集‧文集之五‧中國積弱溯源論》。

身也，家也，利與名也。於廣座之中，若有談國事者，則指而目之曰：是狂
人也，是癡人也。」〔註61〕是什麼造成了這種狀況呢？梁啓超分析認為：「後
世之治國者，其君及君之一二私人，密勿而議之，專斷而行之，民不得預聞。
有議論朝政者，則指為莠民；有憂國者，則目為越職；否則，笑其迂也。⋯⋯
雖欲愛之，而有所不敢，有所不能焉。」〔註62〕

　　鑒於此，梁啓超認為中國人要想真正成為享有主權的國民，就必須樹立
權利義務觀念。對於權利，梁啓超認為，它是關係到國家存亡的大事，「國家
譬猶樹也，權利思想譬猶根也。其根既拔，雖復幹枝崔嵬，華葉翁鬱，而必
歸於枯亡」。〔註63〕對於權利觀念如何樹立，梁啓超認為只有養成「人人皆不
肯損一毫」的精神，才能使權利思想在每個國民身上樹立起來，並且「一部
分之權利，合之即為全體之權利，一私人之權利思想，積之即為一國家之權
利思想」。〔註64〕而權利如何保障呢？梁啓超認為不能靠道德，而要靠法律，
他認為「有權利思想者，必以爭立法權為第一要義」。而對於立法權的取得，
梁啓超認為不能靠統治者的仁政，而要靠「自血風肉雨中薰浴而來」，因此來
講，權利的取得「常為最劇最慘之競爭」。〔註65〕

　　除了講求權利之外，梁啓超也認識到了義務的重要，他認為：「義務與權
利，對待者也，人人生而有應得之權利，即人人生而有應盡之義務，二者其
量適相均。」這就是說，義務是與權利不能相分離的一個重要範疇，故而梁
啓超認為如果不培養國民的義務思想，即使「日歆羨他人之自由民權，而不
考其所以得此之由」，〔註66〕自由民權思想也無法實現。

　　除了要培養權利與義務意識之外，梁啓超還借西方的天賦人權理論，提
出了自由學說。

　　對於自由，梁啓超認為：「自由者，天下之公理，人生之要具，無往而
不適用也」。〔註67〕而何為自由的真諦，梁啓超認為：「言自由者無他，不過
使之得全其為人之資格而已，廣而論之，即不受三綱五常之壓制而已；不受

〔註61〕 《飲冰室合集・文集之三・愛國論》。
〔註62〕 《飲冰室合集・文集之三・愛國論》。
〔註63〕 《新民說・論權利思想》。
〔註64〕 《新民說・論權利思想》。
〔註65〕 《新民說・論權利思想》。
〔註66〕 《新民說・論義務思想》。
〔註67〕 《飲冰室合集・專集之二・自由書・論強權》。

古人之約束而已」，「中國數千年之腐化，其禍極於今日，推其大原，必皆自奴隸性來，不除此性，中國萬不能立於世界萬國之間。而自由者，正使人自知其本性，而不受鉗制於他人。今日非施此藥，萬不能愈此病。」〔註68〕鑒於此，梁啓超認為：「今日欲救精神界之中國，捨自由美德外，其道無由。」〔註69〕

　　雖然倡導自由，但是梁啓超並不主張推行無限制的自由。為此，他首先指出：所謂自由者，「有真自由，有偽自由；有全自由，有偏自由；有文明之自由，有野蠻之自由」，〔註70〕因此來講，對於各種自由必須辨清，「不然者，妄竊一二口頭禪語，暴戾恣睢，不服公律，不顧公益，而漫然號於眾日吾自由也，則自由之禍，將烈於洪水猛獸」，〔註71〕因此來說，「我國民如欲求永享完全文明真自由之福也，不可不先知自由之物果何如矣。」〔註72〕

　　其次，梁啓超對團體自由與個人自由的關係做了深刻的辨析。他認為：「自由之界說曰：人人自由，而以不侵人之自由為界」，這種自由是團體自由，而非個人自由，這種團體的自由，梁啓超認為是「文明之自由」，而那種「侵他人之自由，侵團體之自由」則是「野蠻之自由」，是「文明自由之蟊賊也。」〔註73〕梁啓超認為如果「濫用其自由而侵他人之自由，而侵團體之自由」，那麼這個團體不僅不能自我保全，而且還將最終成為「他群之奴隸」，所以「真自由者必能服從。服從者何？服法律也。法律者，我所製定之，以保護我自由，而亦以箝束我自由者也。」〔註74〕另外，「團體不保其自由，……則個人之自由更何有也？」因而，「自由云者，團體之自由，非個人之自由也。」〔註75〕這就是說，團體自由得到保障和鞏固，「然後個人之自由始固」。〔註76〕從表面看，梁啓超在這裏強調的是團體自由至上於個人自由，但是如果從理論本質來講，他所講的團體自由的真正價值並不是個體自由的目的，而是實現個體自由的手段：「然則自由之義，竟不可行於個

〔註68〕　《梁啓超年譜長編・致南海夫子大人書》。
〔註69〕　《飲冰室合集・文集之五・十種德性相反相成義》。
〔註70〕　《新民說・論自由》。
〔註71〕　《飲冰室合集・文集之五・十種德性相反相成義》。
〔註72〕　《新民說・論自由》。
〔註73〕　《新民說・論自由》。
〔註74〕　《新民說・論自由》。
〔註75〕　《新民說・論自由》。
〔註76〕　《飲冰室合集・文集之十四・服從釋義》。

人乎？曰：惡，是何言。團體自由者，個人自由之積也。人不能離團體而自生存，團體不能保其自由，則將有他團焉，自外而侵之壓之奪之，則個人之自由更何有也？比之一身，任口之自由也，不擇物而食焉，大病浸起，而口所固有之自由亦失矣。任手之自由也，持挺而殺人焉，大罰浸至，而手所固有之自由亦失矣。故夫一飲一食一舉一動，而皆若節制之師者，正百體所以各永保其自由之道也。」〔註77〕

可見，在這裏，梁啓超雖然是在保證團體自由的情況下，才對個人自由予以充分地肯定，但是這種對個人自由的有限肯定，則已經意味著個人已經不再是一個個渺小的個體，而是一個個集權利、義務及自由於一身的具有獨立人格的自由個體。這樣，因為個人具有了主體性，因而圍繞個人自身權利的實現而產生的功利行為，也就理所應當地具有了天然的合理性。

3、嚴復的自由、民主理論

和梁啓超幾乎同時，另外一位對於自由、民主等價值理念比較關注的政治哲學家就是嚴復。和康、梁類似的是，嚴復對人的個體價值的體認也是從人的自然權利開始的。

對於人的自然權利的認識，嚴復是得益於18世紀法國啓蒙政治哲學家盧梭的「社會契約論」。

在盧梭的思想世界中，自由是與生俱來的天賦權利，「人是生而自由的」，這種權利不可人為地剝奪，「這種人所共有的自由乃是人性人性的產物。人性的首要法則，是要維護自身的生存。人性的首要關懷，是對於其自身所應有的關懷；而且，一個人一旦達到有理智的年齡，可以判斷維護自己生存的適當方法時，他就從這時候起成為自己的主人」，〔註78〕因此，盧梭堅定地講：「我崇拜自由，我對於統治和奴役是同樣地憎惡。」〔註79〕

因為自由是人與生俱來的，所以盧梭認為它是人生的頭等大事，認為：「放棄自己的自由，就是放棄自己做人的資格，就是放棄人類的權利，甚至就是放棄自己的義務。對於一個放棄了一切的人，是無法加以任何補償的。這樣一種棄權是不合人性的；而且取消了自己意志的一切自由，也就是取消了自

〔註77〕《新民說・論自由》。
〔註78〕〔法〕盧梭・社會契約論〔M〕，何兆武譯・北京：商務印書館，1980：9。
〔註79〕《致伏爾泰書》（1750 年 1 月 30 日）

己行爲的一切道德性」。〔註80〕因爲自由對於人各項權利所具有這樣的至上性，所以盧梭認爲奪取爲別人所剝奪的自由便是理所應當的，「當人民被迫服從而服從時，他們做得對；但是，一旦人民可以打破自己身上的桎梏而打破它時，他們就做得更對。因爲人民正是根據別人剝奪他們的自由時所依據的那種同樣的權利，來恢復自己的自由的，所以人民就有理由重新獲得自由；否則，別人當初奪去他們的自由，就是毫無理由的了。」〔註81〕

　　受盧梭的影響，嚴復認爲：「夫自由一言，眞中國歷古聖賢之所深畏，而從未嘗立以爲教者也」，而在西方則相反，「彼西人之言曰：『惟天生民，各具賦畀，得自由者乃爲全受。』故人人各得自由，國國各得自由，第務令無相侵損而已。侵人自由者，斯爲逆天理，賊人道。其殺人傷人及盜蝕人財物，皆侵人自由之極致也。故侵人自由，雖國君不能，而其刑禁章條，要皆爲此設耳。」〔註82〕但是，嚴復並不認爲在自由方面中國傳統政治哲學中就毫無與西方相通之處，他認爲：「中國理道與西法最相似者，曰恕，曰絜矩。」然而，嚴復對此並沒有妄自尊大，他認爲此二者「謂之相似則可，謂之眞同則大不可也」。〔註83〕爲什麼這樣說呢？嚴復認爲：「中國恕與絜矩，專以待人及物而言；而西人自由，則於及物之中而實寓所以存我者也。」〔註84〕這就是說，中國的「恕」與「絜矩」是以否定人的個性爲基礎的，個性與自由爲封建倫理觀念所吞噬；而在西方，人的個性和人的自由是天賦的，不可剝奪的，因此來講，中國的「恕」與「絜矩」與西方的自由，是不能同日而語的。

　　因爲「自由」在中西方各異，因而圍繞這一理念所產生的價值取向，中西方也存在著明顯的不同。嚴復指出：「自由既異，於是群異叢然以生。……如中國最重三綱，而西人首明平等；中國親親而西人尚賢；中國以孝治天下，而西人以公治天下；中國尊主而西人隆民；中國貴一道而同風，而西人喜黨居而州處；中國多忌諱而西人眾譏評；其於財用也，中國重節流而西人重開源，中國追淳樸，而西人求歡虞；其接物也，中國美謙屈而西人務發抒，中國尚節文而西人樂簡易；其於爲學也，中國誇多識而西人尊親知；其於禍災也，中國委天數而西人恃人力。若此之倫，舉有以中國之理相抗，以並存於

〔註80〕　〔法〕盧梭・社會契約論〔M〕，何兆武譯・北京：商務印書館，1980：16。
〔註81〕　〔法〕盧梭・社會契約論〔M〕，何兆武譯・北京：商務印書館，1980：8。
〔註82〕　《嚴復集・論世變之亟》。
〔註83〕　《嚴復集・論世變之亟》。
〔註84〕　《嚴復集・論世變之亟》。

兩間。」〔註85〕對於這些不同，嚴復認爲其根本在於中國傳統思想對於人自身的錯誤理解：「蓋我中國聖人之意，以爲吾非不知宇宙之盡藏，而人心之靈，苟日開瀹焉，其機巧智慧，可以馴致於不測也。而吾獨置之而不以爲務者，蓋生民之道，期以相安相養而已。……故寧以止足爲教，使各安於樸鄙頑蒙，耕鑿焉以事其長上」，使得「民智因之以日窳，民力因之以日衰」。〔註86〕

因爲傳統封建禮教對人的天賦權利是如此的束縛，所以作爲早期資產階級的代表，嚴復極力主張用資產階級新倫理、新道德，來取代傳統的舊道德。

對於如何在人們心中根植資產階級新倫理、新道德，首先，嚴復認爲人必須完全稟賦上天所賦予人的自然權利，也就是說人首先要成爲完全意義上的人。他講：「知吾之所以生，則知群之所以立矣；知壽命之所以彌久，則知國脈之所以靈長矣。一身之內，形神相資，一群之中，力德相奮」，「蓋一國之事，同於人身。今夫人身逸則弱，勞則強者，固常理也。然使病夫焉，日從事於超距贏越之間，以是求強，則有速其死而已矣」，所以，嚴復認爲：「今日中國之所宜爲大可見矣，夫所謂富強云者，質而言之，不外利民云爾。然政欲利民，必自民各能自利始；民各能自利，又必自皆得自由始；欲聽其皆得自由，尤必自其各能自治始。」〔註87〕但是，就中國的現實而言，傳統的封建綱常已經造成了「民力已恭，民智已卑，民德已薄」的悲慘現實，更甚者，在民眾的個人意識中，已經「無所謂天下也，無所謂國也，皆家而已。一姓之興，則億兆爲之臣妾。其興也，此一家之興也，其亡也，此一家之亡也」。〔註88〕因此來講，人們得不到充分的自然權利，不能成爲完全意義上的人，這樣，不僅不利於人的自身發展，而且也會直接導致民眾在國家獨立、富強方面愛國心和責任心的不足，所以嚴復嚴肅地認爲：「毀民權者，天下之至愚也。」〔註89〕

其次，和梁啓超一致，嚴復也對個體自由與群體自由做了詳細地劃分。嚴復以西方的進化論爲基礎，提出了「合群體」的思想主張，他認爲：「能群者存，不群者滅；善群者存，不善群者滅」，〔註90〕「人之所以爲人者，以其

〔註85〕《嚴復集・論世變之亟》。
〔註86〕《嚴復集・論世變之亟》。
〔註87〕《嚴復集・原強》。
〔註88〕《嚴復集・〈法意〉按語二三》。
〔註89〕《嚴復集・〈原富〉按語八六》。
〔註90〕《天演論・制私按語》。

能群也」。〔註91〕既然人的本性能群，所以嚴復認爲個體自由必須服從群體自由，個體自由不能與群體自由相牴牾。爲了充分說明這一層關係，嚴復在《群學肄言》中具體分析了個體與總體之間的關係，他認爲：「大抵萬物莫不有總有分，總曰拓都（即：total，引者注），譯言群體，分曰麼匿（即：unit，引者注），譯言單位。國都拓也，民麼匿也」。〔註92〕這就是說，個體與群體是國與民之間的關係，既然國不能離開民而存在，那麼個體也就同樣不能離群而寡居，「國家之安全非他，積眾庶小己之安全以爲之耳」，倘若「主治當國之人，謂以謀一國之安全，乃可以犧牲一無罪個人之身家性命以求之」，就很容易造成「假民賊以利資，而元元無所措其手足」。〔註93〕

另外，嚴復除了對自由花大氣力去論證外，對於另一個和自由息息相關的問題──民主，嚴復同樣也沒有忽視。並且對於自由與民主的關係，嚴復認爲「民主」是「自由」在政治上的一種表現，如果用傳統的體用觀來衡量二者的話，即：「自由」是根本，是「體」，而「民主」則是「用」。鑒於此，嚴復進而提出了「以自由爲體，以民主爲用」的思想主張。

對於民主，嚴復認爲：「言自由，則不可以不明平等，平等而後有自主之權；合自主之權，於以治一群之事者，謂之民主」，〔註94〕「民主者，治制之極盛也。使五洲而有郅治之一日，其民主乎？雖然，其制有至難用者。何則？斯民之智德力，常不逮此制也。夫民主之所以爲民主者，以平等。故班丹（指英國19世紀功利主義政治哲學家邊沁）之言曰，人人得一，亦不過一。此平等之的義也。顧平等必有所以爲平者，非可強而平之也，必其力平，必其智平，必其德平。使是三者平，則郅治之民主至矣。」〔註95〕

爲了倡導民主，嚴復對封建制度的各個方面予以了批評，如他指出：「八股取士，使天下消磨歲月於無用之地，墮壞志節於冥昧之中，長人虛驕，昏人神智，上不足以輔國家，下不足以資事畜，破壞人才，國隨貧弱。」〔註96〕又如，他指出：「善夫西人之言曰：『中國自命有化之國也，奈何肉刑既除，

〔註91〕《天演論‧蜂群按語》。
〔註92〕《群學肄言》。「譯餘贅語」。
〔註93〕《嚴復集‧〈法意〉按語一五八》。
〔註94〕《嚴復集‧救亡決論》。
〔註95〕〔法〕孟德斯鳩〔M〕，孟德斯鳩法意（上冊）〔M〕，嚴復譯‧北京：商務印書館，1981：158。
〔註96〕《嚴復集‧救亡決論》。

宮闈猶用閹寺；束天下女子之足，以之遏淫禁奸；讞獄無術，不由公聽，專事毒刑榜笞，吾願普天下有心人平氣深思，察其當否而已。」〔註97〕

以上可見，個體權利在嚴復的思想中也不再是被忽略的對象，雖然對於個體而言，其不能離開群體而孤立的存在，但是嚴復也認爲群體不能完全代替個體，兩者是一對有差異的範疇。因爲個體權利的重要，所以在嚴復的眼中，判斷人們行爲的是非標準就應該以個人得到自由、民主權利的多少程度爲依據，因此，以此爲出發點，嚴復探討了利人與利己之間的關係，認爲：「大利所在，必其兩益，損人利己非也，損己利人亦非，損下益上非也，損上益下亦非」，〔註98〕從而爲其「開明自營」的功利主義原理的展開，做出了必要的理論鋪墊。

四、成熟階段的資產階級革命派的政治論

1898 年 9 月，戊戌變法遭到以慈禧太后爲首的頑固派的鎮壓，宣告失敗。但是變法的失敗，並沒有延緩國人對自由、民主的追求步伐。相反，在 1898 年至 1903 年，短短 5 年間，中國知識界就掀起了介紹西方自由、民主的理論熱潮，對於當時的盛況，清代學人馮自由曾這樣描繪道：「庚子重創而後，上下震動，於是朝廷下維新之詔，以圖自強。士大夫惶恐奔走，欲副朝廷需才孔亟之意，莫不曰新學新學。雖然，甲以問諸乙，乙乙問諸丙，丙還問諸甲，相顧錯愕，皆不知新學之實，於意云何。於時聯袂城市，徜徉以求其苟合，見夫大書特書曰『時務新書』者，即麕集蟻聚，爭購如恐不及。而多財善賈之流，翻刻舊籍以立新名，編纂陳簡易樹詭號。學人昧然，得魚目以爲驪珠也，朝披夕哦，手指口述，喜相告語：新學在是矣，新學在是矣。」〔註99〕

值得一提的是，這時傳入中國的大部分西學並不是直接來自於西方，而是間接來自於日本。一來這是由於日本「明治維新」的成功，直接給予了國人可借鑒的經驗；二來則是日本文字中夾雜著許多中文，並且日本只與中國僅一水之隔。這兩方面的因素，促成了日本作爲中國人心目中的西學集散地的地位，所以在大多數國人認爲要向西方學習，不妨首先從日本學起。另外，從當時在日本的留學生人數，也可見證這一點。如在 1899 年，在日的中國留

〔註97〕《嚴復集·救亡決論》。
〔註98〕《天演論·〈恕敗〉按語》。
〔註99〕馮自由·政治學序言〔M〕，上海：上海廣智書局，1902。

學生不到百人，而到 1903 年則達到了 1300 多人。

從當時來看，由日本所介紹的西學的內容，大致集中在兩個方面：

其一就是資產階級民主政治學說。

這其中主要包括：盧梭的《民約論》（現譯為《社會契約論》）、孟德斯鳩的《萬法精理》（現譯為《論法的精神》）、伯倫知理的《國家論》、斯賓塞的《代議政治論》以及《倍根文集》、伯蓋司的《政治學》等。這些書籍從不同側面、不同程度，介紹了西方的自由、民主等理念。

其二就是各國資產階級民主革命的歷史的重要文獻。

這其中的歷史，包括：由日本人興田竹松所著的《法蘭西革命史》、支那軍國民譯的《法國第一次革命之風潮》、東京留學生譯的《意大利獨立戰史》、日本人田中健三郎所著的《意大利建國史》以及日本人柳井絅齋所著的《希臘獨立史》等。而重要文獻，則包括：由《國民報》第一期所載譯的《美國獨立檄文》、小鸞女士所譯的《法蘭西人權宣言》和《瑪志尼少年意大利章程》等。這些歷史與重要文獻不僅再現了西方各國的發展歷史，而且更為處在迷茫狀態的國人指出了前進的方向。

就是在這樣的情形下，在 1903 年之後，國人逐漸認識到中國的獨立與富強，不能再靠簡單的改良，而要靠革命，只有以革命的力量來推倒舊有政權，建立一個全新的政府，才可以使國民自由、民主等權利得以實現和保障。至此作為資產階級革命思想核心的自由、民主理論，最終走向了成熟 [註100]。

在自由、民主理論的指引下，革命派們對於束縛人已久的封建制，特別是一些陳腐的所謂仁義道德，予以了猛烈地抨擊，他們認為：「仁之實為事親，義之實為從兄，胥此道也，則犯上作亂之事息矣；禮以縛民身，樂以和民氣，胥此道也，則人人自由只言息矣。我壓之以猛獸盜賊之道，彼不服也；我壓之以仁義禮樂之道，彼胡敢不服也？我壓以仁義禮樂之道而有害於我盜賊猛獸之所為，我不為也；我壓以仁義禮樂而適便於我盜賊猛獸之所為，我胡可不為也！」 [註101] 從否定傳統封建道德出發，革命派對於為人們所津津樂道的「仁政」提出了異議，他們認為：「世俗之言曰仁政仁政，彼亦見夫屠城者

〔註100〕這種「成熟」不是現代意義上的「成熟」，而是局限在中國近代而言的「成熟」。

〔註101〕《大陸》，第九期，《廣解老篇》（轉引自：熊月之·中國近代民主思想史〔M〕，上海：上海人民出版社，1986：357）。

乎？號炮闃然，一轉瞬而屍如陵、血如渠矣，當此時也，民伏草莽者則焚而奸之，入地窟者則掘而出之，正無可奈何之日也。俄而大將軍下令曰『明日封刀矣』，則莫不歡聲如雷感激涕零，以頌大將軍之仁政也。嗚呼，予烏知夫所謂桀紂、所謂秦始皇、所謂隋煬帝，一切支那人所稱為暴主者，必有以異於茲所謂屠城耶？予又烏知夫所謂堯舜、所謂漢文帝、所謂唐太宗，一切支那人所謂仁主者，必有以異於茲所謂封刀耶？探手於沸水，驟易以溫水，而曰寒也寒也；探手於冰雪，驟易以井水，而曰熱也熱也。轂觫於淫戮，驟加以小惠，而曰仁也仁也，其義一也。故大道廢然後有仁義，自由死然後有仁政。」〔註102〕

在對傳統批判的同時，革命派們也提出了自己的自由、民主觀。

如孫中山就提出：西方文明「經緯萬端，要其一貫之精神，則為自由、平等、博愛」。〔註103〕他認為「三民主義的口號」就是自由、平等、博愛在中國當時的再現，他拿「法國革命的口號」作為藍本，認為「法國的自由和我們的民族主義相同，因為民族主義是提倡國家自由的。平等和我們的民權相同，因為民權主義是提倡人民在政治之地位都是平等的，要打破君權使人人都是平等的，所以說民權是和平等相對待的。此外還有博愛的口號，這個名詞的原文是兄弟的意思，和中國同胞兩個字是一樣解法，普通譯成博愛，當中的道理，和我們的民生主義是相通的。因為我們的民生主義，是圖四萬萬人幸福的，為四萬萬人謀幸福就是博愛。」〔註104〕

對於自由，孫中山認為由於它傳入中國的時間不長，「所以中國人對於自由兩個字，實在是完全沒有心得。……懂得的，不過是一般新青年的留學生，或者是留心歐美政治時務的人。」〔註105〕但是，孫中山認為中國並不是沒有自由，而是自由過多，他認為：「中國人現在所受的病，不是欠缺自由，如果一片散沙是中國人的本質，中國人的自由，老早是很充分了。」〔註106〕既然中國自由很多，那麼現在為何還要講自由呢？孫中山認為真正的自由不是個人的自由，而是團體的自由，他認為自由「如果用到個人，就成一片散沙，……

〔註102〕《大陸》，第九期，《廣解老篇》（轉引自：熊月之‧中國近代民主思想史〔M〕，上海：上海人民出版社，1986：358）。
〔註103〕《孫中山選集‧軍政府宣言》。
〔註104〕《孫中山選集‧三民主義‧民權主義》。
〔註105〕《孫中山選集‧三民主義‧民權主義》。
〔註106〕《孫中山選集‧三民主義‧民權主義》。

要用到國家上去，個人不可太過自由，國家要得完全自由。到了國家能夠行動自由，中國便是強盛的國家。」〔註107〕而如何實現真正的自由呢？孫中山認為：「自由和民權是同時發達的」。〔註108〕這樣，孫中山就把自由與民主結合起來，為其三民主義的展開做了必要的前期鋪墊。

除孫中山之外，年僅 21 歲就犧牲的鄒容，他對自由的追求，在當時也是值得景仰的。在當時，他曾以西方的「天賦人權」詮釋了在中國發動資產階級革命的必要，他指出：「今試問吾儕何為而革命？必有障礙吾國民天賦權利之惡魔焉，吾儕得而掃除之，以復我天賦之權利，……有生之初，無人不自由，即無人不平等，初無所謂君也，所謂臣也。若堯、舜，若禹、稷，其能盡義務於同胞，開莫大之利益以孝敬於同胞，故吾同胞視之為代表，尊之為君，實不過一團體之頭領耳，而平等自由也自若。後世之人，不知此義，一任無數之民賊獨夫，大盜巨寇，舉眾人所有而獨有之，以為一家一姓之私產，而自尊曰君，曰皇帝，使天下之人，無一平等，無一自由……故我同胞今日之革命，當共逐君臨我之異種，殺盡專制我之君主，以復我天賦之人權，以立於性天智日之下，以與我同胞熙熙攘攘，遊幸於平等、自由城郭之中。」〔註109〕

除去孫中山、鄒容之外，為宣傳民主思想，近代無政府主義的代表——劉師培，曾專門撰寫了《中國民約精義》，該書輯錄了先秦至龔自珍、魏源，關於反對專制、宣傳民主的言論 180 餘條，並在每段的後面，附有其與盧梭《民約論》的比較。另外，在這一時期，陳天華提出了「主權在民」的思想，秋瑾則提出了「男女平權」論，可見在當時自由、民主已經不再是為少數人所把玩的簡單概念，它開始逐漸深入政治、深入生活，成為了人們擺脫傳統壓迫、追求新式生活的工具。

第二節　功利主義影響下的國家政體觀

對於國家政體問題，雖然洋務派和早期維新派們在探討自由、民主理論時有所介紹，但是在那時，政體問題還只是人們爭相討論的對象，並沒有形

〔註107〕《孫中山選集・三民主義・民權主義》。
〔註108〕《孫中山選集・三民主義・民權主義》。
〔註109〕鄒容，革命軍〔M〕，北京：華夏出版社，2002：28～31。

成政體建構的統一方案。然而，隨著人們對於西方文明認識的加深，到了戊戌變法和辛亥革命時期，政體問題便從眾多的社會問題之中脫穎而出，這樣如何建構一個適合於中國國情的政體，一時間成為了人們爭論的焦點。

在這一時期，具有代表性的理論大致有兩類：一類就是以康有為為領袖的維新派理論，他們雖然主張實行共和制，但是又不主張立即廢除皇權，因而對於政體的選擇他們更傾向於西方君主立憲制；而另一類則是以孫中山為代表革命派理論，他們認為應該廢除皇權的存在，直接進入民主共和制。

現在看來，這兩類政體理論，雖然代表著兩種理論方向，但是在當時看來，它們則具有著毋庸質疑的一致性。這種一致性就是功利性。為什麼這樣說呢？

首先對於君主立憲制而言，現代意義上的君主立憲制強調的是立憲，而不是君主，換句話說，君主在立憲制政體中權限是受到一定限制的。而在維新派的理論中君主的權限不僅不受限制，而且君主仍舊為國家權力的主導。因此來講，維新派的理論仍舊是洋務派「中體西用」的餘緒，只不過他們的「體」已經擴展到了政治制度的範疇。

其次就革命派所倡導的共和制來看，也存在著這種功利性。因為共和制雖然區別於君主專制而帶有著民主的色彩，但是從共和權利享有的對象來看，則並不是廣大的群眾。以孫中山為例，他從人的能力出發，把人分為三種，即：先知先覺之人、後知後覺之人、不知不覺之人。孫中山認為人民群眾是「不知不覺」之人，因而他們雖然享有充分的權力，但是卻沒有管理國家的能力，所以他們只能把管理國家的權力委託給「先知先覺」之人。這樣，雖然孫中山一再強調主權在民，但是由於政府並不是由人民組成，所以政府服務的對象並不是人民，而是那些「先知先覺」之人。可見，革命派的共和政體只是西方共和政體的功利性移植。

一、君主立憲：維新派對於政體的功利性設想

相對於洋務派和早期維新派而言，於 19 世紀 90 年代成熟的維新派，他們在對西方自由、民主的追求上，已不再停留在簡單地理論宣傳上，而是以自己的實際行動，力圖在中國構建一個類似於西方的民主政體——君主立憲制。

對於政體，維新派領袖康有為認為：「夫政治之體，有重於為民者，有重

於為國者，《春秋》本民貴大一統而略於國，故孟子曰：『民為貴，社稷次之。』蓋天下學者，多重在民，管、商之學，專重在國。故齊、秦以霸，法共和之時，盛行天賦人權之說，蓋平民政治，以民為主，故發明個人之平等自由，不得不以民為重，而國少從輕也。」〔註 110〕因此，對於當時中國的選擇而言，康有為認為唯一的出路就是「開國會以實行立憲」。〔註 111〕

　　康有為認為西方強盛的根本原因，就在於他們建立君主立憲政體：「東西各國之強，皆以立憲開國會之故，國會者，君與國民共議一國之政法也。蓋自三權鼎立之說出，以國會立法，以法官司法，以政府行政，而人主總之，立定憲法，同受治焉。人主尊為神聖，不受責任，而政府代之，東西各國，皆行此政體，故人君與千百萬之國民，合為一體，國安得不強？」〔註 112〕對於中國的專制政體，康有為認為：「吾國行專制政體，一君與大臣數人共治其國，國安得不弱？蓋千百萬之人，勝於數人者，自然之數也。」〔註 113〕

　　為了快速地實行變法，康有為不惜花大氣力來追溯歷史，以求從歷史當中尋求到變法的依據。通過對歷史的考察，康有為認為：「中國政教之原，皆出孔子之經義，孔子作《春秋》以定名分，君不曰全權，而民不為無權，但稱其名而限其分，人人皆以名分所應得者，而行之保之，君不奪民分，民不失身家之分，則自上而下，身安而國家治矣。憲法之義，即《春秋》名分之義也，中國數千年之能長治久安，實賴奉經義，早有憲法之存。」〔註 114〕現在看來，康有為這種牽強附會實在是有些蹩腳，但是在當時這種蹩腳的牽強所起到的效果，要比直接宣講好得多。因為就中國而言，由於長期以來的閉關鎖國，造成了人們橫向知識的欠缺，另外，中國歷來是一個重傳統的國家，因而當人們不能從橫向中尋求到現實問題的解決答案時，便只能從縱向中，也就是從歷史中去尋找。因而，康有為這種到歷史中去尋找變法依據的做法，則十分易於當時國人的接受。

　　為了進一步勸說光緒帝，康有為還列舉了法國大革命的例子，指出如果

〔註 110〕《康有為政論集‧中華救國論》。
〔註 111〕《康有為政論集‧海外亞美歐非澳五洲二百埠中華憲政會僑民公上情願書》。
〔註 112〕《康有為政論集‧請定立憲開國會摺》。
〔註 113〕《康有為政論集‧請定立憲開國會摺》。
〔註 114〕《康有為政論集‧海外亞美歐非澳五洲二百埠中華憲政會僑民公上情願書》。

不盡早實現立憲，中國就難免步法國大革命的後塵：「臣讀各國史，至法國革命之際，君民爭禍之劇，未嘗不掩卷而流涕也。流血遍全國，巴黎百日，而伏屍百二十九萬，變革三次，君主再復，而綿禍八十年，十萬之貴族，百萬之富豪，千萬之中人，暴骨如莽，奔走流離，散逃異國，城市為墟，而革變頻仍，迄無安息，漩入洄淵，不知所極。至夫路易十六，君后同囚，並上斷頭之臺，空灑國民之淚，淒惻千古，感痛全球，自是萬國驚心，君民交戰，革命之禍，遍於全歐，波及大地矣」，此乃「民情大動，民心大變矣。昔之名分，不足以定之，適足以激之；嚮之權勢，不足以壓之，適足以怒之」，「且夫寡不敵眾，私不敵公，人理之公則也，安有以一人而能敵億兆國民哉！」〔註115〕

不光法國如此，康有為認為波蘭覆滅的悲劇也說明了這個道理。他指出：「竊聞波蘭分滅後，其民散走歐、美，俄人虐待之，幾同猶太，俄、普皆禁其作波蘭語文，禁買地，即美至平等，均為僕婢，亦恥與波蘭人伍，蓋雖為歐種，幾視與印度人等矣。哀哉，亡國人也。」〔註116〕

鑒於法國與波蘭的歷史，康有為認為中國應立即合於歷史的主流，當情況還有可為之時，盡早確立君主立憲。

而對於是否立即開國會行立憲，康有為則不是很堅決，他認為開國會行立憲不能一蹴而就，應該做好幾個必要的準備。

首先，康有為認為應先設立訓議官，認為如果「召置天下耆老，以抒下情，則皇太后皇上高坐法官之中，遠洞萬里之外，何奸不照，何法不立哉？」。〔註117〕另外，康有為還認為可以設立議郎，對於議郎的推舉，康有為認為：應「乞特詔頒行海內，令士民公舉博古今、通中外、明政體、方正直言之士，略分府縣，約十萬戶，而舉一人，不論已仕未仕，皆得充選。……所有人員，歲一更換。若民心推服，留者領班。」這樣，「上廣皇上之聖聰，可坐一室而知四海；下合天下之心志，可同憂樂而忘公私。」〔註118〕在 1898 年夏，康有為趁保守派與維新派爭鬥白熱化時，敦促光緒帝開雛型國會，選派無行政責任的臣公充任訓議官與侍郎。

〔註115〕《康有為政論集・進呈法國革命記序》。
〔註116〕《康有為政論集・進呈波蘭分滅記序》。
〔註117〕《康有為政論集・上清帝第一書》。
〔註118〕《康有為政論集・上清帝第二書》。

其次，在變法之前，康有爲又提出了兩條建議。他指出：「今歐、日之強，皆以開國會行立憲之故。皇上翕受嘉謨，毅然斷行，此中國之福也，生民之幸也。請即定立憲爲國體，預定國會之期……今未開國會之先，請採用國會之意：一曰集一國人才而與之議定政制；一曰聽天下人民而許其上書言事。」〔註119〕

對於康有爲提出的幾項準備，當代新儒學的代表蕭公權指出：「康氏此舉不僅是附合他的漸進主張，而且也是爲照顧到當時情勢的一種愼重。」〔註120〕因爲在當時的朝廷上，雖然講求變法的人不乏其一，但是相比於保守派來講，還是顯得人單勢孤，因此如果立即召開國會的話，一定會招致過多的反對，這樣，不但不能達到預期的目的，反而會危及全盤的計劃。

對於如何變革政體，康有爲認爲應：「以俄國大彼得之心爲心法，以日本明治之政爲政法而已。」〔註121〕在他的意向中，在中國政體改革的初始階段，比起歐美俄國與日本是更爲適當的榜樣。但是這兩者在康有爲的心中，並不具有同等的地位。二者之中，他更傾向於俄國，這是因爲俄國與中國的國情最爲相似，爲此，他解釋說：「職竊考之地球，富樂莫如美，而民主之制與中國不同；強盛莫如英、德，而君民共主之制，仍與中國少異。惟俄國其君權最尊，體制崇嚴，與中國同。……然其以君權變法，轉弱爲強，化衰爲盛之速，莫如俄前主大彼得，故中國變法莫如法俄，以君權變法，莫如採法彼得。」〔註122〕

就俄國而言，康有爲認爲其政體改革的成功，關鍵在於彼得大帝「立新議事會，國之大事合諸臣公議，以多者爲定，其權則自上操之。」〔註123〕接著，彼得大帝「參考各西國律例以成俄羅斯新律」，逐漸建立起了資產階級法律制度。在中央，彼得大帝設立了立法、司法、執法等專門機構，在「各城鎮均立巡捕，以詰奸宄，設工部局」，除此，他還設立了一些其他機構，如「轄船舶曰海部；主貿易曰商部；司刑罰曰刑部；理捐稅曰糧部；治外國交涉事務曰外部。」〔註124〕這樣，在君主立憲之下，俄國的政治面目煥然一新。

〔註119〕《康有爲政論集·請定期開國會摺》。
〔註120〕〔美〕蕭公權·近代中國與新世界：康有爲變法與大同思想研究〔M〕，南京：江蘇人民出版社，1997：178。
〔註121〕《康有爲政論集·上清帝第五書》。
〔註122〕《康有爲政論集·上清帝第七書》。
〔註123〕《南海先生七上書記·俄彼得變政記》。
〔註124〕《南海先生七上書記·俄彼得變政記》。

除法俄外，康有為認為還應當仿傚日本，因為日本的獨立、富強正是得益於日本明治天皇的維新。

對於向日本學習什麼？康有為認為具有六點：其一，要學習日本「大誓群臣以定國是」；其二，就是學習日本「立制度局以議憲法」；其三是「超擢草茅以備顧問」；其四是「紆尊降貴以通下情」；其五是「多派遊學以通新學」；其六則是「改朔易服以易人心」。〔註 125〕

在政體變革方面，康有為認為中國百官，皆行政之官，無立法之官，無謀議以立法，守舊循常，五月披裘，只能沉溺暍死。而日本「變法之始，即知此義，定三權之官，無互用之害；立參與，議立法官，故其政日新月異，而愈能通變宜民，蓋得泰西之政之本故也。」〔註 126〕因此來講，對於中國的變法，康有為認為也應該像日本一樣，「非定三權，未可行也。」〔註 127〕在三權之中，康有為深受孟德斯鳩學說的影響，認為也要像日本那樣突出立法官的重要性。他認為日本的改定國憲是以民選議院為綱領，是變法的主體：「日本變法，以民選議院為大綱領。夫人主之為治，以為民耳。以民所樂舉所樂選者，使之議國政，治人民，其事至公，其理至順。」〔註 128〕

雖然在政體建構方面，康有為把俄國、日本擡出，並奉為榜樣，但是他並沒有認識到變法在中國並不是靠皇帝一人所說就能算數的，殊不知，皇帝之上，以慈禧為代表的洋務派的力量則更勝一籌。另外，他也沒有認識到在當時中國所存在的問題，並不是靠簡單的變法，就能解決得了的。因此來講，康有為對於政體的功利性架構，在變法之初雖說起到了一定的積極作用，但是等到變法失敗、共和思想深入民心之後，這種漸進的改革思想則成為了人們思想、行為的一種束縛。另外，戊戌變法後，康有為還直接站在了保皇派一方，公然與革命派作對。對於康有為這種首尾不一致的政體理論，梁啟超做了這樣的評價：「中國創民權者以先生為首（知之者多，而創之之者殆首先生）。然其言實施政策，則注重君權，以為中國積數千年之習慣，且民智未開，驟予以權，固自不易，況以君權積久，如許之勢力，苟得賢君相，因而用之……故先生之議，謂當以君主之法，行民權之意。」〔註 129〕

〔註 125〕《日本變政考》。
〔註 126〕《日本變政考》。
〔註 127〕《日本變政考》。
〔註 128〕《日本變政考》。
〔註 129〕《南海康先生傳》，《戊戌變法》，第四冊。

　　除了在現實領域構建君主立憲政體之外，康有爲還在他所著的《大同書》中設計了一個「公政府」的政體模式。

　　康有爲認爲：「今欲至大同，先自弭兵會倡之，次以聯盟國緯之，繼以公議會導之，次第以赴，蓋有必至大同之一日焉。」〔註130〕對於聯合邦國的政體，康有爲認爲有三種：「有各國平等聯盟之體，有各聯邦自行內治而大政統一於大政府之體，有削除邦國之號域，各建自立州郡而統一於公政府之體」，並認爲：「凡此三體，皆因時勢之自然以爲推遷，而不能一時強合者也」〔註131〕，「蓋必先爲德國聯邦之勢，而後可望如美之漸削邦國也。」〔註132〕

　　對於如何實現公政府，康有爲認爲各國的聯合，並不能一蹴而就，而應該自小聯合開始，並認爲：「今者國事權在公民，利害至明，非若古者戰國時之權在君相也，又不能以一二人之言議，因一二人之利害而變易之也。故均力均勢，相持相等，無有一國能混一之勢。即強大如俄，專制猛進，而民義既明，數十年內，不爲民主共和，亦必成君主立憲之體矣。」〔註133〕

　　另外，康有爲還主張在設立公政府之前，必先設立公議政府。而何爲公議政府呢？康有爲認爲：「各國力量相等，體制自同等，則聯邦政府之體，不設總統，但設議員，故不可謂之公政府，但謂之公議政府。」〔註134〕對於公議政府如何組建，康有爲也提出了自己的設想，他認爲：「公議政府執政議事者，其始必從各國選派，或每國一人，或每國數人，或視國之大小爲派人之多少如德制。」〔註135〕而對於公議政府的權限，康有爲認爲其應「專議各國交通之大綱，其餘政事，皆聽本國之自主，略如德國之各邦萬國交通同一之議。」〔註136〕

　　建立公議政府之後，何時才能實現建立公政府呢？對此，康有爲胸有成竹，他認爲：「若能立公議政府、行各法，不及數十年，各國聯邦必成矣。……至於是時，則全地公政府之大勢成矣，全地大同政府之基礎固矣，大公政府之大權行矣。」〔註137〕另外，爲保證公政府的順利運轉，康有爲還精心設計

〔註130〕康有爲，大同書〔M〕，北京：華夏出版社，2002：94。
〔註131〕康有爲，大同書〔M〕，北京：華夏出版社，2002：94。
〔註132〕康有爲，大同書〔M〕，北京：華夏出版社，2002：96。
〔註133〕康有爲，大同書〔M〕，北京：華夏出版社，2002：97。
〔註134〕康有爲，大同書〔M〕，北京：華夏出版社，2002：101。
〔註135〕康有爲，大同書〔M〕，北京：華夏出版社，2002：101。
〔註136〕康有爲，大同書〔M〕，北京：華夏出版社，2002：101。
〔註137〕康有爲，大同書〔M〕，北京：華夏出版社，2002：105。

了「公政府大綱」。〔註138〕

　　對於公政府的設立，康有爲可以說是煞費苦心，然而這種烏托邦式理想模型，對於當時以及以後的中國來講，則是根本不能實現的。因此，這種氣勢磅礴的宏偉構建，只能在政治哲學家的頭腦中熠熠生輝了。

　　除這時的康有爲之外，其學生梁啓超對於立憲政體也表示了很高的熱情。在梁啓超看來，君主立憲是「政體之最良者也」。〔註139〕故而，梁啓超認爲立憲必勝，專制必敗：「今日之世界，實專制、立憲兩政體新陳嬗代之時也。按之公理，凡兩種反比例之事物相嬗代，必有爭，爭則舊者必敗而新者必勝。故地球各國，必一切同歸於立憲而後已，此理勢所必至也。以人力而欲與理勢爲敵，譬猶以卵投石，以蜉撼樹，徒見其不知量耳。昔距今百年以前，歐洲各國，除英國外，皆專制也。壓之既極，法國大革命，忽焉爆裂，聲震天地，怒濤逐波及全歐，民間求立憲者，各國皆然。」〔註140〕

　　可見，在當時維新派的心目中，君主立憲政體是最合乎中國國情的政體模式。

二、民主共和制：資產階級革命派對於政體的功利性架構

　　雖然和維新派一樣，以孫中山爲代表的革命派也強調憲法的作用，但是和維新派不同的是，革命派強調中國可以不經過君主立憲而直接進入民主共和，如孫中山就講：「謂各國皆由野蠻而專制，由專制而君主立憲，由君主立

〔註138〕對於公政府的大綱，康有爲設計了13條，具體是：「第一、歲減各國之兵，每減必令各國同等，減之又減，以至於無」；「第二、各國之兵既漸廢盡，公兵亦可漸汰，及於無國，然後罷兵」；「第三、各君主經立憲既久，大權盡削，不過一安富尊榮之人而已」；「第四、禁『國』之文字，改之爲『州』或爲『界』可矣」；「第五、分大地爲十洲：……令其洲內各舊國公舉人充之。若國已滅盡，不立監政府亦可矣」；「第六、每舊大國，因其地形便自治之體，析爲數十小郡，因其地方自治之體而成一小政府焉。皆去其國名，號曰某界。每洲大概數十界」；「第七、以大地圓球剖分南北，凡爲百度，赤道南北各五十度，東西亦百度。……各自治政府即以度爲主」；「第八、全世界紀元，皆大同紀年」；「第九、全地度量衡皆同」；「第十、全地數目皆因十進之數」；「第十一、全地語言文字皆當同，不得有異言異文」；「第十二、凡定曆，皆以地爲法」；「第十三、大同之世，全地紀元……當即以庚子春爲大同元年託始之正月朔日。」（以上皆引自《大同書・乙部》）。

〔註139〕《飲冰室合集・文集之五・立憲法議》。

〔註140〕《飲冰室合集・文集之五・立憲法議》。

憲而始共和，次序井然，斷難躐等；中國今日亦只可爲君主立憲，不能躐等
而爲共和。此說亦謬，於修築鐵路，可以知之矣。鐵路之汽車，始極粗惡，
繼漸改良；中國而修鐵路也，將用其最初粗惡之汽車乎？抑用其最近改良之
汽車乎？於此取譬，是非了然矣。……所以吾儕不可謂中國不能共和，若謂
不能，是反進化之公理也，是不知文明之眞價也。」〔註141〕

　　對於孫中山本人而言，早在 1894 年 11 月製定的《興中會章程》所附的
入會秘密誓詞中，他就明確寫道：「驅除韃虜，恢復中華，創立合眾政府。」
這個「合眾政府」就是以美國爲模式的民主共和政府。現在看來，這個口號
的提出，正標誌著中國近代仁人對於自由、民主的探尋與追求，實現了質的
飛躍。

　　孫中山認爲中國不僅有條件，而且有能力建立一個嶄新的民主政府，他
指出：「在中國人民中有許多極有教養的能幹人物，他們能夠擔當起組織新政
府的任務；把過時的滿清君主政體改變爲『中華民國』的計劃，經愼重考慮
之後，早就製定出來了。廣大的人民群眾也都甘願接受新秩序，渴望著情況
改善，把他們從現在悲慘的生活境遇中解救出來。中國現今正處在一次偉大
的民族運動的前夕，只要星星之火就能在政治上造成燎原之勢，將滿洲韃子
從我們的國土上驅逐出去。」〔註142〕

　　而對於民主政府的如何構建，孫中山指出：「今者由平民革命以建國民政
府，凡爲國民皆平等以有參政權。大總統由國民共舉。議會以國民公舉之議
員構成之，製定中華民國憲法，人人共守。敢有帝制自爲者，天下共擊之！」
〔註143〕

　　具體來講，孫中山把共和制政體的構建規劃爲三個歷史時期，即：「軍法
之治」、「約法之治」、「憲法之治」。

　　在「軍法之治」中，孫中山強調以軍法爲根據，「地方行政，軍政府統攝
之，以次掃除積弊：政治之害，……。風俗之害，……。並施教育，修道路，
設警察、衛生之制，興起農工商業之利源」，「軍法之治」爲期三年，「未及三
年已有效者，皆解軍法，布約法」。〔註144〕

〔註141〕《孫中山選集・中國民主革命之重要》。
〔註142〕《孫中山選集・中國問題的眞解決》。
〔註143〕《孫中山選集・軍政府宣言》。
〔註144〕《孫中山選集・軍政府宣言》。

在「約法之治理」中，孫中山認為在解除軍法之後，「軍政府以地方自治權，歸之其地之人民；地方議會議院及地方行政官，皆由人民選舉。」〔註145〕除此，對於民眾和軍政府的義務，孫中山認為：「凡軍政府對於人民之權利義務，及人民對於軍政府之權利義務，悉規定於約法，軍政府與地方議院及人民，各循守之；有違法者，負其責任。」對於「約法之治」的年限，孫中山認為為六年，六年之後，「始解約法，布憲法。」〔註146〕

而在「憲法之治」中，孫中山認為：「軍政府解兵權，行政權；國民公舉大總統，及公舉議院以組織國會。一國之政事，依於憲法以行之。」〔註147〕

這三個時期，孫中山認為是中國民主的必由之路：「俾我國民循序以進，養成自由平等之資格，中華民國之根本，胥於是乎在焉。」〔註148〕

在當時，除孫中山之外，另外一個對政體建構做出具體規劃的革命派政治哲學家便是鄒容。

首先，對於革命推翻專制政體，鄒容表現出了極大的熱情，他指出：「掃除數千年種種之專制政體，脫去數千年種種之奴隸性質，誅絕五百萬有奇披毛戴角之滿舟種，洗盡二百六十年殘慘虐酷之大恥辱，使中國大陸成乾淨土，皇帝子孫皆華盛頓，則有起死回生，還魂還魄，出十八層地獄，升三十三天堂，鬱鬱勃勃，莽莽蒼蒼，至尊極高，獨一無二，偉大絕倫之一目的，曰革命。巍巍哉！革命也。皇皇哉！革命也。」〔註149〕對於中國當時來講，鄒容認為只有建立資產階級民主政體，才能根本扭轉當時中國積貧積弱的歷史局面，因而他對資產階級民主思想抒發了強烈的豔羨之情：「吾幸夫吾同胞之得聞文明之政體、文明之革命，吾幸夫吾同胞之得盧梭《民約論》、孟德斯鳩《萬法精理》、彌勒約翰《自由之理》、《法國革命史》、《美國獨立檄文》等書譯而讀之也……夫盧梭諸大哲之微言大義，為起死回生之靈藥，返魄還魂之寶方，金丹換骨，刀圭奏效，法、美文明之胚胎皆基於是。我祖國今日病矣、死矣，豈不欲食靈藥、投寶方而生乎？苟其欲之，則吾請執盧梭諸大哲之寶幡，以招展於我神州土。不寧惟是，而況又有大兒華盛頓於前、小兒拿破侖於後，

〔註145〕《孫中山選集·軍政府宣言》。
〔註146〕《孫中山選集·軍政府宣言》。
〔註147〕《孫中山選集·軍政府宣言》。
〔註148〕《孫中山選集·軍政府宣言》。
〔註149〕鄒容，革命軍〔M〕，北京：華夏出版社，2002：1～2。

爲吾同胞革命獨立之表本。」〔註150〕

　　其次，對於如何建立共和國，鄒容在其遺著 ——《革命軍》中也做了詳細籌劃。首先，他把共和國的名稱定爲「中華共和國」，認爲應建立中央政府，作爲全國辦事之總機關，並認爲：「無論何時，政府所爲，有干犯人民權利之事，人民即可革命，推倒舊日之政府，而求遂其安全康樂之心。迨其既得安全康樂之後，經承公議，整頓權利，更立新政府，亦爲人民應有之權利……然政府之中，日持其弊端暴政，相繼放行，舉一國人民，悉措諸專制政體之下，則人民起而顛覆之，更立新政，以求遂其保全權利之心，豈非人民至大之權利，且爲人民自重之義務哉？」〔註151〕另外，對於共和國的其他事宜，鄒容也做了初步的規定，如：他認爲每省應投票公舉一位總議員，再由總議員中再公舉一位爲暫行大總統，另舉一人爲副總統；認爲憲法、法律和關於全體、個人之事，及外交之事、設官之事，悉照美國辦理；認爲全國無論男女，皆爲國民，一律平等，個人權利，諸如：生存權利及人身、言論、出版自由等，「皆由天授」，不可剝奪。

　　從革命派們對政體的具體構建來觀察，雖然從優越性上看共和政體，要高於君主立憲政體，但是如果從理論的可行性來看，二者的命運並不像其理論價值那樣，有優劣之分，因爲在當時的情況下，不管施行哪一種「民主」政體，都缺乏足以讓其充分生根、發芽的環境，因爲在自由、民主觀念沒有眞正深入到全體國民的內心之中、自由與民主還只是存留在政治哲學家及革命者們的口號之中的情況下，這種對西方民主制度的功利性移植便不可能在一個本來就相當貧瘠的地方，一夜之間便長成參天大樹。另外，從國體與政體的關係上，我們也可以看出，在當時的情況下，在沒有實現人民充分當家作主的條件下，而謀求在政體上進行簡單的改革，無異於把牛頭安在了馬背上。

三、近代中國自由、民主觀的價值內涵

　　從魏源對西方民主制度的介紹，再到維新派們對封建政體的改良，最後到孫中山對近代民主政體的建構，可以說，對於自由與民主的追求，近代政治哲學家們耗費了大約半個多世紀的心血。然而，辛苦的付出並不意味著成

〔註150〕鄒容，革命軍〔M〕，北京：華夏出版社，2002：4～5。
〔註151〕鄒容，革命軍〔M〕，北京：華夏出版社，2002：48～49。

功的獲得。在這半個多世紀的求索過程中，政治哲學家們雖然取得了一定豐碩的成果，但是這種所謂的「成果」距離眞正的自由、民主，卻仍有一段不算近的路程。

　　首先，就自由而言。

　　馬克思說：「自由就是從事一切對別人沒有害處的活動的權利。每個人所能進行的對別人沒有害處的活動的界限是由法律規定的，正像地界是由界標確定的一樣。」〔註152〕對於自由的有限性，近代政治哲學家們並不是無所體認：如梁啓超就分析了團體自由與個體自由之間的關係，認爲：「團體自由個人自由之積也。人不能離團體而自生存，團體不保其自由，則將有他團焉自外侵之、壓之、奪之，則個人之自由更何有也！」〔註153〕並且，他還認爲：「文明自由者，自由於法律之下，其一舉一動，如機器之節奏，其一進一退，如軍隊之步武。」〔註154〕嚴復也認爲個人的自由與國家的獨立自主息息相關，「能群者存，不群者滅；善群者存，不善群者滅」。〔註155〕另外，嚴復也認爲應像西方那樣，「侵人自由者，雖國君不能。而其刑禁章條要皆爲此設耳。」〔註156〕

　　近代的政治哲學家們雖然認識到了國家獨立與個人自由的一致性，但是就個人與國家在政治哲學家心目中的比重而言，國家則無疑要重於個人。

　　如對於梁啓超而言，他雖然認爲：「今日吾中國所最急者，惟第二之參政問題，與第五之民族建國問題而已。此二者事本同源，苟得其乙，則甲不求而自來；苟得其甲，則乙雖弗獲猶無害也。」〔註157〕但是在具體側重上，梁啓超則並沒有堅持二者並重的原則，而是認爲：「自由云者，團體之自由，非個人之自由也。野蠻時代，個人之自由勝而團體之自由亡；文明時代，團體之自由強，而個人之自由減。」〔註158〕這樣，爲形勢所需，梁啓超爲了「民族建國問題」，而犧牲了「參政問題」。在梁啓超眼中，立憲政體並不是一種

〔註152〕《馬克思恩格斯全集》，第1卷，第438頁。
〔註153〕《新民說‧論自由》。
〔註154〕《新民說‧論自由》。
〔註155〕《天演論‧制私按語》。
〔註156〕《嚴復集‧原強》。
〔註157〕《新民說‧論自由》，梁啓超認爲由自由精神，所產生出來的結果大致有六方面，即：「（一）四民平等問題……（二）參政權問題……（三）屬地自治問題……（四）信仰問題……（五）民族建國問題……（六）工群問題……。」
〔註158〕《新民說‧論自由》。

保護公民自由的制度措施，而是一種確保公民參與的政治措施。〔註159〕

　　和梁啓超的看法類似，嚴復在處理國家獨立與個人自由的關係上也同樣持這種態度，他認為：「自不佞言，今之所急者，非自由也，而在人人減損自由，而以利國善群爲職志」；〔註160〕「特觀吾國今處之形，則小己自由，尚非所急，而所以袪異族之侵橫，求有立於天地之間，斯眞刻不容緩之事。故所急者，乃國群自由，非小己自由」；〔註161〕「小己自由，非今日之所急，而以合力圖強，杜遠敵之覬覦侵暴，爲自存之至計也」。〔註162〕

　　可見，在個人與國家的關係上，近代政治哲學家們大多認爲個人是手段，而國家則是目的。換句話講，之所以要強調個人自由的重要性，其關鍵在於對個人自由的提倡能爲國家的獨立富強帶來新的發展契機。

　　可見，對於近代政治哲學家們來講，雖然他們把自由的觀念引入了中國思想界，並根據西方自由的理念分析了國家與個人之間的關係，提出了個人自由的價值觀念，然而，「自由」作爲一種舶來品，雖然在近代中國開始生根、發芽，但是它並沒有成爲政治哲學家們追求的目的，而是作爲一個實現國家富強、獨立的功利手段，來影響著中國近代社會。這就是說，在中國，自由相對於國家獨立、富強來講，是屬於「第二性」的。因此，從這個意義上來講，在中國近代並沒有形成像西方那樣的自由主義傳統，同時也沒有哪位政治哲學家眞正可以稱之爲自由主義政治哲學家。

　　另外，近代的政治哲學家們雖然認識到了眞正的自由應是有限的自由，但是政治哲學家們卻錯誤地認爲個人自由與群體自由是此消彼長的關係，沒有認識到個人自由與群體自由是一對不可分割的整體，群體自由的發展乃是個人自由追求的結果，個人自由是實現群體自由的動力。因而，對於近代政治哲學家們來講，雖然他們已經認識到自由的價值眞諦，但是迫於批判封建專制政體的所需，往往在強調群體自由的同時，主觀地犧牲了個人自由。除此，還有一點也必須要指出的是，近代政治哲學家們之所以產生對個人自由的否定，除形勢所需外，另一個原因就是他們對於個人自由的錯誤理解。比

〔註159〕〔美〕張灝‧著梁啓超與中國思想的過渡（1890～1907）〔M〕，崔志海、葛夫平譯‧南京：江蘇人民出版社，1993：144。
〔註160〕《嚴復集‧〈民約〉平議》。
〔註161〕《嚴復集‧〈法意〉按語八二》。
〔註162〕《嚴復集‧〈法意〉按語八六》。

如，梁啓超認爲個人自由是這樣的，「使其以個人之自由爲自由也，則天下享自由之福者，宜莫今日之中國人若也。紳士武斷於鄉曲，受魚肉者莫能抗也；駔商逋債而不償，受欺騙者莫能責也。夫人人皆可以爲紳士，人人皆可以爲駔商，則人人之自由亦甚矣。……」〔註163〕在梁啓超這裏，他所指出的個人自由，並不是其所謂文明社會之自由，而是專制社會之自由，因爲「紳士」、「駔商」無一不是封建專制的代表，所以這樣的自由從眞正意義上講，並不是眞正的個人自由。正是由於對「個人自由」概念的曲解，才造成了政治哲學家對於個人自由的一定程度的漠視。

其次，就民主而論。

對於民主的追求，近代政治哲學家們也經歷了一個從對西方民主的豔羨，到自己動手進行仿建的過程。在這個過程中，雖然推翻了中國最後一個封建專制政體，建立了中國第一個也是最後一個資產階級民主政權，但是由於歷史的局限，人們對於民主的理解，則並沒有達到當時應有的高度。

我們知道，對於西方民主而言，它的眞正起源是斯巴達，而不是雅典。因爲在早期的斯巴達王國中，就曾規定，每隔一段時間，就舉行一次斯巴達人的公民大會，而雅典則是到公元前 508 年或公元前 507 年的克利斯提尼的時代，才有條文對定期召開公民大會作了規定。在經歷了兩千多年的苦苦探索之後，西方終於在 1644 年英國爆發資產階級革命之後，建立了人類歷史上第一個資產階級民主政權 —— 君主立憲制政體。在英國之後，美國、法國也相應爆發了資產階級革命，也相繼建立了民主政權，但它們的政體形式則是總統制。自此之後，隨著國家政權的不斷完善，民主觀念也逐漸成熟起來。

對於中國近代政治哲學家而言，他們對於民主的眞正訴求則大致經歷了兩個階段：一個就是維新派們創建君主立憲制政體的階段；另一個則是革命派們創建總統制的階段。對於這兩個階段而言，雖然均具有其歷史的進步性，但是在對民主思想的眞正把握上，卻均沒有到位。

首先，就維新派與革命派對「民主」當中的「民」的理解來看，他們均沒有認識到「民」的眞正所指是指普通的民眾。

對於「民」，維新派領袖康有爲意指那些經濟地位日益高漲、迫切需要參政的早期資產階級，而梁啓超則更是言：「吾讀數千年中外之歷史，不過以百

〔註163〕《新民說・論自由》。

數十英雄之傳記磅礴充塞之，使除出此百數十之英雄，則歷史殆黯然無色也」；〔註164〕而革命派領袖孫中山，雖然認識到了民眾對於國家物質生產的重要性，但是他並不懂得民眾是歷史發展的真正動力，而是認為先知先覺者才是歷史的創造者，而這先知先覺者，便是「發明家」，認為他們是「世界上的事業」的「發起人」。〔註165〕對於他們，孫中山認為「由於這種先知先覺的人，預先想出了許多辦法，做了許多事業，世界才有進步，人類才有文明。所以先知先覺的人，是世界的創造者，是人類中的發明家。」〔註166〕可見，在這兩派中，雖然「民」各有所指，並且還有一定的相似之處，但是從總體來講，「民」的主體均不是指處於社會下層的民眾，所以對他們而言，「民主」並不是「人民做主」的涵義。

其次，雖然兩派都倡導民主制，但是由於彼此對民主制的認識不同，導致了其在選擇國家政體的問題上的大相徑庭，並由此激發了兩派之間的理論論爭。

就維新派們而言，他們認為中國民智未開，只可行立憲而不可行共和，梁啟超甚至認為當時中國連行立憲的資格都不夠，認為只有實行若干年的「開明專制」，「由開明專制以移於立憲，拾級而升」，〔註167〕因此雖然維新派也極力地想參政、議政，但是他們在參政、議政的方式上，則並沒有走革命的道路，而是想借皇帝的皇權來實現這一目的。而當這一目的因變法失敗而破產之後，他們則轉而站在「保皇派」的一邊，與孫中山為領袖的革命派公開為敵。可見，維新派雖然對民主有著強烈的訴求，但這種訴求顯然是不徹底的。

而以孫中山為領袖的革命派則認為：「今者由平民革命以建國民政府，凡為國民皆平等以有參政權。大總統由國民共舉。……敢有帝制自為者，天下共擊之！」〔註168〕並且，對於維新派的言論，革命派特別是孫中山予以了堅決的回擊，認為「吾儕不可謂中國不能共和，如謂不能，是反夫進化之公理也，是不知文明之真價也。」〔註169〕

從理論的初衷來看，雖然兩派都是力圖對中國的前途問題做出完美的回

〔註164〕《飲冰室合集‧專集之二‧自由書‧英雄與文明之比例》。
〔註165〕《孫中山選集‧三民主義‧民權主義》。
〔註166〕《孫中山選集‧三民主義‧民權主義》。
〔註167〕《申論種族革命與政治革命之得失》。
〔註168〕《孫中山選集‧同盟會宣言》。
〔註169〕《孫中山選集‧中國民主革命之重要》。

答，但是就理論把握的層次來講，革命派無疑要比維新派更勝一籌。然而，需要說明的是，雖然在理論把握的層次上，革命派要比維新派更勝一籌，但是這並不等於說，革命派的選擇就完全適應當時中國社會的發展。因為在孫中山建立中華民國後，中國並沒有就此改變半殖民地半封建社會的社會性質，並且，隨著中國社會的發展，康梁等維新派所認為的中國國民的「民智未開」，在辛亥革命後確實得到了驗證。這主要表現在，由於共和根基的不牢靠，導致在辛亥革命之後中國還是上演了「袁世凱稱帝」及「張勳復辟」的醜劇。另外，1919 年爆發的五四新文化運動也從一個側面反映出了：民主共和的理念，並沒有隨著中國民國的建立就立即得以深入到人心。可見，這種民主政權和民主理論的普及的相互脫節，直接造成了近代中國民主化進程的曲折。

第六章　全盤西化：功利主義與中國 20 世紀 20～40 年代文化觀

　　從對人性的考察，中經體用論、義利觀的辨析，再到自由、民主治理觀的建構，最後到全盤西化觀的提出，功利主義政治哲學實現了其在中國近現代的蛻化。這種蛻化過程，是在一次次遭受西學的衝擊，一次次之後的反省、探索中完成的。

　　全盤西化論的提出，標誌著中國近現代功利主義政治哲學徹底與中國傳統的割裂。這種割裂雖然遭到了來自各方面的詰難，但是它充分顯示了政治哲學家們對於一種全新的政治哲學的渴望，即使這種渴望帶有不可否認的偏激、毋庸置疑的失敗。

第一節　打孔家店：功利主義對中國傳統道義論反擊的開端

　　全盤西化論的提出，並不是來自於政治哲學們的頭腦衝動，它具有一定的社會文化背景。這種文化背景的促成正是中國近代以來內憂外患的長期積習所致。

　　從中國傳統政治哲學的發展歷程來看，雖說人文情懷一值得以一貫，並沒有經過類似於歐洲式的中世紀，但是其中的發展也是一波三折的。這當中，既有來自於內部的你爭我搶，如：秦朝的「焚書坑儒」〔註1〕、西漢的「罷黜

〔註 1〕其實在史學界，對於「焚書坑儒」一事一直存在著爭議。一種觀點是新文化

百家、獨尊儒術」、隋代開始的科舉取士〔註2〕、清代的文字獄〔註3〕，直至五四新文化運動時期的「打孔家店」，也有來自於外來宗教（如佛教、基督教）的衝擊。

「打孔家店」一語，最早出自 1921 年 6 月 16 日胡適在給吳虞即將出版的文集所作序的最後一語：「我給各位中國少年介紹這位『四川省隻手打孔家店』的老英雄——吳又陵先生！」〔註4〕雖然後來吳虞曾作解釋：「我的文

運動之後以顧頡剛、錢玄同為代表的「疑古派」提出的，認為「焚書坑儒」是子虛烏有，屬於杜撰。這種觀點隨著文物的相繼出現，而被終止。另一種觀點，則認為秦始皇焚書屬實，但是「坑儒」之事牽強，認為秦始皇所坑之士只是一些方士（或稱：術士），如司馬遷在著《史記·秦始皇本紀》。中講：「始皇聞亡，乃大怒曰：『吾前收天下書不中用者盡去之。悉召文學方術士甚眾，欲以興太平，方士欲練以求奇藥。去不報，徐市等費以鉅萬計，終不得藥，徒奸利相告日聞。盧生等吾尊賜之甚厚，今乃誹謗我，以重吾不德也。諸生在咸陽者，吾使人廉問，或為訞言以亂黔首。』於是使御史悉案問諸生，諸生傳相告引，乃自除犯禁者四百六十餘人，皆坑之咸陽，使天下知之，以懲後。」後世，之所以得出「坑儒」的結論，源自於《史記·秦始皇本紀》。中的另外一句話：「始皇長子扶蘇諫曰：『天下初定，遠方黔首未集，諸生皆誦法孔子，今上皆重法繩之，臣恐天下不安。唯上察之。』始皇怒，使扶蘇北監蒙恬於上郡。」其實，這世上「掛羊頭賣狗肉」者，豈止這些「誦法孔子」的方士，因此縱然這些方士「皆誦法孔子」，也不能和其他儒生一概定論為「儒生」。

另外，除去秦代的焚書，歷史上還有三次大的焚書事件被記載，如：秦孝公焚書、梁元帝焚書、乾隆帝焚書（據說：乾隆時期，共焚燒書籍達 71 萬卷之多）。

〔註2〕科舉取士雖然是中國選政制度的一個創舉，但是其弊端也是存在的。以四書五經作為考試的科目，無疑是對其他學科的一種排斥。另外，明清科舉制中的八股文無疑又是對科學的一種摧殘。從起始於隋朝的大業元年（605 年）到終於清光緒的三十一年（1905 年），科舉制在中國走過了 1300 多年的風雨歷程。可以說它塑造了中國傳統社會的選官制度，但卻又摧殘了中國本應門類齊全的傳統文化。

〔註3〕文字獄雖然在中國歷朝歷代都存在過，但是相對於其它朝代來講，明清文字獄尤甚，中國史學家顧頡剛就曾指出：「明代三百年，文獻猶存，文字獄禍尚有可以考見者乎？曰：有之，然其嚴酷莫甚於明初。」（鄭天挺：明清史資料（上）〔C〕，人民出版社，1981：84。）到了清朝則是有過之而不及，也拿清初來講，順治帝興文字獄 2 次，康熙帝 2 次，雍正帝 4 次，乾隆帝 74 次。（鄭天挺：明清史資料（上）〔C〕，人民出版社，1981：187～192）。整個清朝的文字獄保守估計大致有 200 餘起，除了極少數事出有因，其餘均是捕風捉影、濫殺無辜。

〔註4〕朱正編選，胡適文集（第 1 卷）〔C〕，廣州：花城出版社，2013：200～201。

錄……本一無系統之作，來京時友人爲錄成一冊。胡適之先生爲撰序，介紹付印。時適之先生方閱《水滸》，故有打孔家店之戲言。其實我並未嘗自居於打孔家店者。」儘管吳虞此語甚是謙虛，但是從他的所爲來看，冠此桂冠是不處此名的。吳虞曾在 1919 年 11 月於《新青年》6 卷 6 號上發表《吃人與禮教》一文。在文中，吳虞指出：「孔二先生的禮教講到極點，就非殺人吃人不成功，眞是殘酷極了。一部歷史裏面，講道德、說仁義的人，時機一到，他就直接間接的都會吃起人肉來。……到了如今，我們應該覺悟！我們不是爲君主而生的！不是爲聖賢而生的！也不是爲綱常禮教而生的！甚麼『文節公』呀，『忠烈公』呀，都是那些吃人的人設的圈套，來誆騙我們的！我們如今該明白了！吃人的就是講禮教的！講禮教的就是吃人的呀！」

　　雖然「打孔家店」一語出自於 1921 年，但是它作爲一種批判傳統道義論的現象卻並不是從 1921 年開始的。

一、爲什麼要「打孔家店」？

　　爲什麼要「打孔家店」？主要是因爲辛亥革命後，以袁世凱、康有爲爲代表的守舊勢力宣揚「尊孔復古」，藉此否定共和，實現復辟。

　　其實，辛亥革命勝利後，臨時政府就曾宣佈要「廢止讀經」，其政策製定人就是著名的蔡元培。

　　蔡元培爲什麼要「廢止讀經」呢？這還要從晚清教育制度的改革上找原因。

　　中國傳統政治思維一致認爲「道之大原出於天，天不變，道亦不變」〔註5〕，而這個「道」，就是一直爲封建統治者所推崇的孔孟之道。孔孟之道的存在，一方面塑造了中國不朽的傳統儒家文化，而另一面它適應並有效維護了中國傳統封建社會的政治統治，這也就是爲什麼孔孟之道被歷朝歷代奉爲經典的主要原因。

　　在晚清時期，中國雖然不斷受到外域文化的衝擊，但「孔孟之道」──這一治國的根本之體是一定要維護的，「如以中國之倫常名教爲原本，輔以諸國富強之術，不更善之善者哉？」〔註6〕後來，隨著洋務運動不斷深化以及西學

〔註 5〕《春秋繁露‧舉賢良對策》。
〔註 6〕《校邠廬抗議‧採西學》。

的不斷傳入，1902 年 8 月 15 日晚清政府頒佈《欽定學堂章程》〔註7〕，規定
小學的「課程門目表」爲：修身第一，讀經第二，作文第三，習字第四，史
學第五，輿地第六，算學第七，體操第八。《欽定蒙學堂章程》規定從小學一
年級起，每年都要「讀經」，須讀《孝經》、《論語》、《孟子》、《大學》、《中庸》。
《欽定小學堂章程》中還規定，「經」除了「四書」和《孝經》，還包括：《詩
經》、《禮記》、《爾雅》、《左傳》、《公羊傳》、《穀梁傳》等等。1902 年的《欽
定學堂章程》還未實行，1903 年 7 月清政府又命張百熙、榮慶、張之洞以日
本學制爲藍本，重新擬定學堂章程，於 1904 年公佈，即《奏定學堂章程》〔註
8〕。《奏定學堂章程》中規定「外國學堂有宗教一門。中國之經書，即是中國
之宗教。若學堂不讀經書，則是堯舜禹湯文武周公孔子之道，所謂三綱五常
者，盡行廢絕，中國必不能立國矣。學失其本則無學，政失其本則無政。其
本既失，則愛國愛類之心亦隨之改易矣，安有富強之望乎抬」〔註9〕另外，《奏
定學堂章程》還變「讀經」爲「讀經講經」：「小學中學皆有讀經講經主課，
高等學有講經之課。然歲計有餘，而日課無多，專講要義而不務奧博。」

　　前後兩個《章程》雖然有所區別，但是都把「讀經」作爲了必設的科目。
「讀經」科目的設立無疑仍是旨在強化中國傳統的「體」，不但阻礙了新思想、
新觀點的萌生，而且這些僵化的教條將會繼續固化人們思維的發展，進而阻
礙著中國近代化的進程。正是出於這樣的思考，蔡元培主張要「廢止讀經」。

　　1912 年 1 月 1 日，中華民國南京臨時政府成立。1 月 3 日，孫中山任命
蔡元培出任第一屆中華民國教育總長，1 月 19 日蔡元培就簽發並頒佈了《普
通教育暫行辦法》。《暫行辦法》中第五條便規定：「小學讀經科一律廢止。」
同時頒佈的《普通教育暫行課程標準》規定，中學課程及示範課程中也不設
讀經科。蔡元培認爲：「在共和政體下，經學已不再具有意識形態上的主導地

〔註7〕又稱「壬寅學制」，包括《欽定蒙學堂章程》、《欽定小學堂章程》、《欽定中
　　　學堂章程》、《欽定高等學堂章程》、《欽定京師大學堂章程》及《考選入學章
　　　程》等 6 個章程，是中國近代由國家頒佈的第一個規定學制系統的文件，由
　　　清末官學大臣張百熙主持擬定。
〔註8〕又稱「癸卯學制」，除規定學制系統外，還訂立了學校管理法、教授法及學校
　　　設置辦法等，包括《學務綱要》、《大學堂章程》、《優級師範學堂章程》、《初
　　　級師範學堂章程》、《實業教育講習所章程》，以及《各學堂管理通則》、《任用
　　　教員章程》、《各學堂獎勵章程》。等，辛亥革命後被廢止。
〔註9〕陳學恂，中國近代教育史教學參考資料（上冊）〔M〕，北京：人民教育出版社，
　　　1986：535。

位，但作為有價值的學術思想依然可以存在。」〔註10〕

和蔡元培理性地對待中華經典不同，1912 年 3 月 10 日就任的第二任臨時大總統袁世凱以及曾為維新變法志士的康有為則選擇了逆時代的回歸。

袁世凱在竊得政權後，於 1912 年 9 月 13 日令教育部通電全國：「規定公曆十月七日為孔子誕辰，全國各校屆時舉行紀念會。」〔註11〕另外，9 月袁世凱還發佈了《崇孔倫常文》，宣稱：「中華立國，以孝、悌、忠、信、禮、義、廉、恥為人道之大經，政體雖更，民彝無改。」並謂「八德」「乃人群秩序之常，非帝王專制之規也。」命令「全國人民，恪循禮法，共濟時艱。」〔註12〕1913 年 6 月 22 日，袁世凱發佈《尊孔祀孔令》，認為「天生孔子，為萬世師表」，「國家強弱存亡所繫，惟此禮義廉恥之防，欲遏橫流，在循正軌，總期總仰時聖，道不虛行，以正人心，以立民極。」〔註13〕1913 年 11 月，袁世凱又發佈《尊孔告令》，稱「孔子之道，如日月經天，江河行地，樹萬世之師表，亙百代而常新」，「現值新邦肇造，允宜蓋致尊崇」，規定「所有衍聖公暨配祀賢哲后裔，膺受前代榮典祀典。」〔註14〕為推行自己的「尊孔復古」觀念，袁世凱於 1915 年 2 月製定《教育綱要》，強調「各學校均應崇奉古聖賢以為師法，宜尊孔以端其基，尚孟以致其用。」教科書強調中小學均加讀經一科。規定小學校初等小學讀《孟子》；高等小學讀《論語》；中學節讀《禮記》和《左氏春秋》，設立經學院。提倡各省設立經學會，以為講求經學之所。〔註15〕

除了在國家政策設計上強調尊孔為，袁世凱在行動上也做到了「親力親為」。1914 年 9 月 25 日，袁世凱發佈《親臨祀孔典禮令》。三天後，率領各部總長及文武官員，身著新制祭服，到北京孔廟舉行秋丁祀孔典禮。

在袁世凱的政治支持下，尊孔之風開始蔓延中國大江南北。

假如說袁世凱是個在政治上尊孔復古的流氓的話，康有為則是苟合袁世凱、站在革命對立面的文化市儈。

對於康有為的政治哲學來講，雖然他在戊戌變法後出版了《大同書》，試

〔註10〕讀經爭議〔N〕，人力資源報，2013-01-14。
〔註11〕韓達編，評孔紀年（1911～1949）〔C〕，濟南：山東教育出版社，1985：4。
〔註12〕韓達編，評孔紀年（1911～1949）〔C〕，濟南：山東教育出版社，1985：5。
〔註13〕韓達編，評孔紀年（1911～1949）〔C〕，濟南：山東教育出版社，1985：18。
〔註14〕韓達編，評孔紀年（1911～1949）〔C〕，濟南：山東教育出版社，1985：28。
〔註15〕韓達編，評孔紀年（1911～1949）〔C〕，濟南：山東教育出版社，1985：37。

圖以建立「公政府」的形式來實現人類的大同，但是他的「公政府」卻是一個由一個個君主立憲政體而組成的聯邦政府。在康有爲的視域裏，立憲一直優於共和。

辛亥革命後，康有爲爲更加有效地攻擊共和，推動尊孔，主張將孔學立爲孔教。康有爲認爲：「凡爲人者，不能不行之道」〔註16〕，若一旦棄之，則舉國四萬萬人，「彷徨無所從，行持無所措」〔註17〕，所以他認爲中國要不想滅亡，「必自至誠至敬，尊孔子爲教主始也。」〔註18〕1912年，康有爲發表《中華救國論》，主張在中國各地都要設立孔教會，認爲：「今者保教中國之亟圖，在整綱紀，……孔子之爲道，博大如天，兼備四時，……今在內地，欲治人心，定風俗，必宜遍立孔教會。」〔註19〕

在康有爲的鼓動下，1912年10月7日陳煥章、沈增植、梁鼎芬、麥夢華等在上海發起成立「孔教會」，以「昌明孔教、救濟社會爲宗旨。」總會初設上海，於1913年遷北京。1914年夏由北京遷曲阜，上海北京各設總事務所，分支會遍及國內各縣、市、鄉、及外洋要埠。〔註20〕1913年3月，康有爲發表《孔教會序》，他講：「中國數千年來奉爲國教者，孔子也」，「大哉，孔子之道，配天地，本神明，育萬物，小大精粗，六通四闢，其運無乎不在」，「故凡飲食男女，別聲被色而爲人者，皆在孔教之中也。……無論何人，孔子之道不可須臾離也。」〔註21〕就此，康有爲認爲「孔教」應上陞爲「國教」，且每個人都不可「須臾離也」。

1913年8月15日，孔教會代表陳煥章、夏曾佑、梁啓超、王式通等上書參眾兩院，請於憲法中明確定孔教爲國教。聲稱中國的「一切典章制度、政治法律，皆以孔子之教化爲依歸，此孔子爲國教教主之由來也。……共和國以道德爲精神，而中國之道德源本孔子。……故中國當仍奉孔教爲國教。」認爲「只有定孔教爲國教。世道人心，方有所維繫。」〔註22〕

於是，自21日起，浙江、山東、湖北、河南、福建、吉林、廣西、安

〔註16〕湯志鈞編，康有爲政論集〔C〕，北京：中華書局，1981：736。
〔註17〕湯志鈞編，康有爲政論集〔C〕，北京：中華書局，1981：845。
〔註18〕湯志鈞編，康有爲政論集〔C〕，北京：中華書局，1981：800。
〔註19〕韓達編，評孔紀年（1911～1949）〔C〕，濟南：山東教育出版社，1985：8。
〔註20〕韓達編，評孔紀年（1911～1949）〔C〕，濟南：山東教育出版社，1985：5。
〔註21〕韓達編，評孔紀年（1911～1949）〔C〕，濟南：山東教育出版社，1985：15。
〔註22〕韓達編，評孔紀年（1911～1949）〔C〕，濟南：山東教育出版社，1985：20。

徽、雲南等省的都督、民政長等先後通電，促使參眾兩院盡快通過陳煥章等定孔教爲國教的申請。同時，袁世凱的法律顧問日本人有賀長雄在《孔教會雜誌》上發表《憲法須規定明文以孔教爲國家風教之大本》一文。他列舉德、英、俄、挪威等國憲法後，證明：「國家既於憲法保證信教之自由，而復公認一宗以爲國教，而特別保證之，利用之，此與立憲政體，未嘗相戾。」認爲孔教應「由國家公認而保護之，且於憲法特著明文，以此爲國家風教之大本。」〔註23〕

在袁世凱和康有爲的共同操縱下，「尊孔」便成爲一時之風。康有爲之所以「尊孔」一方面是爲了迎合袁世凱，而另一方面則是爲了重新樹立自己的「康聖人」文化地位，達到「保皇」的政治目的。相比康有爲，袁世凱的「尊孔」的政治目的則是相當直接——「尊孔」就是要實現「復辟」。

袁世凱於 1915 年 12 月 12 日發佈接受帝位申令，高唱「民之所欲，天必從之」，下令改 1916 年爲「洪憲元年」，經過三年的精心策劃，終於達到了復辟的政治目的。但是袁世凱還沒有坐穩皇帝寶座，在全國一片聲討中，被迫於 1916 年 2 月 22 日宣佈取消帝制。這之後，在護國運動與馮國璋的雙重夾攻下，袁世凱終於於 1916 年 6 月 6 日在聲討與唾罵中死去。

袁世凱死後，康有爲又與張勳導演了爲期 12 天（1917 年 7 月 1 日至 12 日）的復辟，擁立末代皇帝溥儀登基，自己被封爲「弼德院」副院長。1924 年 11 月 5 日，溥儀受馮玉祥所迫搬離紫禁城，又於 1925 年 2 月移居天津租借——張園，後又遷至靜園。也就是在天津張園，康有爲秘密覲見溥儀，仍然密謀復辟。1927 年 3 月 21 日康有爲死於青島，因死時七竅流血，故被疑爲人下毒所害。

二、怎樣打的「孔家店」？

面對封建復古的死灰復燃，新文化運動的鬥士們予以了堅決而有力的抨擊。

1、對傳統儒學價值的全盤否定

和袁世凱及康有爲對傳統儒學倍加推崇不同，新文化運動中的文化精英給人的卻是相反的答案。

〔註23〕韓達編，評孔紀年（1911～1949）〔C〕，濟南：山東教育出版社，1985：23。

　　吳虞，這個被胡適譽為「『四川省隻手打孔家店』的老英雄」，撰文指出：
「孔氏主尊卑貴賤之階級制度，由天尊地卑演而為君尊臣卑，父尊子卑，夫
尊婦卑，官尊民卑，尊卑既嚴，貴賤遂別；所謂『禮不下庶人，刑不上大夫』；
所謂『王臣公，公臣大夫，大夫臣士，士臣皂，皂臣輿，輿臣隸，隸臣僚，
僚臣僕，僕臣臺』；幾無一事不含有階級之精神意味。……守孔教之義，故專
制之威愈演愈烈。」〔註 24〕吳虞認為，這種封建宗法及專制制度之所以在中
國存在這麼長時間，「推原其故，實家族制度為之梗也」，「孔子之學說，既認
孝為百行之本，故其立教，莫不以孝為起點，……凡人未仕在家，則以事親
為孝；出仕在朝，則以事君為孝。能事親，事君，乃可謂之為能立身，然後
可以揚名於世。……蓋孝之範圍，無所不包，家族制度之與專制政治，遂膠
固而不可以分析。……儒家以孝悌二字為二千年來專制政治與家族制度聯結
之根幹，而不可動搖，……儒家之主張，……其流毒誠不減於洪水猛獸矣。」
〔註 25〕

　　和吳虞從道德層面否定儒家文化不同，陳獨秀則在更高的層面對傳統儒
學的價值予以了否定。

　　陳獨秀在《吾人最後之覺悟》中指出：中國之所以與西洋存在不小的差
距，就在於儒家文化的作祟。他剖析說：「倫理思想，影響於政治，各國皆然，
吾華尤甚。儒者三綱之說，為吾倫理政治之大原，共貫同條，莫可偏廢。三
綱之根本義，階級制度是也。所謂名教，所謂禮教，皆以擁護此別尊卑、明
貴賤之制度者也。近世西洋之道德政治，乃以自由、平等、獨立之說為大原，
與階級制度極端相反。此東西文明之一大分水嶺也。」〔註 26〕在形成這種認
識之說後，陳獨秀否定了以袁世凱、康有為為代表的立憲說，認為這實際上
是一種偽立憲：「吾人果欲於政治上採用共和立憲制，復欲於倫理上保守綱常
階級制，以收新舊調和之效，自家衝撞，此絕對不可能之事。蓋共和立憲制，
以獨立、平等、自由為原則，與綱常階級制為絕對不可相容之物，存其一必
廢其一。倘於政治否認專制，於家族社會仍保守舊有之特權，則法律上權利
平等、經濟上獨立生產之原則，破壞無餘，焉有並行之餘地？」〔註 27〕

〔註 24〕吳虞，儒家主張階級制度之害〔J〕，新青年，3 卷 4 號，1917 年 6 月 1 日。
〔註 25〕吳虞，家族制度為專制主義之根據論〔J〕，新青年，2 卷 6 號，1917 年 2 月 1
　　　　日。
〔註 26〕陳獨秀，吾人最後之覺悟〔J〕，青年雜誌，1 卷 6 號，1916 年 2 月 15 日。
〔註 27〕陳獨秀，吾人最後之覺悟〔J〕，青年雜誌，1 卷 6 號，1916 年 2 月 15 日。

　　魯迅，作爲中國文化革命的主將，對於儒家傳統也是深惡痛絕。他認爲：
「我翻開歷史一查，這歷史沒有年代，歪歪斜斜的每頁上都寫著『仁義道德』
幾個字。我橫豎睡不著，仔細看了半夜，才從字縫裏看出字來，滿本都寫著
兩個字是『吃人』！」〔註 28〕

2、對傳統儒學地位的重新界定

　　和康有爲、袁世凱等人把儒學立爲孔教，再由孔教立爲國教，進而在立
入憲法的這一連串對傳統儒學地位的逐級提升不同，新文化運動中的文化先
驅們進行了重新地思考。

　　陳獨秀認爲：「宗教實質，重在靈魂之救濟，出世之宗也。孔子不事鬼，
不知死，文行忠信，皆入世之教，所謂性與天道，乃哲學，非宗教。」〔註 29〕
他指出：「康先生電請政府拜孔尊教，南北報紙，無一贊同者；國會主張刪除
憲法中尊孔條文，內務部取消拜跪禮節，南北報紙，無一反對者。……先生
硜硜以爲議院，國務院，無擅議廢拜廢祀之權，一面又乞靈議院，以『以孔
子爲大教，編入憲法，要求政府。』『明令保守府縣學宮及祭田，皆置奉祀官。』
夫無權廢之，何以有權興之？」〔註 30〕從這一點來看，陳獨秀對於儒學地位
的認定還是十分清醒與中肯的，不像當代有的學者還在爲儒學立教而沈醉其
中。〔註 31〕

　　另外，陳獨秀還駁斥了康有爲「不尊孔即無教」論。他認爲：「吾國四萬
萬人，佛教信者最眾。其具完全宗教儀式者，耶回二教，遍佈中國，數亦匪
鮮。而原書云：『四萬萬人民猶在也，而先自棄其教，是謂無教』；又云：『今
以教主孔子之神聖，必黜絕而力攻之，是導其民於無教也。』以不尊孔即爲

〔註 28〕魯迅，狂人日記〔J〕，新青年，4 卷 5 號，1918 年 4 月 1 日。
〔註 29〕陳獨秀，駁康有爲致總統總理書〔J〕，新青年，2 卷 6 號，1916 年 10 月 1 日。
〔註 30〕陳獨秀，駁康有爲致總統總理書〔J〕，新青年，2 卷 6 號，1916 年 10 月 1 日。
〔註 31〕當代的儒者蔣慶就認爲：「中國文明是宗教還是文教？當然是宗教，中國文明
　　　　的這個宗教就是儒教，即儒教文明。儒教作爲一個獨特文明具有豐富的宗教
　　　　傳統，與人類其他宗教相比，有四個方面的含義：作爲宗教的儒教、作爲文
　　　　教的儒教、作爲教化的儒教、作爲政教的儒教。……所謂『立儒教爲國教』，
　　　　是在當今歷史條件下，將堯舜孔孟之道入憲，即在憲法中明載『堯舜孔孟之
　　　　道爲中國立國之本』，以此來完成儒家『王官學』的現代復位，恢復儒家在中
　　　　國歷史上曾有過的憲法地位。」（專訪蔣慶：「回到康有爲」是政治成熟的表
　　　　現〔EB〕，http：//history.sina.com.cn/his/zl/2014-10-13/1512103696。shtml；
　　　　2014-10-13）。

無教，此不合事實者三也。」〔註32〕後來，在《憲法與孔教》中，陳獨秀對此又進行了更深一步的辨析：「今再讓一步言之。或云佛、耶二教非吾人固有之精神，孔教乃中華之國粹。然舊教九流，儒居其一耳。陰陽家明曆象，法家非人治，名家辨名實，墨家有兼愛節葬非命諸說，製器敢戰之風，農家之並耕食力：此皆國粹之優於儒家、孔子者也。今效漢、武之術，罷黜百家，獨尊孔氏，則學術思想之專制，其湮塞人智，為禍之烈，遠在政界帝王之上。」〔註33〕另外，陳獨秀指出：如果立孔教為國教，勢必會引起其他宗教的不滿，勢必會破壞民族之間的團結。「今乃專橫跋扈，竟欲以四萬萬人各教信徒共有之國家，獨尊祀孔氏，竟欲以四萬萬人各教信徒共有之憲法，獨規定以孔子之道為修身大本。嗚呼！以國家之力強迫信教，歐洲宗教戰爭，殷鑒不遠。」〔註34〕

除去陳獨秀，「鐵肩擔道義」的李大釗對此也表示了相同的看法。他認為：「孔子者，數千年前之殘骸枯骨也。憲法者，現代國民之血氣精神也。以數千年前之殘骸枯骨，入於現代國民之血氣精神所結晶之憲法，則其憲法將為陳腐死人之憲法，非我輩生人之憲法也；荒陵古墓中之憲法，非光天化日中之憲法也；護持偶像權威之憲法，非保障生民利益之憲法也。」〔註35〕另外，他還對比說：「孔子者，歷代帝王專制之護符也。憲法者，現代國民自由之證券也。專制不能容於自由，即孔子不當存於憲法。今以專制護符之孔子，入於自由證券之憲法，則其憲法將為萌芽專制之憲法，非為孕育自由之憲法也；將為束制民彝之憲法，非為解放人權之憲法也；將為野心家利用之憲法，非為平民百姓日常享用之憲法也。」〔註36〕最後，李大釗指出：「總之憲法與孔子發生關係，為最背於其性質之事實。吾人甚希望於二讀會時，刪去此項，以全憲法之效力。」〔註37〕

3、反對借「尊孔」之名進行的「復辟」

在抨擊袁世凱、康有為等將孔教定為國教的同時，新文化運動的領袖們

〔註32〕陳獨秀，駁康有為致總統總理書〔J〕，新青年，2卷6號，1916年10月1日。
〔註33〕陳獨秀，憲法與孔教〔J〕，新青年，2卷3號，1916年11月1日。
〔註34〕陳獨秀，憲法與孔教〔J〕，新青年，2卷3號，1916年11月1日。
〔註35〕李大釗，李大釗選集〔J〕，北京：人民出版社，1959：77。
〔註36〕李大釗，李大釗選集〔J〕，北京：人民出版社，1959：77。
〔註37〕李大釗，李大釗選集〔J〕，北京：人民出版社，1959：78。

也揭露了袁、康等人借尊孔而復辟的野心。

　　李大釗在《自然的倫理觀與孔子》一文中，雖然肯定了孔子思想的價值，「孔子於其生存時代之社會，確足爲其社會之中樞，確足爲其時代之聖哲，其說亦確足以代表其社會其時代之道德」，但是「自然的勢力之演進，斷非吾人推崇孔子之誠心所能抗，使今日返而爲孔子之時代之社會也。」最後於文中他總結指出：「古今之社會不同，古今之道德自異。而道德之進化發展，亦泰半由於自然淘汰，幾分由於人爲淘汰。孔子之道，施於今日之社會爲不適於生存，任諸自然之淘汰，其勢力遲早必歸於消滅。」〔註 38〕

　　對於尊孔與復辟的關係，陳獨秀認爲二者是一脈相承的，早在袁世凱稱帝失敗病死後，陳獨秀就指出：「袁世凱之廢共和復帝制，乃惡果非惡因；乃枝葉之罪惡，非根本之罪惡。若夫別尊卑，重階級，主張人治，反對民權之思想之學說，實爲製造專制帝王之根本惡因。吾國思想界不將此根本惡因劃除淨盡，則有因必有果，無數廢共和國復帝制之袁世凱，當然接踵應運而生，毫不足怪。」〔註 39〕

　　等到張勳復辟失敗後，雖未感到奇怪，但是陳獨秀仍對當時社會對張、康二人行徑的批判與謾罵進行了反思，他認爲：「張、康之尊孔，固嘗宣告天下，天下未嘗非之，而和之者且遍朝野。」而當復辟失敗後，人們又反戈一擊：「昔之稱以大帥，目爲聖人者，今忽以『張逆』、『康逆』呼之；昔之奉爲盟主，得其數行手迹珍若拱璧者，今乃棄而毀之：何世俗炎涼，不知羞恥，至於斯極也！」接著，陳獨秀表達了自己的看法：「愚固反對復辟，而惡張、康之爲人者也，然自『始終一致主張貫徹』之點論之，人以張、康實行復辟而非之，愚獨以此而敬其爲人，不若依違於帝政共和自相矛盾者之可鄙。」他爲什麼「敬」？是因爲他看出張、康之所以失敗的內在邏輯——「蓋主張尊孔，勢必立君，主張立君，勢必復辟」。張、康以及之前的袁世凱，就是秉承這一邏輯行事的，而不是像當時的人像牆頭草，忽左忽右，忽東忽西。這種思維和行動的一貫性雖然值得尊敬，但是這種違背時代的做法必然是要招致失敗的。文章的最後，陳獨秀中肯地講：「愚之非難孔子之動機，非因孔子之道之不適於今世，乃以今之妄人強欲以不適今世之孔道，支配今世之社會國家，將爲文明進化之大阻力也，故不能已於一言。」〔註 40〕

〔註 38〕李大釗，李大釗選集〔J〕，北京：人民出版社，1959：79～80。
〔註 39〕陳獨秀，袁世凱復活〔J〕，新青年，2 卷 4 號，1916 年 12 月 1 日。
〔註 40〕陳獨秀，復辟與尊孔〔J〕，新青年，3 卷 6 號，1917 年 8 月 1 日。

三、怎樣看待「打孔家店」？

你來我往，唇槍舌劍，在「反傳統」與「主傳統」之間，新文化運動的先驅們與袁世凱、康有為為代表的守舊勢力進行了一場激戰。在這場激戰中，雖然以袁世凱、張勳復辟帝制的失敗、新文化運動攻佔了中國近代思想啟蒙的主陣地為結束，但是它留給我們後人的則不僅僅是一場我贏你輸的口水仗，我們必須思考這段逝去的歷史，以及這「打孔家店」背後的問題。

1、為何孔家店在辛亥革命後死灰復燃？

辛亥革命後，雖然建立了資產階級共和制，但是這種功利主義式簡單的政治制度移植並沒有獲得圓滿的成功。因為一項政治制度的確立與發展，不僅僅需要一系列政策、制度的頒佈與確立，還需要多方面的支持與保證，特別是來自於人們政治心理的支持與政治文化的認同。

中國封建帝制經歷了將近 2400 年〔註41〕的發展史，已經在人們之間形成了相當堅固的政治心理與政治文化。對這種政治心理與政治文化的改變，不是簡單地通過幾場對舊制度的革命以及幾項新制度的頒佈與確立就能完成的。辛亥革命雖然開啟了中國現代政治的先河，但是它並沒有觸動根深蒂固的封建經濟基礎，沒有發動人民，只是想依靠一派軍閥打倒另一派軍閥的方式來實現中國近代政治上的革命，形式上轟轟烈烈，在內容上卻空洞乏物，民眾並沒有成為革命的真正締造者，而只是充當了一個個脖子伸得老長的「鴨子」〔註42〕。

另外，辛亥革命過多地宣傳的民族主義、忽略對民主共和思想的普及也是其失敗的一個重要原因。1906 年的萍瀏醴起義時，曾有這麼一篇檄文——《新中華大帝國南部起義恢復軍布告天下檄文》，檄文中這樣寫道：「至外而督撫，內而公卿，有能首倡大義，志切同胞者，則我四萬萬同胞歡迎愛戴，

〔註41〕 我國傳統的史學研究認為從戰國時期（公元前 475 年）到 1912 年辛亥革命推翻帝制，建立中華民國，前後一共 2387 年。
〔註42〕 魯迅曾在《藥》。中有過這樣的描述：「一陣腳步聲響，一眨眼，已經擁過了一大簇人。那三三兩兩的人，也忽然合作一堆，潮一般向前進；將到丁字街口，便突然立住，簇成一個半圓。老栓也向那邊看，卻只見一堆人的後背；頸項都伸得很長，彷彿許多鴨，被無形的手捏住了的，向上提著。靜了一會，似乎有點聲音，便又動搖起來，轟的一聲，都向後退；一直散到老栓立著的地方，幾乎將他擠倒了。」（最初發表於 1919 年 5 月《新青年》，第六卷第五號）

如手足之衛腹心，來日不惜萬世一系，神聖不侵，子子孫孫，世襲中華大皇帝之權利以爲酬報。勿狃於立憲專制共和之成說，但得我漢族爲天子，即稍形專制，亦如我家中祖父，雖略示尊嚴，其榮幸猶爲我所得與；或時以鞭撲相加，叱責相遇，亦不過望我輩之肯構肯堂，而非有奴隸犬馬之心。我同胞即納血稅，充苦役，猶當仰天三呼萬歲，以表悃忱愛戴之念。」〔註43〕從這篇檄文中，我們不難看出當時人們的政治心理仍然停留在封建帝制狀態。

除此，當時的革命黨對於十六字綱領〔註44〕「雖不得不整個接受，但實際上是否心口如一，就大成問題，特別是後兩句話，並不是人人衷心接受的，甚至還有不少人持反對態度。」而對於「建立民國」，則認爲「新國家的政治制度還是比較遙遠的問題」，「不必多費精神。因此對民主、共和缺少眞正認識，也說不上早具信心」〔註45〕。《東方雜誌》的主編杜亞泉〔註46〕回顧辛亥革命，慨然道：「吾國之財產階級大都不解立憲共和爲何物，初未嘗與聞其事，提倡之者，爲過剩的智識階級中之一部分，加入者爲過剩的勞動階級中之兵。事實上與從前之帝王革命無稍異。其模擬歐洲之政治革命者不過是中華民國之名稱，及若存若亡之數章法而已。」〔註47〕

陳獨秀針對辛亥革命後的社會現實也深刻地指出：「我們中國多數國民口裏雖然是不反對共和，腦子裏實在裝滿了帝制時代的舊思想，歐美社會國家的文明制度，連影兒也沒有。所以口一張，手一伸，不知不覺都帶出君主專制臭味。……袁世凱要做皇帝，也不是妄想；他實在見得多數民意相信帝制，不相信共和。」〔註48〕正是在這一情形下，一心想恢復帝制的袁世凱便重新拾起了「尊孔」這一自認爲必將助其成功的法寶。

俗語講，蒼蠅不叮無縫的蛋，恰恰是辛亥革命自身的理論不完備，才導

〔註43〕萍鄉市政協、瀏陽縣政協、醴陵市政協合編，萍、瀏、醴起義資料彙編〔C〕，長沙：湖南人民出版社，1986：59。

〔註44〕十六字綱領，即：驅除韃虜，恢復中華，創立民國，平均地權。該綱領是由孫中山於 1905 年 8 月 20 日在東京成立中國同盟會時提出的。

〔註45〕上海市政協編，辛亥革命七十週年〔C〕，上海：上海人民出版社，1981：5～6。

〔註46〕杜亞泉（1873～1933），原名煒孫，字秋帆。號亞泉，筆名傖父、高勞，漢族，會稽傖塘（今屬上虞）人。近代著名科普出版家、翻譯家。

〔註47〕杜亞泉，中國政治革命不成功及社會革命不成功之原因〔J〕，東方雜誌，十六卷四號。

〔註48〕陳獨秀，舊思想與國體問題〔J〕，新青年，三卷三號。

致了這場「尊孔復禮」，重蹈帝制之轍的醜劇。

2、「打孔家店」抑或「打倒孔家店」？

前邊已經講過「打孔家店」一語，來於自胡適給《吳虞文錄》所作的序中：「我給各位中國少年介紹這位『四川省隻手打孔家店』的老英雄——吳又陵先生！」〔註49〕而「打倒孔家店」則是來自於 15 年後的陳伯達。

不知是有意還是無意而爲之，「打孔家店」在提出 15 年後，在新啓蒙運動〔註50〕中被陳伯達再加工成了「打倒孔家店」，並自此成爲了定性五四新文化運動的綱領性文件：「以《新青年》爲首的五四新文化運動，這是中國第一次以群眾的姿態，向『中古的』傳統思想和外來的文化，公開宣告了反叛。『打倒孔家店』，『德謨克拉西和賽因斯』，『提倡白話文』——這是當時新文化運動的中心口號。」〔註51〕

陳伯達之後，「打倒孔家店」得到了進一步的訛傳，如賀麟就認爲：「新文化運動是一個打倒孔家店、推翻儒家思想的一個大運動。……新文化運動的領袖人物，以打倒孔家店相號召的胡適先生，他打倒孔家店的戰略，據他英文本《先秦名學史》的宣言，約有兩點：第一，解除傳統道德的束縛；第二，提倡一切非儒家的思想，亦即提倡諸子之學。」〔註52〕

對於「打孔家店」還是「打倒孔家店」，北京大學哲學系王東教授指出：「『打』在這裏主要是進攻、挑戰之意，而『打倒』則是徹底推翻、完全否定之意，二者之間雖是一字之差，卻有質與量上的微妙差異，程度上大爲不同，不可混淆。」〔註53〕

其實，這一點在陳獨秀等人的著作中已有端倪。

陳獨秀在《復辟與尊孔》中，就表示過：「愚之非難孔子之動機，非因孔子之道之不適於今世，乃以今之妄人強欲以不適今世之孔道，支配今世之

〔註49〕 朱正編選，胡適文集（第 1 卷）〔C〕，廣州：花城出版社，2013：200～201。
〔註50〕 「新啓蒙運動又稱『新五四運動』或『第二次新文化運動』，是 20 世紀 30 年代左翼文化界在北平、上海等地開展的一場新思想運動。這場由共產主義理論家和左翼知識分子發起的、以弘揚五四精神爲旗幟的新啓蒙運動，是中國啓蒙運動史上又一重要事件。」（俞紅，論新啓蒙運動〔J〕，浙江社會科學，2000（6）。）
〔註51〕 陳伯達，論新啓蒙運動〔J〕，新世紀，1936（2）。
〔註52〕 賀麟，儒家思想的新開展〔J〕，思想與時代（第一期），1941 年 8 月。
〔註53〕 王東，五四新文化運動若干問題辨析〔J〕，哲學動態，1999（4）。

社會國家，將爲文明進化之大阻力也，故不能已於一言。」〔註54〕在其另一文——《孔教研究》中，陳獨秀也表達了類似的觀點：「我們反對孔教，並不是反對孔子個人，也不是說他在古代社會無價值。不過因他不能支配現代人心，適合現代潮流，還有一班人硬要拿他出來壓迫現代人心，抵抗現代潮流，成了我們社會進化的最大障礙。」〔註55〕

和陳獨秀類似，李大釗也認爲：「余之掊擊孔子，非掊擊孔子之本身，乃掊擊孔子爲歷代君主所雕塑之偶像的權威也；非掊擊孔子，乃掊擊專制政治之靈魂也。」〔註56〕蔡元培在回顧這段歷史時也中肯地說：「《新青年》雜誌中，偶有對於孔子學說之批評，然亦對於孔教會託孔子之學說以攻擊新學說者而發，初非直接與孔子爲敵也。」〔註57〕

可見新文化運動的先驅們並不是要「打倒孔家店」，而是「打孔家店」，破除孔家店對於近現代文明發展所具有的束縛。

第二節　全盤西化：功利主義對於中國傳統道義論的徹底否定

如果說，五四新文化運動時期以蔡元培、陳獨秀、李大釗等文化先驅對中國傳統文化的割離不夠徹底的話，那麼 20 世紀 20～40 年代的「全盤西化思潮」則是對中國傳統文化來了個徹底的顛覆。

一、胡適：全盤西化與充分世界化

如果要解讀「全盤西化」思潮，一個重要的思想人物是不能被忽視的，他就是胡適。

1、胡適「全盤西化」思想的提出

這位喝過洋墨水的現代文化領軍人物，對於傳統文化的態度是徹底地批判，這種批判來源於其對傳統文化的新的評判。

〔註54〕陳獨秀，復辟與尊孔〔J〕，新青年，3 卷 6 號，1917 年 8 月 1 日。
〔註55〕陳獨秀，孔教研究〔J〕，每周評論，第 20 號，1919 年 5 月 4 日。
〔註56〕李大釗，李大釗選集〔C〕，北京：人民出版社，1959：80。
〔註57〕中國社會科學院近代史研究所，五四運動文選〔C〕，上海：三聯出版社，1959：223。

他認爲：「評判的態度，簡單說來，只是凡事要重新分別一個好與不好。」並認爲評判的態度包含以下幾種要求：

（1）對於習俗相傳下來的制度風俗，要問「這種制度現在還有存在的價值嗎？」

（2）對於古代遺留下來的聖賢教訓，要問「這句話在今日還是不錯嗎？」

（3）對於社會上糊塗公認的行爲與信仰，都要問：「大家公認的，就不會錯了嗎？人家這樣做，我也該這樣做嗎？難道沒有別樣做法比這個更好，更有理，更有益嗎？」〔註58〕

鑒於此，胡適認爲：「現在所謂『新思潮』，無論怎樣不一致，根本上同有這公共的一點：——評判的態度。」〔註59〕沿著這一思路，胡適認爲對於舊有的學術要有三種態度：「第一，反對盲從；第二，反對調和；第三，主張整理國故。」〔註60〕

而怎樣整理國故，胡適提出要四步走：第一步是調理系統的整理：這是因爲「古代的學術思想向來沒有條理，沒有頭緒，沒有系統」；第二步要尋出每種學術思想怎樣發生，發生之後有什麼影響：這是因爲「前人研究古書，很少有歷史進化的眼光的，故從來不講究一種學術的淵源，一種思想的前因後果」；第三步是用科學的方法，作精確的考證：這是因爲「前人讀書，除極少數學者之外，大都是以訛傳訛的謬說」；第四步是還各家一個本來面目，這是因爲「前人對於古代的學術思想，有種種武斷的成見，有種種可笑的迷信」。〔註61〕

從整理國故的角度，胡適認爲：「新思潮的精神是一種評判的態度」，「新思潮的唯一目的是什麼？是再造文明。」〔註62〕

而如何再造文明？造一個什麼樣的文明？胡適把眼光投射到了西方。

在對待文化的態度上，他不同意梁漱溟的觀點〔註63〕，認爲考察文化要

〔註58〕 胡適，胡適文集（第1卷）〔C〕，廣州：花城出版社，2013：144。

〔註59〕 胡適，胡適文集（第1卷）〔C〕，廣州：花城出版社，2013：144～145。

〔註60〕 胡適，胡適文集（第1卷）〔C〕，廣州：花城出版社，2013：145。

〔註61〕 胡適，胡適文集（第1卷）〔C〕，廣州：花城出版社，2013：149～150。

〔註62〕 胡適，胡適文集（第1卷）〔C〕，廣州：花城出版社，2013：150。

〔註63〕 梁漱溟在其所著的《東西文化及其哲學》。中指出：「東方文化可否翻身成爲一種世界文化？如果不能成爲世界文化，則根本不能存在：若仍可以存在，當然不能僅只使用於中國而須成爲世界文化。」（梁漱溟，東西文化及其哲學〔M〕，北京：商務印書館，1999：18）。認爲全世界西方化之後，還可以中

拿歷史的眼光去衡量，「歐洲文化今日的特色，科學與德謨克拉西，事事都可用歷史的事實來說明：我們只可以說歐洲在這三百年中，受了環境的逼迫，趕上了幾步，在政府環境的方面的成績比較其餘各民族確是大的多多。」〔註64〕胡適在對西洋文明充分分析的基礎上，認為西洋文明是建立在三個基本理念之上：「第一，人生的目的是求幸福。第二，所以貧窮是一樁罪惡。第三，所以衰病足一樁罪惡。」它的理論特色就是：「充分承認這個物質的亨受的重要」，也就是中國傳統中所講的「利用厚生」。〔註65〕

另外，從西洋文明的理智、情感及想像力方面來衡量，「西洋近代文明絕非唯物的，乃是理想主義的（Idealistic），乃是精神的（Spirtiual）。」〔註66〕他解釋說：東方文明「這樣受物質環境的拘束與支配，不能跳出來，不能運用人的心思智力來改造環境改良現狀的文明，是懶惰不長進的民族的文明，是真正唯物的文明。這種文明只可以遏抑而決不能滿足人類精神上的要求」；而西洋文明「這樣充分運用人的聰明智慧來尋求真理以解放人的心靈，來制服天行以供人用，來改造物質的環境，來改革社會政治的制度，來謀人類最大多數的最大幸福，——這樣的文明應該能滿足人類精神上的要求；這樣的文明是精神的文明，是真正理想主義的（Idealistic）文明，絕不是唯物的文明。」〔註67〕這樣，胡適就否定了洋務運動以來，視西方文明的唯物論，也就是器物論，而把其上陞到了超越東方文明的地位，不僅不再以「形而上者謂之道，形而下者謂之器」來品分東西方文明，而且明顯把西方文明上陞到了「道」的範疇、東方文明下降到了「器」的範疇。這種道與器的顛倒，無疑為其「全盤西化」論提供了理論上的支持。

胡適「全盤西化」論的提出確切地講是在其 1929 年為《中國基督教年鑒》所寫的《中國今日的文化衝突》一文中。

胡適認為：在他看來，「中國的問題是她在多種文化的衝突中如何調整的問題。中國現在的一切麻煩都可歸咎於將近六十年間尖銳的文化衝突中未能實現這種調整。」而怎樣實現這種調整，胡適認為有三種解決的辦法，即：「中國可以拒絕承認這個新文明並且抵制它的侵入；可以一心一意接受這個新文

國化，還可以印度化。

〔註64〕 胡適，胡適文集（第 2 卷）〔C〕，廣州：花城出版社，2013：103。
〔註65〕 胡適，胡適文集（第 2 卷）〔C〕，廣州：花城出版社，2013：253。
〔註66〕 胡適，胡適文集（第 2 卷）〔C〕，廣州：花城出版社，2013：254。
〔註67〕 胡適，胡適文集（第 2 卷）〔C〕，廣州：花城出版社，2013：261。

明；也可以摘取某些可取的成分而摒棄她認為非本質的或要不得的東西。」由此將產生三種態度：「第一種態度是抗拒；第二種態度是全盤接受；第三種態度是有選擇的採納。」對於這三種態度，胡適表態說：「既然今天沒有人堅持抗拒政策，我的討論將只限於後兩種態度。」〔註68〕

對於後兩種態度的辨析，胡適是從第三種開始辨析的。

他認為「國內外的忠告者們都認為中國必須走選擇性的現代化的道路」是不可能的，而且也不必要。為什麼呢？胡適解釋說：「一種文明具有極大的廣被性，必然會影響大多數一貫保守的人。由於廣大群眾受惰性規律的自然作用，大多數人總要對他們珍愛的傳統要素百般保護。因此，一個國家的思想家和領導人沒有理由也毫無必要擔心傳統價值的喪失。」鑒於此，他指出：「中國之所以未能在這個現代化世界中實現自我調整，主要是因為她的領袖們未能對現代文明採取唯一可行的態度，即一心一意接受的態度。」〔註69〕

為了增強說服國人的效果，胡適以近代日本明治維新作為例證，充分論證「一心一意接受的態度」即「全盤西化」的合理性。「日本毫無保留地接受了西方文明，結果使日本的再生取得成功。由於極願學習和銳意模倣，日本已成為世界上最強的國家之一，而且使她具備一個現代政府和一種現代化文化。……因此，讓我們希望中國也可能像日本那樣實現文化復興。」〔註70〕「日本一個小島國，那麼貧瘠的土地，那麼少的人民，只因為伊藤博文，大久保利通，西鄉隆盛等幾十個人的努力，只因為他們肯拼命的學人家，肯拼命的用這個世界的新工具。居然在半個世紀之內一躍而為世界三五大強國之一。……我們的前途在我們自己的手裏。我們的信心應該望在我們的將來。我們的將來全靠我們下什麼種，出多少力。」〔註71〕

2、「全盤西化」與「中國本位的文化建設」

1935 年 1 月 10 日，王新命、何炳松、武堉幹、孫寒冰、黃文山、陶希聖、章益、陳高傭、薩孟武、樊仲雲等十教授，聯名於《文化建設》月刊上發表《中國本位的文化建設宣言》，強調要加強「中國本位的文化建設」，對西洋文化要「吸收其所當吸收，而不應以全承受的態度，連渣滓都吸收過來」，直

〔註68〕胡適，胡適文集（第3卷）〔C〕，廣州：花城出版社，2013：60。
〔註69〕胡適，胡適文集（第3卷）〔C〕，廣州：花城出版社，2013：62。
〔註70〕胡適，胡適文集（第3卷）〔C〕，廣州：花城出版社，2013：67～68。
〔註71〕胡適，胡適文集（第3卷）〔C〕，廣州：花城出版社，2013：325。

指「全盤西化」主張。這就是當時著名的「十教授宣言」。

《宣言中》指出：「(1) 中國是中國，不是任何一個地域，因而有它自己的特殊性。同時，中國是現在的中國，不是過去的中國，自有其一定的時代性。所以我們特別注意於此時此地的需要，就是中國本位的基礎。

（2）徒然讚美古代的中國制度思想，是無用的；徒然詛咒古代的中國制度思想，也一樣無用；必須把過去的一切，加以檢討，存其所當存，去其所當去；其可讚美的良好制度偉大思想，當竭力為之發揚光大，以貢獻於全世界；而可詛咒的不良制度卑劣思想，則當淘汰務盡，無所吝惜。

（3）吸收歐、美的文化是必要而且應該的，但須吸收其所當吸收，而不應以全盤承受的態度，連渣滓都吸收過來。吸收的標準，當決定於現代中國的需要。

（4）中國本位的文化建設，是創造，是迎頭趕上去的創造；其創造目的是使在文化領域中因失去特徵而沒落的中國和中國人，不僅能與別國和別國人並駕齊驅於文化的領域，並且對於世界的文化能有最珍貴的貢獻。

（5）我們在文化上建設中國，並不是拋棄大同的理想，是先建設中國，成為一整個健全的單位，在促進世界大同上能有充分的力。

要而言之，中國是既要有自我的認識，也要有世界的眼光，既要有不閉關自守的度量，也要有不盲目模倣的決心。這認識才算得深切的認識。

循著這認識前進，那我們的文化建設就應是：

不守舊；不盲從；根據中國本位，採取批評態度，應用科學方法來檢討過去，把握現在，創造未來。」〔註72〕

從十教授的《宣言》中，我們不難看出他們走的仍然是一種折衷主義路線。這種路線，乍看起來好像考慮得很周全，既給中國傳統留了面子，又給了西洋文化一個甜棗。其實，這種折衷主旨是在宣傳一個保守的主題，因為中國文明的「過去的光榮屬於過去；我們不能指望它來解決我們的貧窮、疾病、愚昧和貪污的問題。」〔註73〕十教授的《宣言》其思想主旨，仍然是在堅持自洋務運動以來的「中體西用」觀。

對於十教授的《宣言》，胡適專門撰寫了《試評所謂「中國本位的文化建設」》來予以回擊。

〔註72〕中國本位的文化建設宣言〔J〕，文化建設，第 1 卷第 4 期。
〔註73〕胡適，胡適文集（第 3 卷）〔C〕，廣州：花城出版社，2013：66。

　　胡適認為，十教授的《宣言》是一種偽飾了的「中學為體西學為用」文化觀，雖然看似「不守舊」，其實就是時下「最時髦的折衷論調」。〔註74〕他指出十教授的根本錯誤在於不認識文化變動的性質，並指出文化的變動是有規律的：

　　「第一，文化本身是保守的。凡一種文化既成為一個民族的文化，自然有他的絕大保守性，對內能抵抗新奇風氣的起來，對外能抵抗新奇方式的侵入。這是一切文化所公有的惰性，是不用人力去培養保護的。」〔註75〕胡適的所言，確實是有一定道理的。滿清初入關時，有多少人為保有原來的髮型文化而丟掉了自己的腦袋？而到辛亥革命勝利後，又有多少人為這用生命換來的長辮而東躲西藏？另外，哪一個民族，即使是日本明治維新西化那麼徹底，不也是沒有丟掉民族特有的文化嗎？

　　「第二，凡兩種不同文化接觸時，比較觀摩的力量可以摧陷某種文化的某方面的保守性與抵抗力的一部分。其被摧陷的多少，其抵抗力的強弱都和那一方面的自身適用價值成比例；最不適用的，抵抗力最弱，被淘汰也最快，被摧陷的成分也最多。」〔註76〕胡適的這種觀點其實是向十教授聲明，一種文化被另一種文化的摧陷，是由於前一種文化與所處時代的不適用。「全盤西化」不是人為所加的，而是一種文化發展的必然，具有客觀性與不可阻擋性。

　　「第三，在這個優勝劣敗的文化變動的歷程之中，沒有一種完全可靠的標準可以用來指導整個文化的各方面的選擇去取。」〔註77〕文化自身的發展有其自身的規律，不能靠某一個人或某一批人來左右，它是一種潛移默化的過程，是靠文化自身去選擇。就拿中國傳統習俗的春節拜年而言，也就是在10多年前，中國北方的農村還在實行一種跪拜禮，而10多年之後，這種跪拜禮逐漸演化為人們見面的相互問候，互講吉祥話。從跪拜到問候，文化的主旨沒有變，但文化表現的形式卻出現了差別。這種差別不是來自於外力，而是來自於文化自身的選擇。胡適這裏雖然用此規律駁斥了十教授所夢想的用「科學方法」來實現文化的變動，但是其「全盤西化」的目的不也是要建立一種文化變動的標準碼？

〔註74〕 胡適，胡適文集（第4卷）〔C〕，廣州：花城出版社，2013：7。
〔註75〕 胡適，胡適文集（第4卷）〔C〕，廣州：花城出版社，2013：7。
〔註76〕 胡適，胡適文集（第4卷）〔C〕，廣州：花城出版社，2013：7。
〔註77〕 胡適，胡適文集（第4卷）〔C〕，廣州：花城出版社，2013：7。

「第四，文化各方面的激烈變動，終有一個大限度，就是終不能根本掃滅那固有文化的根本保守性。這就是古今往來無數老成持重的人們所恐怕要隕滅的『本國本位』。……那個本位是沒有毀滅的危險的。」〔註78〕這個本位，就是中國傳統文化的根本，也叫說是「道」，不管萬事萬物怎樣變化，其內在的根本特質是永遠存在的。這就像我們人類，雖然經過了長達幾百萬年的進化，也並沒有改變其靈長類的特性。胡適之所以這樣說，是想告訴這些老成持重的教授：我雖然主張「全盤西化」，但是中國文化的特質並不會隨著全盤西化而湮滅，「政治的形態，從娘子關到五羊城，從東海之濱到峨眉山腳，何處不是中國舊有的把戲？社會的組織，從破敗的農村，到簇新的政黨組織，何處不具有『中國的特徵』？思想的內容形式，從讀經祀孔，國術國醫，到滿街的性史，滿牆的春藥，滿紙的洋八股，何處不是『中國特徵』？」〔註79〕中國當前的變化，不是丟掉了中國的本位文化，而是「保持中國舊有種種罪孽的特徵，太多了，太深了，所以無論什麼良法美意，到了中國都成了逾淮之橘，失去了原有的良法美意。」〔註80〕

鑒於以上對於文化變動規律的剖析，胡適認為：「中國的舊文化的惰性實在大的可怕，我們正可以不必替『中國本位』擔憂。我們肯往前看的人們，應該虛心接受這個科學工藝的世界文化和它背後的精神文明，讓那個世界文化充分和我們的老文化自由接觸，自由切磋琢磨，借它的朝氣銳氣來打掉一點我們的老文化的惰性和暮氣。」

胡適與十教授的辯論，代表了當時人們對於文化變動的心態。既然西化的態勢無法阻擋，那麼怎樣在這不可擋的態勢下保留自身文化的本真呢？十教授採取了折衷的態度，主張採取「科學方法」來進行「存其精英」，「淘汰舊文化」，〔註81〕但究竟什麼是「精英」？什麼是「舊文化」呢？十教授並沒有給出一個明晰的界定。胡適的「全盤西化」看起來是十足的數典忘祖，但是在當時那個文化變動的時代矯枉過正往往要強於亦步亦趨的中庸。

3、從「全盤西化」到「充分世界化」的調整

不知是對「全盤西化」理論的動搖，還是對反對者的聲音的難以招架，

〔註78〕胡適，胡適文集（第 4 卷）〔C〕，廣州：花城出版社，2013：8。
〔註79〕胡適，胡適文集（第 4 卷）〔C〕，廣州：花城出版社，2013：8～9。
〔註80〕胡適，胡適文集（第 4 卷）〔C〕，廣州：花城出版社，2013：8。
〔註81〕中國本位的文化建設宣言〔J〕，文化建設，第 1 卷第 4 期。

胡適在 1935 年撰寫的文章《充分世界化與全盤西化》中調整了自己的觀點，並在《答陳序經先生》中再次重申了這種調整的理由。

正是鑒於此，學界不少人士便由此否定了胡適是「全盤西化」論者，認爲其也是中西文化折衷者。其實，筆者認爲，這只是胡適的一種調整，或是說一種策略，這種策略走的是一種迂迴的道路。從中國近代中國文明的發展歷程來看，你可以說：從鴉片戰爭「地主階級睜眼看世界」到洋務運動，再到戊戌變法、辛亥革命，乃至到胡適「全盤西化」這一段歷史是人們對世界政治文化的認識不斷加深與西學湧入並影響的結果。但是也可以這樣說，從魏源的「師夷長技以制夷」到「中體西用」，再到「君主立憲」、「民主共和」，最後到「全盤西化」，每一步都是一種迂迴的折衷主義，筆者不敢斷然否定近代人士從行動一開始就不知道封建制度的腐朽性，一而再，再而三地跟著封建的屁股後跑。筆者認爲，近代認識恰恰認識到了這種折衷道路的由量變到質變的積纍效果，才不至於從一開始就被腐朽勢力所絞殺，正如毛澤東所強調的「星星之火可以燎原」。故而，筆者認爲胡適的從「全盤西化」到「充分世界化」，就是一種迂迴之計。

在《充分世界化與全盤西化》一文中，胡適指出之所以自己提出「全盤西化」是緣於自己「用字不小心」：「那一年（1929）《中國基督教年鑒》（Christian Year-book）請我做一篇文字，我的題目是《中國今日的文化衝突》，我指出中國人對於這個問題，曾有三派主張：一是抵抗西洋文化，二是選擇折衷，三是充分西化。我說，抗拒西化在今日已成過去，沒有人主張了。但所謂『選擇折衷』的議論，看去非常有理，其實骨子裏只是一種變相的保守論。所以我主張全盤的西化，一心一意的走上世界化的路。」但是此文一出，招致了很多議論，這其中就包括潘光旦。潘光旦分析了胡適在《中國今日的文化衝突》中所使用的兩個英文詞組：Wholehearted westernnization（全盤西化）、Wholehearted modernnization（可譯爲：一心一意的現代化，或全力的現代化，抑或充分現代化），他「可以贊成『全力現代化』，而不能贊成『全盤西化』」。〔註82〕

另外，胡適又從「全盤」與「充分」兩個詞的詞義加以了辨析。他認爲：「『全盤』含有百分之一百的意義，而百分之九十九還算不得『全盤』。……我贊成『全盤西化』，原意只是因爲這個口號最近於我十幾年來『充分』世界

〔註82〕胡適，胡適文集（第 4 卷）〔C〕，廣州：花城出版社，2013：36。

化的主張，……所以我不曾特別聲明『全盤』的意義不過是『充分』而已，不應該拘泥於作百分之一百的數量的解釋。」〔註83〕

鑒於以上兩點原因，胡適聲明：「我現在很誠懇的向各位文化討論者提議：爲免除許多無謂的文字上或名詞上的爭論起見，與其說『全盤西化』，不如說『充分世界化』。『充分』在數量上即是『儘量』的意思，在精神上即是『用全力』的意思。」〔註84〕

在這篇文章中，胡適還羅列了他改變初衷的三條理由：「第一，避免了『全盤』字樣，可以免除一切瑣碎的爭論。……第二，避免了『全盤』的字樣，可以容易得著同情的讚助。……第三，我們不能不承認，數量上的嚴格『全盤西化』是不容易成立的。」〔註85〕從這三條理由來看，胡適之所以調整自己的思想，是緣於要「免除爭論」、「得到同情的讚助」、以及「避免數量的成立」。看到這三條理由，不免會讓人聯想到這一幕：一個文弱的書生被一群自認爲智者的人圍在中央，智者一個接一個地向圍在中間的書生發難，而中間的書生則是一個勁地陪著不是，一個勁地點頭哈腰，「我錯了！」「我欠思考！」……想到這一幕不免使人感到淒涼。

在這之後寫給好友陳序經的文章中，他也進行了類似的解釋：「我當日提議用『充分世界化』來代替『全盤西化』，正是因爲『充分』『儘量』等字稍有伸縮力，而『全盤』一字太呆板了，反容易引起無謂的紛爭。」〔註86〕

這裏，我們不能站在我們當今所處的時代來譏諷胡適意志的不堅與選擇的「逃避」，而是要看到中國近代化的道路是多麼艱難！多麼阻礙重重！

二、陳序經：全盤西化論的堅守者

和胡適相比，陳序經則是一位「全盤西化」論的堅守者。他結合自身的個人文化情感以及對中西文化的眞知灼見，提出了「全盤西化」論，認爲：「中國只有徹底採納並且全盤適應現代世界文化，才能成爲現代世界的一個國家。」〔註87〕

〔註83〕胡適，胡適文集（第4卷）〔C〕，廣州：花城出版社，2013：36。
〔註84〕胡適，胡適文集（第4卷）〔C〕，廣州：花城出版社，2013：36。
〔註85〕胡適，胡適文集（第4卷）〔C〕，廣州：花城出版社，2013：36～37。
〔註86〕胡適，胡適文集（第4卷）〔C〕，廣州：花城出版社，2013：40。
〔註87〕邱志華編，陳序經學術論著·編者敘意〔C〕，杭州：浙江人民出版社，1998：2。

1、對折衷論與復古論的批判

西學東漸，爲東方譯介了西洋的文明，而西洋文明的到來，無疑會造成對東方文明的衝擊。面對這種衝擊，保守者試圖繼續以中國固有的「夷夏觀」來加以阻擋，借用關於道與器、體與用的爭論，來繼續保有中國原有之體。在保守派之外，另有一種類似於蝸牛的中庸派，提倡中西合璧，但「怎樣中西合璧？」卻不知卯酉，一有風吹草動，便縮回殼中。相對於這兩派，「全盤西化」論者則是相當直接，好就好，好就要全盤接受。雖然這一派有些偏激，但可以看出他們對於擺脫舊文化的束縛，創造一種新文化的渴望。陳序經就是這最後一派強力擁躉者。

在陳序經的視域裏，人類本身就是文化的動物，這也是人類與動物本質區別。另外，人類也在努力創造著文化、改變著文化、以及保存與模倣著文化。他認爲：「人類文化在時間上的發展與演進是與人類的生存的時間的延長上成爲正比例；而人類文化在空間上的趨於一致或和諧的範圍，也是和人類在空間中所擴充的圈圍相等。」因而，「曾幾何時我們以爲中國就是世界，所以中國文化就是世界文化」是錯誤的〔註88〕。

鑒於對於文化的這種認識，陳序經批判了時下人們堅持的折衷論與復古論。

（1）對於折衷論的批判

對於折衷論，陳序經認爲「這一派雖然是調和復古和西化二派，它本身上卻有不少派別。」〔註89〕

首先，他認爲「中學爲體與西學爲用」論錯誤在於其沒有認識到：「中西學術，各有其體，而且各有其用。其用之所依，在於其體。體之所表，在於其用。而且有其體必有其用，有其用必賴其體。今欲以二種不同之體，及其不同之用，顛倒配置，是無異欲用目以覺嗅味，而用鼻視物。中西文化既是二件不同的東西，今欲採納西方文化之用，而不要其體，正像是舍本而求末，斷其源而取其流。」〔註90〕

其次，對於「精神文化與物質文化」論，陳序經認爲：「其實文化本身上，是沒有精神物質之分。……精神文化和物質文化，是二而一，一而二的東西。

〔註88〕邱志華，陳序經學術論著〔C〕，杭州：浙江人民出版社，1998：36。
〔註89〕邱志華，陳序經學術論著〔C〕，杭州：浙江人民出版社，1998：37。
〔註90〕邱志華，陳序經學術論著〔C〕，杭州：浙江人民出版社，1998：37。

他們正像身體與靈魂一樣。……因為沒有精神物質之分，所謂某種文化的物質方面，不外是精神方面的表現；而精神方面的表現，又必賴物質以為工具。」因而，陳序經語氣堅定地說：「所謂中國的精神文化，無非是一種簡單物質生活的文化。所謂物質簡單的生活的文化，並非沒有物質文化，而是對於物質生活的複雜及發達上，加以否認。」〔註91〕

再次，對於折衷論所主張的「歐洲文化是動的文化，中國文化是精的文化」，陳序經批駁道：「一切文化都是動的。文化之所以是動的，是因為文化是人類改造時境以滿足其生活的努力的工具和結果。人類之所以別於他種動物而有文化，都是由於人類能夠努力去改造環境，努力去創造文化。努力總是要動，所以文化之發生及發展，完全是類於動。安靜不動而隨著時代環境的推移，決沒有會創造出文化來。」

另外，對於「所謂科學的分析方法」，陳序經也表達了異議。他借孫本文的文章——《中國文化研究芻議》，針對當時國人的文化研究方法提出了自己的看法。他認為：「從文化的根本觀念上研究，而解決東西文化，本來是一件很好的事，無奈他們對於文化的根本觀念上，沒有充分的瞭解，結果他們所謂以科學的分析去解決東西文化，也是不能使我們滿意的。」〔註92〕另外，他指出當下一些人所謂的西化，其實並不是真正意義上的西化，「我們以為設使中國而真西化了，中國老早趕上歐美，至少也趕上日本。無奈孫先生所說的西化，乃是我們只曉得享受的『西洋貨』，並非我們自己所創造的『西洋化』。我們自己不會造汽車，只會坐汽車，這樣叫做西洋化嗎？我們自己不會造汽船，只會乘汽船，這樣叫做西洋化嗎？」〔註93〕可見，在當時人的意識裏，所謂的西化只停留在「使用洋貨」的層面，並沒有認識到西化需要一個從頭到腳、脫胎換骨式的轉變。

最後，陳序經也對當時的亞洲文化協會所主張的「西洋文化是『物』的文化，而東方的文化是『人』的文化」進行了反駁。陳序經認為：「西洋的文化，不只是霸道的文化；而東方的文化，也不只是王道的文化。從我們的開國祖宗到現在，隨處都可以找出我們的霸道。……反之，在西洋從康德的永久和平到歐戰後的威爾遜的十四條款，國際聯盟，無非反抗霸道的主張。……

〔註91〕邱志華，陳序經學術論著〔C〕，杭州：浙江人民出版社，1998：45～47。
〔註92〕邱志華，陳序經學術論著〔C〕，杭州：浙江人民出版社，1998：49。
〔註93〕邱志華，陳序經學術論著〔C〕，杭州：浙江人民出版社，1998：51。

其實，所謂王道、霸道，從文化的全部看去，它只能算做文化的好多方面之一方面罷。」〔註94〕鑒於此，他認為持這一觀點的人「與其說他們是折衷派，還不如說他們是復古派，不過主張以西洋的霸道來救中國之弱。」〔註95〕

（2）對於復古論的批判

對於復古，陳序經認為它是「中國人的傳統思想，而且是中國思想上一個特點」。〔註96〕對於這一點，陳序經是深信不疑的，但是他並沒有指出中國人為什麼存有這種復古的心態。

中國思想為什麼要存有復古的情節，主要是緣於中國自古以來的封閉環境。從地理環境上看，中國東面及南邊是寬闊的海洋，東面是綿延起伏的高山，西北面是荒蕪的沙漠。這種地理環境對於現代人來講算不得什麼，但對於交通工具整體落後的中國古人來講，則是難以逾越的屏障。正是這難以逾越的屏障，造成了中國傳統文化的單向度思維，一直認為堯舜禹時期是中國的「大同」時代，而文、武、周公時期是中國的「小康」時代。所以對傳統的復歸便成為中國國人不變的心理情結。

然而 1840 年鴉片戰爭的爆發，打破了國人固步自封的狀態，第一次開始睜眼看世界。這才知道世界是這麼大，中國之於世界來講又是多麼落後。就是在這種情態下，才激起國人對西方文化的豔羨，並由之而起「全盤西化」。

陳序經指出：「滿清推倒以後，復古的運動，還是繼續不斷的發生。復古的運動，總是與尊孔的運動相連帶而來；所以尊孔就為復古，而復古也就是尊孔。」〔註97〕為什麼復古就要尊孔？陳序經指出：「孔子之所以能得到人君之若此重視，不外是由他之極力主張尊君。」「他（孔子）所謂『民可使由之，不可使知之』，『天下有道，庶人不議』，『不在其位，不謀其政』，均是專制君主的護身符，愚民政治的良劑。他做《春秋》正像董仲舒所說是屈民而伸君。君主既得孔家的言論的擁護，孔子又得了政治實力上的保護和宣傳，兩者相依，合而為一，結果是不但在政治數千年來的中國，變來變去，變不出一個專制政治的圈子，就是道德禮教以及人生生活上一切的標準，也逃不出了孔子所畫的圈子。」「到了後來，一般尊孔的人，像康有為一般，還把孔子來做

〔註94〕邱志華，陳序經學術論著〔C〕，杭州：浙江人民出版社，1998：53。
〔註95〕邱志華，陳序經學術論著〔C〕，杭州：浙江人民出版社，1998：52。
〔註96〕邱志華，陳序經學術論著〔C〕，杭州：浙江人民出版社，1998：54。
〔註97〕邱志華，陳序經學術論著〔C〕，杭州：浙江人民出版社，1998：59。

教主，而爲創造人類文化之始祖。」﹝註98﹞這裏，陳序經哀歎了中國文化的停滯不前，指出了時人主張尊孔的眞實目的。

另外，陳序經還就「中西學問兼通」但又「守舊最深，而主張復古最力者」﹝註99﹞——辜鴻銘的主張進行了批判。

他反對辜鴻銘所認爲的：文化是停滯不變，而且是產生在人類之先的東西。陳序經指出：「所謂文化不外是人類所創造的，文化既是人類所創造，那麼沒有人類就沒有文化。……辜先生以爲文化是固定的不變的，殊不知這麼一來，還能叫做什麼文化。」

除此，辜鴻銘所謂的「西洋人自從中世紀到現在之所賴以維持他們的社會安寧，而不致其文化衰落者，有了兩種勢力：一爲宗教，一爲法律。質言之，中世紀之歐洲文化，不外是基督教的聖經文化，而近代的歐洲文化，又不外是法律的文化。所以中世紀的社會能夠安寧，是由於歐洲人之畏懼上帝，而現代歐洲社會之安寧是由於他們之畏懼法律」﹝註100﹞，陳序經也進行批判。陳序經認爲：「中世紀之文化，既不是純粹的畏懼上帝的文化，現代之歐洲文化，更不是法律代表的文化。把法律這件東西來包括這麼繁雜的現代歐洲文化，那是太過於抹煞事實。難道辜先生看不見三百年來的西洋思想的解放的事實嗎？聽不到三百年來的科學的勢力嗎？想不到三百年來的政治經濟工商業的變遷和發展嗎？」﹝註101﹞

對於辜鴻銘的中國文化觀，陳序經也進行了批駁。辜鴻銘認爲中國文化包含三種要素，就是：中國的男子、中國的婦女、中國的語言。陳序經認爲：「我們這裏覺得很奇怪的，是他於男男女女之外，加了語言，而卻不加其他的文化要素，像科學、藝術、社會、制度，以及各種物質上的需要。語言是代表這些男男女女的觀念、動作和成就，難道這些東西就不是表示他們的觀念、動作和成就嗎？」﹝註102﹞

再者，辜鴻銘還認爲：「歐洲文化的最大缺點，是不能把這兩件東西來調和，他們一方面有了科學和藝術，一方面有了宗教和哲學——頭之於心靈，魂之於理性，沒有法子調和，所以唯一的救藥，是把孔子之道來代替。」

﹝註98﹞邱志華，陳序經學術論著﹝C﹞，杭州：浙江人民出版社，1998：141。
﹝註99﹞邱志華，陳序經學術論著﹝C﹞，杭州：浙江人民出版社，1998：151～152。
﹝註100﹞邱志華，陳序經學術論著﹝C﹞，杭州：浙江人民出版社，1998：158。
﹝註101﹞邱志華，陳序經學術論著﹝C﹞，杭州：浙江人民出版社，1998：159～160。
﹝註102﹞邱志華，陳序經學術論著﹝C﹞，杭州：浙江人民出版社，1998：161～162。

〔註103〕對此，陳序經反駁道：「孔子的思想裏，處處都現出矛盾來。比方《論語》所說的仁的道，是固定的，而《易‧繫辭》卻說易的道，是變動的。……器固是君子聖人所造，然而『君子不器』。這些的舉例，均是表明名義上他固然是說過『吾道一以貫之』，事實上卻是處處矛盾。孔子自己既免不了這種矛盾，難道還要把來解決西洋人的矛盾嗎？」〔註104〕

　　陳序經除去對辜鴻銘的文化觀進行了批駁外，對另外一個復古論的重要人物──梁漱溟也進行了評論。

　　1921 年，梁漱溟出版其論著──《東西文化及哲學》。在書中他指出當時時人對文化應持的態度是：「第一，要排斥印度的態度，絲毫不能容留；第二，對於西方文化是全盤承受，而根本改過，就是對其態度要改一改；第三，批評的把中國原來態度重新拿出來。」〔註105〕

　　梁漱溟把文化分為精神、社會和物質三個方面，認為這三個方面分別由印度文化、中國文化和西洋文化所代表，並認為從文化發展的秩序階級來看，西洋最高，中國次之，而印度又次之。對此，陳序經不解地問道：「試問梁先生所謂文化的發展的秩序和階級，是由西洋文化而進到中國文化，再由中國文化而進到印度，豈不是自相矛盾嗎？」〔註106〕

　　還有，梁漱溟認為：「西洋文化是以意欲向前要求的，中國文化以意欲調和持中的，而印度文化是以反身向後的。」對此，陳序經認為是「完全錯誤了意欲的真諦。意欲是無論何時何處，都是向前直赴的，它並不持中，也不退後，它正是像爐中的火，有了一點火焰，就有了一點熱度。它時時都是向前向上的赴，只有沒有火時，才沒有熱了。……同樣一切文化所走的途徑，都是以意欲向前要求的。」〔註107〕

2、全盤西化的理由

　　在陳述全盤西化的理由之前，陳序經回顧了近代國人對於西方文化進行學習的歷史。

　　陳序經認為：「中國終不能反弱為強者，由於國人不明白政治不外文化各

〔註103〕邱志華，陳序經學術論著〔C〕，杭州：浙江人民出版社，1998：165。

〔註104〕邱志華，陳序經學術論著〔C〕，杭州：浙江人民出版社，1998：165。

〔註105〕梁漱溟，東西文化及其哲學〔M〕，北京：商務印書館，1999：204。

〔註106〕邱志華，陳序經學術論著〔C〕，杭州：浙江人民出版社，1998：175。

〔註107〕邱志華，陳序經學術論著〔C〕，杭州：浙江人民出版社，1998：178。

方面之一方面，而且所謂民權者（指廣義而言），因爲欲遷就中國人之守舊頑固心理而求速效，於是穿鑿赴會，以爲民權之說，本我國數千年前固有制度。」〔註108〕以日本西化爲例，他借用俾士麥的話說：「中國和日本的競爭，日本必勝，中國必敗，因爲日本到歐洲來的人，討論各種學術，講求政治原理，謀回國做根本的改造；中國人到歐洲來的，只問某廠的船炮造得如何，價值如何，買了回去就算了。」〔註109〕

　　自西方景教進入中國到 19 世紀後期基督教在國內的蔓延，西方文化在傳教士的傳播下，逐漸大規模進入中國。陳序經認爲傳教士所帶來的文化與其說是在宗教方面，還不如說是在科學方面。他列舉了天文算術、兵器製造、教育、政治等等，認爲雖然中國在各方面都在進行著接受西化的過程，但是「不過三百年來的西化，終不見得中國的文化能夠和各國立於對抗的地位，是因爲中國人不願去誠心誠意來接受西洋文化的全部，而只求目前的部分的西洋文化」，這樣做的後果便是培養出一些「不中不西即中即西」學者，如梁啓超。對此，陳序經認爲：「其實，文化沒有東西之分，要是我們覺得人家的文化是高過我們，是適用過我們，我們去學人家，已恐做不到，何況還要把有限的光陰腦力，去穿鑽這已成陳迹的古董！」〔註110〕

　　通過對過往歷史的分析，陳序經道出了必須全盤西化的兩個理由：「（1）歐洲近代文化的確比我們進步得多。（2）西洋的現代文化，無論我們喜歡不喜歡，它是現世的趨勢。」〔註111〕

　　爲了說明第一個理由，陳序經將中國文化與西洋文化進行了對比，他分析說：「周秦時代的中國文化，比之古代希臘的文化，沒有什麼愧色，……漢統一以後，中國文化遂走入黑暗時代，然歐洲在中世紀的趨向，正像漢以後的中國。」〔註112〕雖然歐洲的中世紀與中國漢以後的文化相類似，但是二者還是存在著一定的區別的，區別就是歐洲的文化發展目的要高於中國。歐洲的文化爲了更好地與外界文化相接觸，不是固步自封，而是展開新局面。而中國文化自「三代」（指堯、舜、禹三代）以下，都自成一種系統，單調停滯，不願去學他人。鑒於此，陳序經不乏感歎地發問：「從東西文化發展上看去，

〔註108〕邱志華，陳序經學術論著〔C〕，杭州：浙江人民出版社，1998：74。
〔註109〕邱志華，陳序經學術論著〔C〕，杭州：浙江人民出版社，1998：81。
〔註110〕邱志華，陳序經學術論著〔C〕，杭州：浙江人民出版社，1998：83。
〔註111〕邱志華，陳序經學術論著〔C〕，杭州：浙江人民出版社，1998：83～84。
〔註112〕邱志華，陳序經學術論著〔C〕，杭州：浙江人民出版社，1998：84。

不但這兩三百年來，我們樣樣的進步，沒有人家這麼快，何況二三百年的西洋所佔的位置，已比我們好得多？文化本來是變化的，而且應時時變化，停而不變，還能叫做什麼化呢？」〔註113〕

對於全盤西化的第二個理由，陳序經斬釘截鐵地認為：「西洋文化是世界文化的趨勢。質言之：西洋文化在今日，就是世界文化。」〔註114〕他對比了美國印第安人與美國黑人的生活境況，以及中國黎人與苗人的歷史，並認為：「我們不要在這個世界生活則已，要是要了，則除了去適應這種趨勢外，只有束手待斃。……我們若不痛改前非，則後之視今，恐猶今之視昔。」〔註115〕

3、文化的發展賴於個人主義的發揮

在陳述了全盤西化的理由之後，陳序經指出了中西文化發展差異如此之大的原因。他認為：「西洋近代文化之所以能於三二百年內發展這麼快，主要是由於個性的發展，和個人主義的提倡。」〔註116〕

文化的發展，有賴於人的能動。陳序經認為個人主義是西洋文化發展的主要原因，他追溯西方文化發展的歷史，認為：「從歐洲的歷史來看，中世紀與希臘時代的文化，所以停滯而不發展，都是因個性受了壓抑，而沒有發展的可能。」由此，他認為：「同樣中國文化所以到這麼單調，這麼停滯，也是由於個性的束縛。」〔註117〕

陳序經認為中國文化之所以停滯、壓抑個性的發展，主要是由於孔子思想的存在，「因為了只有孔子的議論，而孔子的議論，又是偉人天造的議論，是排除異己的議論，所以除了孔子以外，沒有別的個性可以發展。結果是文化既沒有法子去跳出孔子的文化圈圍，個人主義在中國的歷史上，也沒有誕生的可能。」〔註118〕

對於中國文化史上「有沒有個人主義」，陳序經是持否定態度的，特別是對人們認為思想個性十足的楊朱與陳仲子。

陳序經認為楊朱「損一毫利天下，不與也」的態度是極端的為我主義，同時他又認為楊朱「恣耳之所欲聽，恣目之所欲視，恣鼻之所欲向，恣口之

〔註113〕邱志華，陳序經學術論著〔C〕，杭州：浙江人民出版社，1998：86。
〔註114〕邱志華，陳序經學術論著〔C〕，杭州：浙江人民出版社，1998：86。
〔註115〕邱志華，陳序經學術論著〔C〕，杭州：浙江人民出版社，1998：86。
〔註116〕邱志華，陳序經學術論著〔C〕，杭州：浙江人民出版社，1998：98。
〔註117〕邱志華，陳序經學術論著〔C〕，杭州：浙江人民出版社，1998：96。
〔註118〕邱志華，陳序經學術論著〔C〕，杭州：浙江人民出版社，1998：100。

所欲言，恣體之所欲安，恣意之所欲行」是一個典型的享受文化的惰人，就像「今日一般的盡量去享受西洋的洋樓、汽車，以及一切的生活便宜，而極端反對去創造這些生活上的便宜的需要。」〔註 119〕

對於陳仲子的學說，陳序經認為也是不能算作自由主義，「它只是一種消極的任我主張罷。消極的任我，也造不出文化來，因為他並不是積極將自己之所能盡量發展，而有所貢獻於文化。」〔註 120〕

在中國社會中，只要孔子思想的統治不剔除，就終不能培育出個人主義，「個人主義沒有法子去產生，中國文化的改變，至多只有皮毛的改變，沒有徹底的主張。……西洋文化之輸入，已有三百年的歷史，然中國仍照舊的不徹底去改革固有的弊病，而採用西洋文化，不外是中國人仍舊的醉生夢死於孔家的復古文化。」〔註 121〕

對於中國近代學人對西方個人主義的介紹，陳序經也有個人的看法。他認為嚴復之所以翻譯斯賓塞的《群學肄言》、密爾的《群己權界論》，其原因不外乎是對於排除異己的成見太深。而陳仲甫發表的《東西民族根本思想之差異》，以及胡適所撰寫的《易卜生主義》，也不能算是對個人主義的全面介紹。雖然對這二位的文章有些看法，但陳序經對這兩篇文章所取得的成績則是肯定的，「要是中國人而能盡力從這條路上做工夫，則將來的效益，當無限量。」然而，他又慨然道：「可惜中國人的傳統思想已深入腦髓，結果是輕輕的一針注射的個人主義，敵不住什麼堂皇的思想統一的注射，結果是我們仍是照舊的只會遊手好閒的享受西洋的汽車和洋樓，沒有自己有所振作的決心。假使我們而照舊的這樣做去，用不著日本費了出派兵艦之勞，我們自己不久總要賣身賣國來買西洋貨和日本貨，配不上來說什麼西洋化，或是日本化呵！」〔註 122〕

最後，陳序經總結說：「救治目前中國的危亡，我們不得不要全盤西洋化。但是徹底的全盤西洋化，是要徹底的打破中國的傳統思想的壟斷，而給個性以盡量發展其所能的機會。但是要盡量去發展個性的所能，以為改變文化的張本，則我們不得不提倡我們所覺得西洋近代文化的主力的個人主義。」〔註 123〕

〔註 119〕邱志華，陳序經學術論著〔C〕，杭州：浙江人民出版社，1998：101。
〔註 120〕邱志華，陳序經學術論著〔C〕，杭州：浙江人民出版社，1998：101。
〔註 121〕邱志華，陳序經學術論著〔C〕，杭州：浙江人民出版社，1998：101。
〔註 122〕邱志華，陳序經學術論著〔C〕，杭州：浙江人民出版社，1998：102。
〔註 123〕邱志華，陳序經學術論著〔C〕，杭州：浙江人民出版社，1998：102。

從對文化的重新界定，到對折衷派、復古派的批判，再到西化理由重點推出，最後到西方文化發展根源的挖掘，陳序經完成了其整個全盤西化理論的構建。

第四節　關於全盤西化觀的現代反省

距離「全盤西化」思潮的提出，距今已將近 80 多年。在 80 年代中，中國既沒有走繼續堅守儒家思想的老路，也沒有達到全盤西化的程度，而是走的是一條改革開放的新路。現在，我們回頭再看看這段歷史，再思忖思忖當時思想家的言語與行動，不免生出幾多感慨。

一、「全盤西化」思潮的理論價值

「全盤西化」思潮雖然從現代的角度來看，存在著諸多偏執與不可思議，但是對於當時的中國來講卻具有著不可小覷的理論價值，它是中國近現代文化史上的驚鴻一筆，為我們後人重新審視那段時光提供了一面歷史的鏡子。

1、它完成了近現代中國對於西方文明的全方位學習

從林則徐、魏源的開眼看世界開始，中國便開始了向西方學習的艱苦歷程，它經歷了從器物文明，到制度文明，再到文化文明的三個階段，這三個階段，可以說彼此相承、一個比一個艱辛。

從對器物文明的追求來看，思想家到朝廷政客在「中體西用」論的指導下，掀起了聲勢浩大的洋務運動。在這場運動中，我們看到了西方的科技文明，在引進西方器物文明的同時，設立了新式學堂。在這些新式學堂中，以及伴隨相生的留學生制度，中國培養了大批掌握西方近代科技的專門人才以及熟稔西方的外交人才。隨著洋務運動的深入，當時的先行者認識到了由於資金不足所帶來的行動上的桎梏，開始轉變傳統的「重農輕商」的觀念，創辦了中國近代化的現代工礦業。

但是這場聲勢浩大的洋務運動，並沒有為中國帶來近代的文明，隨著北洋水師的覆滅，洋務運動宣告破產。

在對洋務運動的反思中，人們認為洋務運動「變其甲而不變其乙，變其一不變其二，牽連相累，必至無成」〔註124〕。對此，梁啓超也認為：「中國之

〔註124〕中國史學會主編，戊戌變法（四）〔C〕，上海：神州國光社，1953：408。

言改革，三十年於此矣，然而不見改革之效，而徒增其弊何也？凡改革之事，必除舊與布新兩者用力相等，然後可有效也。苟不除舊而言布新，其勢必將舊政之積弊，悉移而納於新政之中，而新政反增其害矣。」〔註125〕洋務運動之所以不能「大變」、「全變」，主要是從根本上不敢觸動腐朽的封建制度，是「明知法敝不能不變，而卒不能變者，大率爲體制所拘，與天下賢士不接，故不能大變也」〔註126〕。

　　相比於第一階段，對於西方制度的移植是通過戊戌變法及辛亥革命完成的。

　　戊戌變法，是維新派借用羽翼漸豐的光緒帝的權威，以日本爲榜樣，向西方學習，試圖通過自上而下的變法維新，建立君主立憲的地主、資產階級聯合政權的政治改革運動。但是由於中國早期資產階級維新派的軟弱與妥協，缺乏反帝反封的決心，並對守舊派與列強抱有幻想，遠離民眾，最終只能歸於失敗。

　　辛亥革命雖然摒棄了維新派的幻想，推翻了腐朽的封建制度，建立資產階級民主政權──中華民國，但是其並沒有提出一個徹底的反帝反封綱領，不但幻想成立後的南京臨時政府能得到帝國主義的支持，沒有認清敵友，而且也沒有徹底否定封建土地所有制，失去了廣大民眾的支持。另外，辛亥革命雖然從形式上獲得了勝利，但民主共和的思想並沒有深入人心，沒有認識到：「共和政治，不是推翻皇帝，便算了事，國體改革，一切學術思想亦必同時改革，單換一塊共和招牌，而店中賣的還是那些皇帝『御用』的舊貨，決不能謂爲革命成功」，〔註127〕民主共和實際上只有其名而沒有其實，缺少資產階級先進文化的有力支持。

　　在經歷了兩次挫折之後，上世紀20～30年代的文化精英開始認識到中國之所以困頓不前，其主要原因是中國在文化上的落後，而這其中的關鍵點就是以孔孟爲代表的儒家文化的作祟。於是，他們開始從根本上否定中國傳統文化的民族性、合理性與傳承性，試圖用對西方文化的全盤吸收來實現中國文化上的自救。這種自救，來自於對本國傳統文化摧枯拉朽式的毀滅。不管這種對傳統文化摧枯拉朽式的毀滅合不合理，我們都能發現這其中思想家們

〔註125〕梁啓超，戊戌政變記〔M〕，北京：中華書局，1954：81。

〔註126〕梁啓超，戊戌政變記〔M〕，北京：中華書局，1954：83。

〔註127〕高一涵，非君師主義〔J〕，新青年，第5卷第6號。

的無奈與良苦用心。

　　對於任何一個民族來講，都不願去完全否定自己的文化而去接受外域文化，如滿清入關時著名的「雉法令」：「留頭不留髮，留髮不留頭。」有多少前朝的遺老、遺少們敢於挺身試法，甘願保住中原的束髮習慣，而不願淪為番夷臣民，提出「寧為束髮鬼，不作剃頭人」的口號，不惜「揚州十日」、「江陰三日」、「嘉定三屠」。而如今，思想家們提出「全盤西化」，可以想見他們是懷揣著多大的不情願與無奈啊！

　　從器物文明，到制度文明，再到文化文明，中國近現代仁人志士實現了對西方文明的全面認識，這種認識雖然是出於被動的無奈選擇，但是卻在很大程度上有利於後人對西方文明的審視、對傳統文化的揚棄。

2、突破了「天不變，道亦不變」的傳統思維方式

　　在儒家傳統的思維方式中，「天不變，到亦不變」一直是作為亙古不變的法則的。

　　「天不變，道亦不變」出自《漢書・董仲舒傳》。「道」是封建社會賴以生存的根本原理，其核心是三綱五常。「天」在中國傳統文化中有兩層含義，一是指自然意義上的「天」，另一種則是人格意義上的「天」，「天不變，道亦不變」中的天，無疑是屬於後一層意義。天是永恆的，按天意設計的封建社會之「道」，也應是亙古不變的。這種思維跟植入了董仲舒以後每一位賢達人士的內心。

　　進入近代之後，雖然自林則徐、魏源之後，洋務派們開啟了向西方學習的開關，但「道亦不變」仍然在起著作用，「中體西用」就是這一思維所結出的果實。

　　1861 年，馮桂芬在其所著的《校邠廬抗議》中就陳述了「中體西用」的思想。他認為：雖然「顧今之天下，非三代之天下比矣」，但是「如以中國之倫常名教為原本，輔以諸國富強之術，不更善之善者哉？」〔註128〕「天下」雖然變了，但「道」仍然堅不可摧。

　　與馮桂芬思想一致，薛福成在其 1885 年刊行的《籌洋芻議》中也認為：「今誠取西人器數之學，以衛吾堯、舜、湯、文、武、周、孔之道，俾西人不敢蔑視中華。」〔註129〕

〔註128〕《校邠廬抗議・採西學議》。
〔註129〕《籌洋芻議・變法篇》。

　　最後，張之洞在其《勸學篇》中系統地闡釋了何謂「中體西用」。他認爲：「四書、五經、中國史事、政書、地圖爲舊學，西政、西藝、西史爲新學。舊學爲體，新學爲用，不使偏廢。」〔註130〕

　　維新變法時期，雖然康梁等人引入了君主立憲制，但是仍然以儒家的「道」作爲指導思想。康有爲爲闡發其維新思想，撰寫《新學僞經考》、《孔子改制考》，借用儒家思想，尤其是孔孟思想，來闡發其維新變法思想，「民權共和之體，孔子創之，而孟子述之」〔註131〕，試圖用儒家經典爲其變法主張披上合法的外衣。

　　對於張之洞等人的「中體西用」論，康有爲也表達了自己的看法，他認爲：「夫中學體也，西學用也，無體不立，無用不行，二者相需，缺一不可。今世之學者，非偏於此即偏於彼，徒相水火，難成通才，推原其故，殆頗由取士之法歧而二之也。」〔註132〕雖然這裏，康有爲對於中學與西學沒有厚此薄彼之嫌，但是對於中學的眷戀之情則依然如故。

　　辛亥革命後，康有爲仍然對儒學之學耿耿於懷，他對辛亥革命後的社會批評道：「自共和以來，教化衰息，綱紀掃蕩，道揆凌夷，法守隳斁，家俗變易，蓋自羲、軒、堯、舜、禹、湯、文武、周、孔之道化，一旦而盡，人心風俗之害，五千年未有斯極。」他告誡說：「今欲救吾國人於洪水中，必先起道德之心。」「吾今敬告諸君子，諸君子欲不亡中國乎，必自誠自敬，尊孔子爲教主始也。」〔註133〕張東蓀對康有爲的觀點也表示認同，「知孔教確爲宗教，以孔教美足以挽回今日人心之墮落，且孔教所詮乃中國獨有之文明，數千年之結晶，已自然的爲國教矣。」〔註134〕可見，在以康有爲爲文化領袖的那一群人中，仍然在堅持「天不變，道亦不變」的觀點，即使這個「天」，已經是民國的「天」。

　　相對於守舊派，陳獨秀變「道」的決心十分堅決，在答俞頌華的信中，他指出：「其實孔子精華，乃在祖述儒家，組織有系統之倫理學說，宗教立學，皆非所長，其倫理學說，雖不可行之今世，而在宗法社會封建時代，誠屬名產，吾人所不滿意者，是其爲不適於現代社會之倫理學說，然猶支配今日之

〔註130〕《勸學篇·設學第三》。
〔註131〕《孟子微》。
〔註132〕湯志鈞編，康有爲政論集（上）〔C〕，北京：中華書局，1981：294。
〔註133〕韓達編，評孔紀年〔C〕，濟南：山東教育出版社，1985：6。
〔註134〕韓達編，評孔紀年〔C〕，濟南：山東教育出版社，1985：22。

人心，以爲文明改進之大阻力耳。且其說已成完全之系統，未可枝枝節節以圖改良，故不得不起而根本排斥之。蓋以其倫理學說，與現代思想及生活，絕無牽就調和之餘地也。」〔註135〕

陳序經爲倡導「全盤西化」批判了康有爲的做法，他認爲：「像康有爲一般，一方面讚美自由信徒之憲章，同時一方面又提倡以孔教爲國教配天的憲法。這種錯誤和矛盾，再推衍下去，便像我們僑居於人的殖民地的同胞，如在香港一般的孔教信徒們，坐著一九三三式汽車，住在重樓大廈的洋房，食著英法的大餐，而講著『賢哉回也，一簞食，一瓢飲，在陋巷。人不堪其憂，而回也不改其樂』的教訓。」他接著諷刺說：「我們覺得特別痛心疾首的，還是他們依著西洋文化和勢力的統治之下，而提倡復回孔子之道，而維持和苟延他們的生命。」〔註136〕

可見，「天不變，道亦不變」，在「全盤西化」思潮這裏是何等的荒謬！

二、中國近現代文明之路的當代啓示

如果說晚清之前中國對西方文明的瞭解與接觸還屬於零零星星的話，鴉片戰爭後的中國社會則被動地實現了對西方文明的全面接觸。由點到面，有局部到全面，不管你是否願意，總之在不到 100 年的時間裏，西方文明把中國連拉帶拽地拖進了自己的體系之中。自此，中國再也不是自認爲的世界文化的中心，夜郎自大的情懷逐漸被西方文明所震撼、所折服，在痛苦與抉擇中中國社會眞正開始了睜眼看世界！

從魏源的「師夷長技以制夷」、到洋務派的洋務運動，再到維新派的變法以及革命派的革命，最後到陳序經等人的全盤西化，這就是鴉片戰爭後近現代學人對於西方文明的體認與效法。如果再將其進行細化的話，還要加上利用西方宗教對抗清廷的太平天國運動和義和團運動。

在這個逐漸西化的過程中，中國認識到了西方文明相對於本國文明的進步，從開始視西方文明爲「奇技淫巧」，到最後的一切事物的西洋文明化，「西式禮帽是文明帽，手杖是文明棍，自行車是文明車，連火柴都是文明火。話劇是文明戲，我們的京劇叫舊戲。凡是西洋的東西都意味著文明，都意味著

〔註135〕韓達編，評孔紀年〔C〕，濟南：山東教育出版社，1985：6。
〔註136〕邱志華，陳序經學術論著〔C〕，杭州：浙江人民出版社，1998：150。

是需要我們學習的」〔註137〕，中國社會對於西洋文明「表面上」折服了。

為什麼說是「表面上」？我們對照一下鄰國日本的西化程度，便可知一斑了。

1853 年 7 月 8 日，美國海軍准將馬修‧佩裏以四艘鐵甲艦攻佔江戶，打開了日本的大門，並於次年與日本簽訂了《神奈川條約》，同意向美國開放長崎外的下田和函館兩個港口，並給予美國最惠國待遇等。1858，美國領銜，英國、俄國，法國、荷蘭與日本簽訂《安政五國條約》。自此，日本開始為西方列強所奴役。

1868 年 1 月 3 日，新繼位的睦仁親王（明治天皇）頒佈《王政復古大號令》，宣佈廢除幕府，令德川慶喜「辭官納地」。德川慶喜逃出京都，並集結軍隊展開內戰。1868 年 6 月德川慶喜敗走江戶。1869 年 6 月，天皇出征北海道，最後一個封建幕府政權被推翻，倒幕運動勝利。

1868 年 9 月江戶改名東京，10 月 23 日改年號為明治，1869 年 5 月 9 日遷都東京，頒佈一系列措施，開始了明治維新。明治維新作為一場新的社會變革，把日本帶入到了資本主義國家行列。

在社會文化方面，日本提倡學習西方社會文化及習慣，翻譯西方著作，改用太陽曆計日。

在社會建設方面，日本引進西方近代工業技術，改革土地制度，廢除各藩設立的管卡，統一貨幣，撤銷行會制度和壟斷組織。

教育方面，發展近代資產階級性質的義務教育，選派留學生到英、美、法、德等先進國家留學。

軍事方面，改革軍隊編制，陸軍參考德國訓練，海軍參考英國海軍編制。

交通方面，改善各地交通，興建新式鐵路、公路。到了 1914 年，全國鐵路總里程超過 7000 公里。

司法方面，仿傚西方制度，於 1882 年訂立法式刑法，於 1889 年訂立法、德混合式民事法，又於 1899 年訂立美式商法。

宗教方面，1873 年取消基督教傳教的禁令。

從上述所列來看，日本對於西方文化的接受與改造可以說是全方位的，另外這種全方位不是務虛的，而是務實的。經過 20 多年的發展，日本走上獨立發展的道路。這種「脫亞入歐」，使其分別在 1895 年和 1904～1905 年間，

〔註137〕張鳴，重說中國近代史〔M〕，北京：中國致公出版社，2014：6。

分別戰勝了中國和俄國，成爲稱雄一時的亞洲強國。

　　我們再回過頭來，看看西學東漸下的中國。

　　1842 年，魏源在林則徐《四洲志》的基礎上，完成《海國圖志》的撰寫，初版 50 卷於 1843 年 1 月在揚州刻印。1851 年，3 部《海國圖志》被偷渡到日本，被幕府官員及學者買去。此後，共計 15 部以同樣的方式流入日本，有的被官府徵用，有的流入市場，並且單冊價格到 1859 年上漲了 3 倍。而在國內，《海國圖志》卻無人問津。

　　洋務運動雖然在一定程度上加速了中國近代化的進程，但是官辦、官商合辦和官督商辦的企業運營模式最終限制了近代企業的發展；在鐵路建設方面，清政府在光緒七年之前一直採取拒之門外的策略，光緒七年才建成從唐山到胥各莊全長 22 里用於撿煤的鐵路，但可笑的是：不許用火車，只能用驢和馬進行拉車廂；另外在軍隊建設方面，雖然建立了北洋水師，也開辦了北洋水師學堂，訂購了鐵甲戰艦，修築了旅順和威海衛軍港，但是經費存在著嚴重的不足，每年的到賬額只有 170 餘萬，導致戰艦裝備落後的北洋水師在 1894 年 7 月爆發的甲午水戰中全軍覆沒以及 1895 年 4 月《馬關條約》的簽訂。

　　洋務運動之後，雖然以康、梁爲領袖的維新派引介了西方政治文明中的君主立憲制。康有爲以日本爲例，指出：「若夫日本，地域比我四川，人民僅吾十之一，而赫然變法，遂奸吾大國之師，割我遼、臺，償二萬萬。」〔註138〕他先後七次上書，力陳君主立憲制的必要與建設的詳細步驟。戊戌變法雖然最終失敗，但是繼續變法的事實卻是避免不了的。迫於壓力，1906 年清政府設立考察政治館，次年改建爲憲政編查館，後又設立諮議局和籌建資政院。然而，這些進步的舉動只是存在了「表面」，因爲這些機構不論是從人員組成，還是議事內容和程序，都是受制於皇帝，只是一個閉人耳目的御用機構。即使後來的中華民國的共和政體，也因爲表面上的拿來與移植，幾經波折，最後也是流於夭亡。

　　在司法方面，民國初年的一位法律人對晚清的司法改革做了精當的評析：「蓋今世列強，無論其國體何若、政體何若，而三權分立實已垂爲定制。中國舊時三權混合爲一，以皇帝一人握至高無上之權力，其關於司法事件類置於行政範圍以內，由行政官員自由辦理。治清季末年，居然覺悟仿列強通

〔註138〕湯志鈞編，康有爲政論集〔C〕，北京：中華書局，1981：222。

例，司法由行政內分出，遂爲司法獨立之動機。」〔註 139〕晚清政府雖然在司法方面於 1902 年開始變革，但是最終並沒有像鄰國日本那樣獲得成功，而是在腐敗的政治體制的牽絆下未能做到司法體制的眞正獨立，最終導致失敗。

從晚清與近代日本對於西方文明的態度來看，日本走的是一條「脫亞入歐」，脫胎換骨式的自強之路，而晚清政府走的則是一條步履蹣跚、一步一回頭、被動加無奈的自救之路。止是這種充滿痛苦的一步一彷徨，導致了中國近代的積貧積弱、處處挨打的政治現實。而又是因爲這樣的一個政治現實，導致了中國 20 世紀 20～40 年代全盤西化思潮的興起。

全盤西化的思潮割裂了傳統與現代的價值關聯，否定了文化的民族性與階級性，因此自其產生之而起，就遭到了來自各方面的批判。

那我們在當代如何對待西方文化以及其他的一切外來文明的呢？兩位影響中國至深的領袖爲我們給出了答案：

1940 年，毛澤東在《新民主主義論》中指出：「中國應該大量吸收外國的進步文化，作爲自己文化糧食的原料，這種工作過去還做得很不夠。這不但是當前的社會主義文化和新民主主義文化，還有外國的古代文化，例如各資本主義國家啓蒙時代的文化，凡屬我們今天用得著的東西，都該當吸收。」不過他又特別指出：「對於一切外國的東西，……決不能生吞活剝地毫無批判地吸收。所謂『全盤西化』的主張，乃是一種錯誤的觀點。」他接著指出：「形式主義地吸收外國的東西，在中國過去是吃過大虧的。中國共產主義者對於馬克思主義在中國的應用也是這樣，必須將馬克思主義的普遍眞理和中國革命的具體實踐完全地恰當地統一起來，就是說，和民族的特點相結合，經過一定的民族形式，才有用處，決不能主觀地公式地應用它。……中國文化應有自己的形式，這就是民族形式。民族的形式，新民主主義的內容 —— 這就是我們今天的新文化。」〔註 140〕

鄧小平則從社會主義現代化建設的道路出發，指出：「我們的現代化建設，必須從中國的實際出發。無論是革命還是建設，都要注意學習和借鑒外國經驗。但是，照抄照搬別國經驗、別國模式，從來不能得到成功。這方面我們有過不少教訓。把馬克思主義的普遍眞理同我國的具體實際結合起來，

〔註 139〕何勤華、李秀清主編，民國法學論文精粹‧訴訟法律篇（第 5 卷）〔C〕，北京：法律出版社，2004：451～452。
〔註 140〕毛澤東著作選編〔C〕，北京：中共中央黨校出版社，2002：184～185。

走自己的道路，建設有中國特色的社會主義，這就是我們總結長期歷史經驗得出的基本結論。」〔註141〕

〔註141〕鄧小平，鄧小平文選（第3卷）〔C〕，北京：人民出版社 1993：23

第七章　結　語

　　任何社會都是一個複雜的多面體，中國近現代社會也是一樣。由於中國近代社會特殊的政治、文化環境，導致了中國近代政治哲學有著自身的特點。

　　在中國近現代社會，功利主義政治哲學的發展雖然沒有像西方那樣形成一套完整的理論體系，但是這並不能抹殺它對於中國近現代化所起到的重要作用。可以說，正是在功利主義的推動下，中國近現代志士仁人才從學習西方的物質文明開始，走上了這條實現近現代化的不歸路。但是，有一點必須要指出的是，正是由於中國功利主義政治哲學自身理論的不完善，導致中國近現代政治哲學存在一定的理論缺憾。

　　其一，中國近現代政治哲學忽略了對人類政治生活普遍必然性的思考與追求。

　　就中國近現代政治哲學而言，它雖然在理論的各個方面都有所建樹，但是由於受到功利主義思維方式的影響，使它在極力追求功利效果的同時，忽視了對於「人類政治生活的普遍必然性」的思考與追求。這種對於「人類政治生活的普遍必然性」思考與追求的缺失，一方面導致了中國近現代政治哲學家們在思索具體問題時的理論偏差，而另一方面則導致了中國近代政治哲學在自身體系建構上，缺乏一種內在的理論靈魂作為其理論的軸心。

　　從中西方政治哲學的發展史來看，自很早的時候起，政治哲學家們便意識到了在現實的可感世界之外，還有一種被稱之為「普遍的必然性」的東西在影響著我們的這個世界，這種「普遍的必然性」不僅是現實一切事物發展的原因，而且也是一切事物夢想最終達到的目的。但是對於這種「普遍的必然性」具體為何，中西方政治哲學家們則莫衷一是。如古希臘的畢達哥拉斯

就曾把它稱之為「數」，柏拉圖稱之為「理念」，而亞里士多德則把它定名為「第一原因」。和西方一樣，中國政治哲學家們對這種「普遍的必然性」的思考也是在很早就已經起步了，如先秦的道家把它稱為「道」、兩宋的儒家把它稱之為「天理」。而對於我們目前而言，這種「普遍的必然性」，在認識論的意義上，就是我們經常說的「真理」；而在倫理學的意義上，它就是為我們不懈追求的「至善」。可見，這種「普遍的必然性」，不僅是人類社會政治生活的終極原因，而且也是人類社會政治生活須臾不可離開的法則。

對於中國近現代政治哲學而言，其理論欠缺的最大一點就是缺乏對於這種「人類政治生活的普遍必然性」的思考與追求，正是由於缺乏對於「人類政治生活的普遍必然性」的認識，致使近現代政治哲學家們在對於某一具體思想的進行分析時，出現了不必要地理論偏差，而這種理論偏差的集中表現，就在於對宋代理學的批判上。

誠然，我們承認宋代理學所倡導的「存天理、滅人欲」的理論論題存在著一定的偏執性，近代政治哲學家對其進行的一系列批判也有一定的道理，但是現在我們要問的是，宋代的理學家們為什麼認為：「飲食者，天理也，要求美味，人欲也」？〔註1〕為保存天理，就一定要滅除掉人欲嗎？難道他們就不懂得珍饈美味要比只能充饑的粗茶淡飯要可口得多？難道他們就不是血肉之軀？現在看來，問題的答案並不是像我們想像的那麼簡單。

現在，雖然宋代理學家們已先我們而作古，我們已不能面對面探問其中的究竟，但是有一點我們可以不必追問也能得到答案，這就是理學家們也是血肉之軀，也知道珍饈美味要比粗茶淡飯可口得多。那麼是什麼原因驅使他們放棄對這種人欲追求，而一味地強調天理呢？我想理學家們並不是要一概地否定人欲，而是要借助對這些人欲的否定，來達到建立一種「普遍的必然性」（即：天理）的標準。這個標準之所以要建立，主要原因就是想要在人類普遍行為之外確立一個準繩，以這個準繩來規範人們的政治行為，用朱熹自己的話來講就是：「斂然於規矩準繩不敢走作之中，而其自任以天下之重者，雖賁、育莫能奪也」。〔註2〕可見，宋代理學家們的主張，並不像我們有的學者〔註3〕所認為的那麼簡單。單從這一點來講，被近代學人稱之為聖人的一些

〔註1〕《朱子語類》，卷十三。
〔註2〕《陳亮集・寄陳同甫書（六）》。
〔註3〕如吳乃恭在其所著的《宋明理學》。中就講「理學中固然有迂腐和殘忍的思想，

學者，在思維水平上則遠沒有達到宋代理學家們的思維水平。

說到這裏，有一點也是我們必須要追問的，這就是：難道中國近代政治哲學家們就一點也沒有認識到這種「普遍的必然性」的意義嗎？如果他們已經認識到了，那麼他們的理論標準又是什麼呢？

要回答這個問題，我們不妨以康有為的人性論作為個案來進行分析。

我們知道，康有為繼宋代功利主義政治哲學家之後，進一步確立了自然人性論的理論價值。他不僅承認人性自然，而且還把西方的幸福、快樂觀引入人性之中，從而確立了近代人性論中西合璧的理論特色。因為人性自然，所以人欲（快樂）就不僅不再是被禁止的對象，而且它還成為了人們行為的目的，用康有為的話來講就是：「人者，智多而思深，慮遠而計久，既受樂於生前，更求永樂於死後；既受樂於體魄，更求永樂於神魂。」〔註4〕因為追求快樂成為了我們生活的目的，所以即使是聖人，也要「因人情之所樂而樂之」。〔註5〕

現在看來，如果快樂即是中國近代政治哲學家們所追求的「普遍的必然性」的話，那麼人類行為的標準又是什麼呢？對於這一點，康有為認為：「是非善惡皆由人生，公理亦由人定。我儀圖之，凡有害於人者則為非，無害於人者則為是。」〔註6〕可見，在康有為所確立的標準中，「人」無疑成為了判斷行為是非的標準。從表面上看，這種「人」的至上性，比宋代理學家們的「天理」，要親近得多。但是，我們要說，一種理論的價值高低與否，並不是取決於它與它所關心的主體貼近程度的遠近。從我們人類的思想長河來看，往往一種思想理論，越是和人貼近，其理論也就越沒有光澤。為什麼這樣說呢？這是因為一種理論思想越是離其理論主體接近，它受主體的主觀因素的影響也就越大，而當它漸漸為主體的實際需要所牽制的話，它就再也不能像先前那樣：在一定程度上，不偏不倚、沒有任何成見地來說明和解釋主體的問題了。因而從這一點上，我們認為康有為所確立的價值標準，雖然對我們

主要表現在：第一，以理殺人，如宣揚『餓死事小，失節事大』的貞節觀，反對寡婦再嫁……第三，宣揚『存天理，滅人欲』，實行『窒欲』的主敬方法，禁錮人們的身心」。（吳乃恭·宋明理學〔M〕，長春：吉林文史出版社，1994：6～7）。
〔註4〕康有為，大同書〔M〕，北京：華夏出版社，2002：10。
〔註5〕康有為，大同書〔M〕，北京：華夏出版社，2002：10。
〔註6〕康有為，大同書〔M〕，北京：華夏出版社，2002：331。

自身的親和力，要遠比理學家們枯燥的「天理」論要強得多，但是就其理論價值的大小來講，則要遜色得很多。

對於這一點，我們還可以從另外一個角度來闡釋。我們如果從理論的唯一性來衡量的話，宋明理學無疑堅持的是一元論，在他們的理論中，世界不是支離破碎的，而是統一的，正所謂：「宇宙之間，一理而已，天得之以為天，地得之以為地，而凡生於天地之間者，又各得之而為性。其張之為三綱，其紀之為五常，蓋皆此理之流行，無所適而不在。」〔註 7〕而對於康有為的理論，我們如果也從這一角度來衡量的話，其理論則存在著兩種可能。為什麼這樣說呢？這是因為在康有為的理論中，「人」既存在「特指」的可能，又存在「泛指」的可能。如果在康有為的理論中，「人」是「特指」，並且只是指君主的話，那麼康有為的快樂論便是一元論，所謂的快樂就是君主的快樂。但是這一點，就當時康有為的理論整體來講，可以肯定是不可能的，因為在當時，雖然他仍對皇權存有希冀，但是作為資產階級改良派，他已經認識到了必須提高民權的必要。而如果不是第一種可能的話，康有為的理論無疑堅持的是一種多元論。因為人有千萬，那麼每個人對於快樂的界定也就不可能是唯一。因為界定標準的不唯一，那麼我們就要問了，究竟哪一種快樂是我們所追求共同快樂呢？換句話講，哪一種快樂才是我們所追尋的「普遍的必然性」呢？無疑康有為是不能解答的，而且也是其解答不了的。

因為康有為心目中的「普遍必然性」是這麼得不確定，所以對其理論的攻訐，在當時也就不乏其一了。如當時的監察御史高賡恩就曾批評道：「近年以來，嗜西學者恐專言西學之難逃指斥也，因詭言中學為體西學為用，中學為本西學為末，以中學兼通西學乃為全才。此欺人之談也。如大逆康有為等，皆以中學兼通西學者，自應體用兼備，本末兼賅矣，稱全才矣。乃以所通之西學，變我祖法，亂我聖道，結黨謀叛，罪通於天。向使純務中學而不通西學，世間無此種全才，焉有此非常之禍！」〔註 8〕除此，曾在變法期間搖擺於新舊兩派之間的惲毓鼎，也在變法失敗之後指出：「向使今日者宋學盛行，異端不作，人習忠孝之訓，家傳禮義之型，士皆壹志聖賢，束身規矩，康有為雖逞其悖亂不經之論，早已不齒於公評，何至煽惑士林，從風響應哉！」〔註9〕

〔註 7〕 《朱文公文集・讀大紀》。

〔註 8〕 國家檔案局明清檔案館編，戊戌變法檔案史料〔M〕，北京：中華書局，1958：484。

〔註 9〕 國家檔案局明清檔案館編，戊戌變法檔案史料〔M〕，北京：中華書局，1958：

雖然對於宋學的眞正價値，這些守舊派們可能也不是準確地理解，但是從其對宋學的如此呵護來看，至少也從另一方面揭示了宋學相對於功利主義政治哲學具有著不可替代的理論價值。

其二，缺乏對公平、正義等價值理念的優先思考。

公平與正義，可以說是中西方政治哲學當中的核心問題，對於它們思考也已是由來已久。在西方，大致肇始於荷馬時代；而在中國，則是出現在百家爭鳴的先秦。

何爲公平，何爲正義？對於公平而言，作爲一個道德範疇，它「著重指待人處事中合乎人的正當情感和道義之理，是調節人們相互關係的一種行爲準則，是分配社會權利和義務時，必須遵循的價值尺度。」〔註10〕而正義，則是指「公共和普遍的善，使任何一部分服從於整體之善，並使整體有利於部分的維持；但排除任何有害於整體的部分的享樂。」〔註11〕簡單地講，正義就是爲了保持整體利益與個體利益相協調而必須遵守的一種道德原則。在現代政治學的意義上，正義不光是被用來評價人們行爲是否具有道德正當性，而且更多地表現在評價社會制度安排和公共權力行使的正當與否上。另外，在現代政治學領域當中，正義原則的貫徹，往往是與公平聯繫在一起的，用已故政治哲學家羅爾斯的話語來講，即是：作爲公平的正義。在這個界定當中，「正義原則是在一種公平的原初狀態中被一致同意的，或者說，意味著社會合作條件是在公平的條件下一致同意的，所達到的是一公平的契約，所產生的也將是一公平的結果。」〔註12〕

通過對公平、正義本身價值屬性的分析，我們可以看出，一個社會能否眞正貫徹公平、正義的理念，往往是一個社會能否得以正常運轉的最基本環節。而在中國近現代社會，雖然政治哲學家們對於國家的正常運轉進行了苦苦地分析與思考，但是對於公平、正義——這一維繫國家機器正常運轉的重要價值理念，不是沒有認識到，就是沒有受到重視。

506。

〔註10〕季明，社會主義道德建設的重要目標——效率與公平的統一〔N〕，人民日報，2002-01-31。

〔註11〕〔英〕亞當·弗格森·道德哲學原理〔M〕，孫飛宇、田耕譯〔M〕，上海：上海世紀出版集團，2003：71。

〔註12〕〔美〕羅爾斯，正義論（譯者前言）〔M〕，何懷宏等譯，北京：中國社會科學出版社，1988。7。

在中國近代，對於西方政治文明做過最早系統介紹的，則莫過於洋務運動行將結束之時的張之洞了。然而，張之洞在其所著的《勸學篇》中，雖然對西學做了詳細的界定，但是對於公平、正義──這一西方近代理論界一直在研究、探討的價值理念，則沒有予以必要地介紹。這其中的原因，一來可能就張之洞當時的理論能力來講，還認識不到公平、正義對於保持近代國家正常運轉的必要性；二來可能張之洞即使認識到了，但是因為它們與皇權至高尚性的牴牾，所以採取了必要的迴避策略。

對於張之洞而言，在他的心目中，西學只包括兩大部分：其一是「西政」，其二便是「西藝」。對於這二者的具體所指，張之洞曾做過這樣的概括，他認為：「西政」是指學校、地理、度支、賦稅、武備、律例、勸農工商；而「西藝」則是指：算、繪、礦、醫、聲、光。除此二者之外，一切西方的哲學、社會學，不僅不在他的視線之內，而且對於它們的有無也不能確定。

現在看來，如果說以張之洞為代表洋務派因為只注重對「西技」的學習，而無暇顧及對一些基本價值理念進行思考的話，那麼其後的維新派對之的忽視，則有些不應該了。有意思的是，歷史就是開了這麼一個玩笑。儘管維新人士對西方政治、文化，進行了大範圍的介紹與引進，但是在總體觀念中，公平、正義等價值觀念所佔的比重仍是微乎其微。

以康有為為例，雖然在他那充滿幻想及功利主義色彩的《大同書》中，對其理想中的「大同社會」進行了大膽的構建，並認為只要去「九界」，世界就可以進入「大同之世」。可以說，康有為的政治理想是相當完美的，然而理想的完美並不能代表著它具有實際的可操作性，這種政治理想的實現，是不能光光靠「去九界」就能獲得成功的，況且這「九界」的去除又是何等的不易。任何一個社會的維繫與發展，除了需要必要的政治建構之外，一些基本價值觀念對之的維繫也是不能或缺的，即使是將來進入無國家的時代，這些基本價值理念的作用也是不容忽視的。在當今，這些基本理念就是自由、民主、平等，以及建構在這些理念之上的公平和正義。

在《大同書》中，康有為雖然也對民主、平等等價值理念做了具體地描述，如「太平之世，人人平等，無有臣妾奴隸，無有君主統領，無有教主教皇」〔註13〕、「公政府只有議員，無行政官，無議長，無統領，更無帝王，大

〔註13〕康有為，大同書〔M〕，北京：華夏出版社，2002：334。

事從多數決之」〔註14〕、「公政府行政官即由上下議員公舉……其職號有差異，但於職事中行之，職事之外皆世界人，皆平等，無爵位之殊。」〔註15〕但是，康有為並不認為民主可以一蹴而就，他認為「由君主而民主可無一躍飛越之理」，必須 |合國漸進，君主漸廢」。〔註16〕可見，在康有為的內心深處，皇權仍舊佔據了很大的比重。住皇權為主的社會中，「民權」、「民主」能有多大的活動空間呢？答案不說也能夠明瞭。對於康有為的這種理論矛盾，後來的梁啓超已經有所認識，在《康有為傳》中，他講：「中國倡民權者以先生為首。然其言實施政策，則注重君權，……先生之議，謂當以君主之法，行民權之意，若夫民主制度，則期期以為不可」。〔註17〕

另外，在康有為的觀念中，平等也不是無條件的，他認為：「凡言平等者，必其物之才性、知識、形狀、體格有可以平等者，乃可以平等行之」，認為「夫欲合人類於平等大同，必自人類之形狀、體格相同始。」〔註18〕據此他認為，白人是優良人種，黑人是劣等人種，認為要想進入大同之世，後者必須改種進化。可見，康有為的平等，也並非眞正意義上的平等。

既然民主須有君權的限制、平等也須在同一種族（白人與黃人〔註19〕）之內施行，那麼對於建立於民主、平等之上的公平、正義，其命運便可想而知了。

戊戌變法之後，以孫中山為領袖的資產階級革命派，雖然在隆隆的炮聲中結束了滿清王朝的腐朽統治，並且還建立了中國歷史上第一個民主政權——中華民國，但是建立後的中華民國，同樣也沒有對公平、正義等理念做出必要地思考，他們所想的仍然是如何盡快地實現獨立富強的功利目的。

如在《建國大綱》中，孫中山就明確表示：「建設之首要在民生，故對於全國人民之食衣住行四大需要，政府當與人民協力共謀農業之發展，以足民食；共謀織造之發展，以裕民衣；建築大計劃之各式屋舍，以樂民居；修治道路、運河，以利民行。」〔註20〕記得英國著名社會學家和哲學家倫納德·

〔註14〕康有為，大同書〔M〕，北京：華夏出版社，2002：117。
〔註15〕康有為，大同書〔M〕，北京：華夏出版社，2002：331。
〔註16〕康有為，大同書〔M〕，北京：華夏出版社，2002：331。
〔註17〕《南海康先生傳·康南海之中國政策》。
〔註18〕康有為，大同書〔M〕，北京：華夏出版社，2002：145。
〔註19〕康有為認為：「當千數百年，黃人既與白人化為一矣」。（康有為，大同書〔M〕，北京：華夏出版社，2002：148）。
〔註20〕《孫中山選集·建國大綱》。

特里勞尼・霍布豪斯，有過這樣的一句話，很是值得我們思考，霍布豪斯認為：「國家的職責是爲公民創造條件，使他們能夠依靠本身努力獲得充分公民效率所需要的一切。國家的義務不是爲公民提供食物，給他們房子住或衣服穿。國家的義務是創造這樣一些經濟條件，使身心沒有缺陷的正常人能通過有用的勞動使他自己和他的家庭有食物吃，有房子住和有衣服穿。」〔註21〕對於「個別的工人」（即普通公民）來講，「他要求的不是慈善，而是公正」。〔註22〕這也就是說，國家的首要職責不是如何施捨，而是如何有效地維護公平、正義。只有率先做到了對公平、正義等價值理念的樹立與維護，公民的合法權利才有可能切實得到保障。對於這一點，新政權的主要建設者孫中山恰恰沒有重視。在他意識中，只要民眾在衣食住行上無憂，國家也就進入了至治的狀態。殊不知至治的社會狀態，不僅表現在民眾切實生活的無憂，而且更表現在對於維護社會正常運轉的相關價值理念的健全。

　　以上兩點，既可以說是中國近代政治哲學的兩大缺失，也可以說是其的兩大特點。而爲什麼會造就這兩大特點呢？究其原因，可能給有以下兩點原因：

　　一點原因就是在中國政治哲學的傳統中，自古就缺少形而上學的哲學思維方式，因而造成政治哲學家們理論的提出，不是出於對身邊具體事例的總結，就是求助於歷史傳統，並且到了近代這種思維方式仍然在起著作用。如魏源在論證「西技」並非「淫巧」時，就是在搜尋歷史中完成的，他認爲「古之聖人，刳舟剡楫以濟不通，弦弧剡矢以威天下，亦豈非形器之末？而《暌》、《渙》取諸《易》象，射御登諸『六藝』，豈火輪火器不等於射御乎？指南製自周公，挈壺創自《周禮》，有用之物，即奇技淫巧。」〔註23〕另外，就維新領袖康有爲來講，其平等觀的提出，則直接是來自於其對現實事實的總結，他認爲人與人之間之所以平等，不在於人人都是社會的必不可少的組成單位，而是在於人人「均是圓顱方趾之人」。〔註24〕所以，可以想見，靠這種簡單地經驗式的思維方式去理解近代西方抽象的價值理念，其結果會是怎麼樣。

　　而另一點，則完全是中國近代的政治歷史環境造成的。對於中國近代政

〔註21〕〔英〕霍布豪斯：自由主義〔M〕，朱曾汶譯，北京：商務印書館，1996：80。
〔註22〕〔英〕霍布豪斯：自由主義〔M〕，朱曾汶譯，北京：商務印書館，1996：81。
〔註23〕《海國圖志・籌海篇三》。
〔註24〕康有爲，大同書〔M〕，北京：華夏出版社，2002：22。

治哲學家而言，他們不可能完全跳出他們所身處的時代，去思考與現實無直接關係的東西。因而，在社會政治哲學的大前提下，中國近代政治哲學便直接地把如何實現富國強兵作爲了自己理論研究的焦點，而與這一功利目的無直接關聯的其他東西則自然而然地等而次之了。

參考書目

一、中國古、近代典籍

1. 《國語正義》。
2. 《老子‧莊子‧列子》。
3. 《周禮‧儀禮‧禮記》。
4. 《論語》。
5. 《尚書》。
6. 《周易》。
7. 《孟子》。
8. 《荀子》。
9. 《四書集注》。
10. 《墨子》。
11. 《商君書》。
12. 《韓非子》。
13. 《春秋繁露》。
14. 《左傳》。
15. 《漢書》。
16. 《貞觀政要》。
17. 《昌黎先生集》。
18. 《韓愈全集》。
19. 《周子通書》。

20. 《張子正蒙》。

21. 《二程集》。

22. 《晦庵先生朱文公文集》。

23. 《李覯集》。

24. 《王文公文集》。

25. 《臨川先生文集》。

26. 《習學記言序目》。

27. 《葉適集》。

28. 《陳亮集》。

29. 《宋元學案》。

30. 《王弼集校釋》。

31. 《抱朴子》。

32. 《王陽明全集》。

33. 《藏書》。

34. 《潛書》。

35. 《二曲集》。

36. 《皇朝經世文編》。

37. 《龔自珍全集》。

38. 《魏源集》。

39. 《增廣海國圖志》。

40. 《聖武記》。

41. 《安吳四種》。

42. 《瀛環志略》。

43. 《東溟文集》。

44. 《籌辦夷務始末（咸豐朝）》。

45. 《籌辦夷務始末（同治朝）》。

46. 《校邠廬抗議》。

47. 《初使泰西記》。

48. 《海防要覽》。

49. 《不得已》。

50. 《佐治芻言》。

51. 《曾文正公文集》。

52. 《李文忠公全集》。

53. 《左文襄公文集》。

54. 《劉光祿遺稿》。

55. 《郭嵩燾日記》。

56. 《薛福成選集》。

57. 《盛世危言》。

58. 《弢園文錄外編》。

59. 《張文襄公全集》。

60. 《勸學篇》。

61. 《新政真詮》。

62. 《康有為政論集》。

63. 《康有為全集》。

64. 《孟子微》。

65. 《長興學記・桂學答問・萬木草堂口說》。

66. 《春秋董氏學》。

67. 《南海康先生口說》。

68. 《大同書》。

69. 《戊戌變法前後康有為遺稿》。

70. 《物資救國論》。

71. 《歐洲十一國遊記》。

72. 《日本變政考》。

73. 《日本書目志》。

74. 《康南海自編年譜；外二種》。

75. 《飲冰室合集》。

76. 《變法通議》。

77. 《中國近三百年學術史》。

78. 《中國歷史研究法（外二種）》。

79. 《譚嗣同全集》。

80. 《嚴復集》。

81. 《政治講義》。

82. 《天演論》。

83. 《群己權界論》。

84. 《孟德斯鳩法意》。

85. 《孟德斯鳩法意》。

86. 《梟實子存稿》。

87. 《張靖達公奏議》。

88. 《陳熾集》。

89. 《采風記》。

90. 《澗河日記》。

91. 《孫中山全集》。

92. 《建國方略》。

93. 《革命軍》。

94. 《警世鐘　猛回頭》。

二、西方近代經典

1. 〔英〕洛克，人類理解論〔M〕，關文運譯，北京：商務印書館，1959。

2. 〔英〕洛克，政府論（下篇）〔M〕，葉啓芳、瞿菊農譯，北京：商務印書館，1964。

3. 〔英〕亞當‧斯密，道德情操論〔M〕，蔣自強等譯，北京：商務印書館，1997。

4. 〔英〕休謨，人性論〔M〕，關文運譯，北京：商務印書館，1980。

5. 〔英〕霍布斯，利維坦〔M〕，黎思復、黎廷弼譯，北京：商務印書館，1985。

6. 〔英〕休謨，道德原則研究〔M〕，曾曉平譯，北京：商務印書館，2001。

7. 〔英〕邊沁，道德與立法原理導論〔M〕，時殷弘譯，北京：商務印書館，2002。

8. 〔英〕邊沁，政府片論〔M〕，沈叔平等譯，北京：商務印書館，1995。

9. 〔英〕約翰‧密爾，功用主義〔M〕，唐鉞譯，北京：商務印書館，1957。

10. 〔英〕約翰‧密爾，論自由〔M〕，程崇華譯，北京：商務印書館，1959。

11. 〔英〕約翰‧密爾，代議制政府〔M〕，汪瑄譯，北京：商務印書館，1982。

12. 〔法〕盧梭，社會契約論〔M〕，何兆武譯，北京：商務印書館，1980。

13. 〔法〕孟德斯鳩，孟德斯鳩法意〔M〕，嚴復譯，北京：商務印書館，1981。

14. 〔意〕尼科洛‧馬基雅維裏，君主論〔M〕，潘漢典譯，北京：商務印書館，1985。

15. 〔荷〕斯賓諾莎，政治論〔M〕，馮炳昆譯，北京：商務印書館，1999。

16. 〔美〕吉爾伯特，馬基雅維利主要著作及其它〔M〕，北卡羅來納州，1965。

17. 〔德〕黑格爾，哲學史講演錄〔M〕，賀麟譯，北京：商務印書館，1978。

18. 〔德〕黑格爾，法哲學原理〔M〕，汪宣譯，北京：商務印書館，1961。

19. 〔德〕馬克思、恩格斯，馬克思恩格斯選集〔M〕，北京：人民出版社，1995。

20. 〔德〕馬克思、恩格斯，馬克思恩格斯全集〔M〕，北京：人民出版社，1961。

21. 〔蘇〕列寧，列寧全集〔M〕，北京：人民出版社，1988。

三、中國現當代著作

1. 徐大同，西方政治哲學史〔M〕，天津：天津人民出版社，1985。

2. 寶成關，西方文化與中國社會——西學東漸史論〔M〕，長春：吉林教育出版社，1994。

3. 寶成關，西潮與回應——近四百年思想嬗替研究〔C〕，長春：吉林人民出版社，2004。

4. 王彩波，西方政治哲學史——從柏拉圖到約翰‧密爾〔M〕，北京：中國社會科學出版社，2004。

5. 孫曉春：《中國傳統政治哲學》（上卷）〔M〕，長春：吉林人民出版社，2003。

6. 孫曉春：《中國政治哲學史論〔M〕，長春：吉林人民出版社，2002。

7. 孫曉春編，宋元政治思想史〔M〕，北京：中國人民大學出版社，2014。

8. 朱日耀主編，中國古代政治哲學史〔M〕，長春：吉林大學出版社，1988。

9. 曹德本主編，中國政治哲學史〔M〕，北京：高等教育出版社，1999。

10. 朱日耀、曹德本、孫曉春，中國傳統政治文化的現代思考〔M〕，長春：吉林大學出版社，1990。

11. 朱日耀、孫曉春等，論中國傳統政治文化〔C〕，長春：吉林大學出版社，1987。

12. 王國良，明清時期儒學核心價值的轉換〔M〕，合肥：安徽大學出版社，2002。

13. 徐復觀，中國人性論史‧先秦篇〔M〕，上海：上海三聯書店，2001。

14. 李維武，徐復觀文集〔M〕，武漢：湖北人民出版社，2002。

15. 郭沫若，郭沫若全集‧考古編第 1 卷〔M〕，北京：科學出版社，1982。

16. 李劍農，中國近百年政治史〔M〕，上海：復旦大學出版社，2002。

17. 胡繩，帝國主義與中國政治〔M〕，北京：人民出版社，1996。

18. 范文瀾，中國近代史〔M〕，北京：人民出版社，1952。

19. 張傳開、汪傳發，義利之間——中國傳統文化中的義利觀之演變〔M〕，南京：南京大學出版社，1997。

20. 陳慶坤主編，中國哲學史通〔M〕，長春：吉林大學出版社，1999。

21. 張岱年，中國哲學大綱〔M〕，北京：中國社會科學出版社，1982。

22. 李澤厚，中國思想史論〔M〕，北京：人民出版社，1979。

23. 余英時，中國思想傳統的現代詮釋〔M〕，南京：江蘇人民出版社，2003。

24. 王爾敏，中國近代思想史論〔M〕，北京：社會科學文獻出版社，2003。

25. 劉健清、李振亞，中國近代政治哲學史〔M〕，天津：南開大學出版社，1994。

26. 馮友蘭、任繼愈，中國近代思想史論文集〔C〕，上海：上海人民出版社，1958。

27. 中國科學院哲學研究所中國哲學史組，中國歷代哲學文選〔C〕，北京：中華書局，1963。

28. 石峻，中國近代思想史參考資料簡編〔M〕，上海：生活・讀書・新知三聯書店，1957。

29. 馮友蘭，中國哲學史新編〔M〕，北京：人民出版社，1999。

30. 姜法曾，中國倫理學史略〔M〕，北京：中華書局，1991。

31. 王先明，近代新學——中國傳統學術文化的嬗變與重構〔M〕，北京：商務印書館，2000。

32. 郭漢民，晚清社會思潮研究〔M〕，北京：中國社會科學出版社，2003。

33. 喻大華，晚清文化保守思潮研究〔M〕，北京：人民出版社，2001。

34. 陳國慶，晚清新學史論〔M〕，西安：三秦出版社，2003。

35. 馮天瑜、黃長義，晚清經世實學〔M〕，上海：上海社會科學院出版社，2002。

36. 張躍，致富論——中國古代義利思想的歷史發展及其對日本義利觀的影響〔M〕，北京：中國社會科學出版社，2001。

37. 朱維錚、龍應台，維新舊夢錄——戊戌前百年中國的「自改革」運動〔M〕，上海：生活・讀書・新知三聯書店，2000。

38. 黃建中，比較倫理學〔M〕，濟南：山東人民出版社，1998。

39. 熊月之，中國近代民主思想史〔M〕，上海：上海人民出版社，1986。

40. 馮契，中國近代哲學的革命進程〔M〕，上海：華東師範大學出版社，1997。

41. 張豈之、陳國慶，近代倫理思想的變遷〔M〕，北京：中華書局，2000。

42. 陳少峰，中國倫理學史〔M〕，北京：北京大學出版社，1997。

43. 陳慶坤，中國近代啟蒙哲學〔M〕，長春：吉林出版社，1988。

44. 湯志鈞，戊戌變法史（修訂本）〔M〕，上海：上海社會科學院出版社，2003。

45. 昌切，清末民初的思想主脈〔M〕，北京：東方出版社，1999。

46. 劉志琴，近代中國社會文化變遷錄〔M〕，杭州：浙江人民出版社，1998。

47. 戴衛孫，功利主義派之政治哲學〔M〕，嚴恩椿譯，北京：商務印書館發行（出版日期不詳）。

48. 張立文，中國哲學邏輯結構論〔M〕，北京：中國社會科學出版社，2002。

49. 漆俠，宋學的發展和演變〔M〕，石家莊：河北人民出版社，2002。

50. 周輔成編，西方著名倫理學家評傳〔M〕，上海：上海人民出版社，1987。

51. 周輔成編，西方倫理學名著選輯〔M〕，北京：商務印書館出版，1964。

52. 周輔成編，從文藝復興到十九世紀資產階級哲學家有關人道主義人性論選輯〔M〕，北京：商務印書館，1966。

53. 馬嘯原，西方政治哲學史綱〔M〕，北京：高等教育出版社，1997。

54. 張桂琳，西方政治哲學——從古希臘到當代〔M〕，北京：中國政法大學出版社，1999。

55. 胡濱主編，西方文化與近代中國〔M〕，長春：吉林文史出版社，1995。

56. 方朝暉，「中學」與「西學」——重新解讀現代中國學術史〔M〕，石家莊：河北大學出版社，2002。

57. 楊適，中西人論的衝突——文化比較的一種新探求〔M〕，北京：中國人民大學出版社，1998。

58. 丁偉志、陳崧，中西體用之間〔M〕，北京：中國社會科學出版社，1995。

59. 謝善元，李覯之生平及思想〔M〕，北京：中華書局，1988。

60. 董平、劉宏章，陳亮評傳〔M〕，南京：南京大學出版社，1996。

61. 鄭振鐸編，晚清文選〔M〕，北京：中國社會科學出版社，2002。

62. 北京師範大學歷史學中國近代史組，中國近代史資料選編〔M〕，北京：中華書局，1977。

63. 鄭振鐸編，晚清文選〔M〕，北京：中國社會科學出版社，2002。

64. 丁山，中國古代宗教與神話考〔M〕，上海：上海文藝出版社，1988。

65. 李孝定編述，甲骨文集釋〔M〕，臺灣中央研究院歷史語言所，1970。

66. 李瑚，魏源研究〔M〕，北京：朝華出版社，2002。

67. 蕭一山，清代通史〔M〕，北京：中華書局，1986。

68. 何金彝、馬洪林，大儒列傳：康有為〔M〕，長春：吉林文史出版社，1997。

69. 黃正雨，康有為讀書生涯〔M〕，武漢：長江文藝出版社，1997。

70. 劉善章，康有為研究論集〔M〕，青島：青島出版社，1998。

71. 洪治綱主編，梁啓超經典文存〔M〕，上海：上海大學出版社，2003。

72. 方志欽、劉斯奮編著，梁啓超詩文選〔M〕，廣州：廣東人民出版社，1983。

73. 范忠信選編，梁啓超法學文集〔M〕，北京：中國政法大學出版社，2000。

74. 葛懋春、蔣俊編選，梁啓超哲學思想論文選〔M〕，北京：北京大學出版社，1984。

75. 王心裁，梁啓超讀書生涯〔M〕，廣州：長江文藝出版社，1998。

76. 鍾珍維、萬發雲，梁啓超思想研究〔M〕，海口：海南人民出版社，1986。

77. 黃克武，自由的所以然 —— 嚴復對約翰・彌爾自由思想的認識與批判〔M〕，上海：上海書店出版社，2000。

78. 張志建，嚴復學術思想研究〔M〕，北京：商務印書館國際有限公司，1995。

79. 肖萬源，孫中山哲學思想〔M〕，北京：中國社會科學出版社，1981。

80. 中國慈惠弘道會暨慈惠堂恭輯，新儒學四象五行之混析與義利之辨〔M〕，1989。

81. 龔群，當代西方道義論與功利主義研究〔M〕，北京：中國人民大學出版社，2002。

82. 顧肅，自由主義基本理念〔M〕，北京：中央編譯出版社，2003。

83. 章海山，西方倫理思想史〔M〕，瀋陽：遼寧人民出版社，1984。

84. 羅國傑、宋希仁編著，西方倫理思想史〔M〕，北京：中國人民大學出版社，1985。

85. 王潤生，西方功利主義倫理學〔M〕，北京：中國社會科學出版社，1986。

86. 牛京輝，英國功用主義倫理思想研究〔M〕，北京：人民出版社，2002。

87. 英奇，從自由主義到後自由主義〔M〕，上海：生活・讀書・新知三聯書店，2003。

88. 北京大學哲學系外國哲學史教研室編譯，古希臘羅馬哲學〔M〕，上海：三聯書店，1957。

89. 胡適，胡適文集（1～4卷）〔M〕，廣州：花城出版社，2013。

90. 邱志華，陳序經學術論著〔M〕。

91. 張鳴，重說中國近代史〔M〕，北京：中國致公出版社，2014。

四、西方現當代著作：

1. 〔美〕蕭公權，康有爲思想研究〔M〕，汪榮祖譯，臺北經聯出版事業公司，1988。

2. 〔美〕蕭公權，近代中國與新世界：康有爲變法與大同思想研究〔M〕，南京：江蘇人民出版社，1997。

3. 〔美〕張灝，梁啓超與中國思想的過渡（1890～1907）〔M〕，南京：江蘇人民出版社，1993。

4. 〔美〕本傑明・史華慈，尋求富強：嚴復與西方〔M〕，南京：江蘇人民

出版社，1989。

5. 〔美〕弗蘭克・梯利，倫理學導論〔M〕，何意譯，南寧：廣西師範大學出版社，2002。

6. 〔美〕喬治・愛德華・摩爾，倫理學原理〔M〕，長河譯，上海：上海人民出版社，2003。

7. 〔美〕弗蘭克・梯利，西方哲學史〔M〕，葛力譯，北京：商務印書館，1995。

8. 〔美〕約翰・羅爾斯，正義論〔M〕，何懷宏、何包鋼、廖申白譯，北京：中國社會科學出版社，1988。

9. 〔美〕威爾・杜蘭特，世界文明史〔M〕，臺灣幼獅文化出版社，1998。

10. 〔美〕威廉・K・弗蘭克納，善的求索——道德哲學導論〔M〕，黃偉合、包連宗、馬莉譯，瀋陽：遼寧人民出版社，1987。

11. 〔德〕E・策勒爾，古希臘哲學史綱〔M〕，翁紹軍譯，濟南：山東人民出版社，1992。

12. 〔德〕石里克，倫理學問題〔M〕，張國珍、趙又春譯，北京：商務印書館，1997。

13. 〔德〕恩斯特・卡西爾，人論〔M〕，甘陽譯，上海：上海譯文出版社，1985。

14. 〔德〕那特磕，政治學〔M〕，（清）馮自由譯，上海：上海廣智書局，1903。

15. 〔英〕厄奈斯特・巴克，希臘政治理論——柏拉圖及其前人〔M〕，盧華萍譯，長春：吉林人民出版社，2003。

16. 〔英〕約翰・鄧恩編，民主的歷程〔M〕，林猛譯，長春：吉林人民出版社，1999。

17. 〔英〕羅素，西方哲學史〔M〕，馬元德譯，北京：商務印書館，1976。

18. 〔英〕布倫達・阿爾蒙德，探索倫理學〔M〕，劉餘莉、楊宗元譯，北京：中國社會科學出版社，2002。

19. 〔英〕亨利・西季威克，倫理學方法〔M〕，廖申白譯，北京：中國社會科學出版社，1993。

20. 〔英〕亞當・弗格森，道德哲學原理〔M〕，孫飛宇、田耕譯，上海：上海人民出版社，2003。

21. 〔英〕邁克爾・H・萊斯諾夫，二十世紀的政治哲學家〔M〕，馮克利譯，北京：商務印書館，2001。

22. 〔英〕霍布豪斯，自由主義〔M〕，朱曾汶譯，北京：商務印書館，1996。

23. 〔澳〕斯馬特、〔英〕威廉斯，功利主義：贊成與反對〔M〕，牟斌譯，北京：中國社會科學出版社，1992。

五、參考論文

1. 方克立，論中國哲學中的體用範疇〔J〕，中國社會科學，1984（5）。

2. 馬春慶，郭嵩燾思想評價〔J〕，文史哲，1987（4）。

3. 張榮華，功利主義在中國的歷史命運〔J〕，復旦學報（社會科學版），1987（6）。

4. 鄧廣銘，朱陳論辨中陳亮王霸義利觀的確解〔J〕，北京大學學報（哲學社會科學版），1990（2）。

5. 孫曉春，王霸義利之辯述論〔J〕，吉林大學社會科學學報，1992（3）。

6. 天祥，「中體西用」與傳統文化的近代轉化〔J〕，天津社會科學，1993（3）。

7. 鍾陵，陳亮朱熹的王霸義利論辯與南宋儒學派之爭〔J〕，南京師大學報（社會科學版），1993（1）。

8. 湯奇學，李鴻章的自強價值觀念及其價值〔J〕，安徽史學，1994（1）。

9. 張良俊，試論郭嵩燾學習西方的思想〔J〕，安徽史學，1994（4）。

10. 歐陽躍峰，張之洞洋務思想論析〔J〕，安徽史學，1994（4）。

11. 丁偉志，「中體西用」論在洋務運動時期的形成與發展〔J〕，中國社會科學，1994（1）。

12. 戚其章，從「中本西末」到「中體西用」〔J〕，中國社會科學，1995（1）。

13. 劉劍君，西學東漸與中國近代政治文化的變遷〔J〕，天津社會科學，1996（4）。

14. 張積家，康有為人性論思想研究〔J〕，心理學報，1996（1）。

15. 江雪蓮，宋明理學義利理欲之辯的實質〔J〕，華南師範大學學報（社會科學版），1998（4）。

16. 郝宴榮，「中體西用」與晚清意識形態〔J〕，河北學刊，1998（3）。

17. 王繼平，論近代中國的文化折衷主義〔J〕，中國近代史，1998（2）。

18. 戴桂斌，功利主義述評〔J〕，湖北師範學院學報（哲學社會科學版），1999（3）。

19. 呂濱，梁啟超的功利主義倫理觀〔J〕，江西師範大學學報（哲學社會科學版），2000（3）。

20. 張周志，論中國近代以來功利主義的致思〔J〕，寶雞文理學院學報（社會科學版），2000（4）。

21. 肖鳳良、伍世文，邊沁與穆勒的功利主義思想之比較〔J〕，廣東農工商管理幹部學院學報，2000（4）。

22. 張應凱，論康有為的自然人性論及其啟蒙作用〔J〕，培訓與研究——湖北教育學院學報，2001（1）。

23. 黃斌、張中秋,簡論邊沁的功利思想及法律改革〔J〕,南京社會科學,2002（3）。

24. 魏英敏,功利論‧道義論與馬克思主義倫理學〔J〕,倫理學,2003（2）。

25. 王東,五四新文化運動若干問題辨析〔J〕,哲學動態,1999（4）。

26. 歐德良,從梁啟超看晚清功利主義學說〔J〕,五邑大學學報（社會科學版）,2010（4）。

27. 朱耀垠,「全盤西化」論和「中國本位文化」論的便至〔J〕,高校理論戰線,2004（11）。

28. 馬克鋒,「打孔家店」與「打倒孔家店」辨析〔J〕,中國人民大學學報,2011（2）。

29. 呂明灼,五四批孔真相（上）──「打倒孔家店」辨析〔J〕,齊魯學刊,1989（5）。

30. 呂明灼,五四批孔真相（下）──「打倒孔家店」辨析〔J〕,齊魯學刊,1989（6）。

31. 王珍喜,陳序經「全盤西化」論簡論〔J〕,蘭州學刊,2006（4）。

32. 鄭大華,30 年代的「本位文化」與「全盤西化」的論戰〔J〕,湖南師範大學社會科學學報,2004（3）。

33. 張太原,20 世紀 30 年代的「全盤西化」思潮〔J〕,學術研究,2001（12）。

34. 張耀南,「全盤西化」祖於吳虞論〔J〕,北京行政學院學報,2001（5）。

35. 李毅,「全盤西化」文化觀的再認識〔J〕,中國青年政治學院學報,1998（2）。

36. 趙曉娜,「全盤西化」論文化思潮書評〔J〕,黑龍江史志,2012（9）。

37. 劉亞橋,「全盤西化」、「充分世界化」與「現代化」──胡適「全盤西化」之真義〔J〕,甘肅社會科學,2000（2）。

後 記

　　本書是我在博士學位論文《功利主義與中國近代政治思想》的基礎上修改完成的。

　　我對功利主義政治哲學的研究可以說由來已久，早在攻讀碩士學位之時，就在導師孫曉春先生的指導下完成了學位論文《浙東功利主義學派政治哲學研究》，並且在論文答辯時還獲得了答辯專家的好評。2002 年 9 月，我有幸成爲了我國近代政治思想史研究專家寶成關先生的博士生。在攻讀學位的三年時間裏，寶老師淵博的學識使我得以在功利主義政治哲學研究的海洋中繼續前行，從功利主義政治哲學的視角重新審視中國近代政治思想的發展歷程。博士畢業後，在 2007 年，我又有幸師從西方政治思想研究泰斗──徐大同先生從事博士後研究。在徐先生的細心指導下，我完成了出站報告《中西方功利主義政治哲學比較研究》的撰寫，從中西比較的視角下進一步拓展了自己在功利主義政治哲學方面的研究。

　　2014 年夏，經導師寶成關先生的推薦與臺灣花木蘭文化出版社對書稿的審查，本書才得以在 10 年之後與廣大旨在此方面研究的讀者見面，在此對導師及花木蘭文化出版社表示感謝！

　　本書除對原有的章節進行修訂以外，又增加了「全盤西化：功利主義與中國 20 世紀 20～40 年代文化觀」一章。之所以增加這一章，是緣於我始終認爲中國近代功利主義思維方式的最大化展現，就在於全盤西化的思想。全盤西化思想的價值不僅在於它對西方文明的認識達到了全新的高度，而且在於它向國人推開了多方位接受外來文明的窗口，爲中國現代社會以及當代社會的建設提供了前車之鑒。

　　另外，由於本人的學識和精力的有限，關於「中國近代太平天國時期對於基督教文化的功利主義利用」部分一直沒有涉獵，這也算是本書的遺憾吧，希望在不久的將來，能彌補這一缺憾！

　　最後，請允許我再次對我人生中三位德高望重的導師表示感謝，正是出於你們的指引，我才踏上學術研究的道路。現在，徐大同先生已入耄耋之年，寶成關先生也已愈古稀，吉林大學當年最年輕的教授孫曉春先生也已幾近花甲，真心希望三位先生身體健康，桃李滿天下！

徐慶利

2015 年 4 月 9 日